# SQL

---

**Ronald R. Plew & Ryan K. Stephen**

---

CampusPress a apporté le plus grand soin à la réalisation de ce livre afin de vous fournir une information complète et fiable. Cependant, CampusPress n'assume de responsabilités, ni pour son utilisation, ni pour les contrefaçons de brevets ou atteintes aux droits de tierces personnes qui pourraient résulter de cette utilisation.

Les exemples ou les programmes présents dans cet ouvrage sont fournis pour illustrer les descriptions théoriques. Ils ne sont en aucun cas destinés à une utilisation commerciale ou professionnelle.

CampusPress ne pourra en aucun cas être tenu pour responsable des préjudices ou dommages de quelque nature que ce soit pouvant résulter de l'utilisation de ces exemples ou programmes.

Tous les noms de produits ou autres marques cités dans ce livre sont des marques déposées par leurs propriétaires respectifs.

Publié par CampusPress
47 bis, rue des Vinaigriers
75010 PARIS
Tél : 01 72 74 90 00

Mise en pages : Andassa

**ISBN : 2-7440-1319-6**
**Copyright © 2001 CampusPress**
Tous droits réservés

CampusPress est une marque de
Pearson Education France

Titre original : *Teach Yourself SQL in 24 Hours*

Traduit de l'américain par :
Emmanuelle Burr, Véronique Campillo,
Véronique Warion

**ISBN original : 0-672-31899-7**
**Copyright © 2000 Sams Publishing**
Tous droits réservés

Prentice-Hall, Inc.
Upper Saddle River, NJ 07458. USA

Toute reproduction, même partielle, par quelque procédé que ce soit, est interdite sans autorisation préalable. Une copie par xérographie, photographie, film, support magnétique ou autre, constitue une contrefaçon passible des peines prévues par la loi, du 11 mars 1957 et du 3 juillet 1995, sur la protection des droits d'auteur.

# Table des matières

| | |
|---|---|
| **Introduction** | 1 |
| A qui s'adresse ce livre ? | 1 |
| Objectif de ce livre | 1 |
| Comment faire bon usage de ce livre ? | 2 |
| Conventions de ce livre | 2 |
| SQL ANSI et implémentations des constructeurs | 3 |
| Comprendre les exemples et les exercices | 4 |
| **1. Bienvenue dans le monde SQL** | 5 |
| SQL : introduction et bref historique | 6 |
| Définition de SQL | 6 |
| SQL à la norme ANSI | 7 |
| SQL3 : le nouveau standard | 7 |
| Définition d'une base de données | 9 |
| Introduction aux bases de données relationnelles | 9 |
| Introduction à la technologie client-serveur | 11 |
| Principaux constructeurs de bases de données relationnelles | 12 |
| Initialiser une session SQL | 14 |
| CONNECT | 14 |
| DISCONNECT | 15 |

| | |
|---|---|
| Types de commandes SQL | 15 |
|    Définir les structures de base de données (DDL) | 16 |
|    Manipuler les données (DML) | 16 |
|    Sélectionner des données (DQL) | 17 |
|    Langage de contrôle des données (DCL) | 17 |
|    Commandes d'administration de données | 17 |
|    Commandes de contrôle transactionnel | 18 |
| Présentation de la base de données utilisée dans cet ouvrage | 18 |
|    Diagramme des tables de ce livre | 19 |
|    Standards de désignation des tables | 19 |
|    Données | 20 |
|    Composition d'une table | 23 |
| **2. Définition des structures de données** | 27 |
| Données | 28 |
| Types de données | 28 |
|    Données à longueur fixe | 29 |
|    Données à longueur variable | 30 |
|    Valeurs numériques | 31 |
|    Valeurs décimales | 31 |
|    Valeurs entières | 32 |
|    Valeurs décimales en virgule flottante | 33 |
|    Valeurs de date et heure | 33 |
|    Chaînes littérales | 34 |
|    Type de données NULL | 35 |
|    Valeurs BOOLEAN | 35 |
|    Types définis par l'utilisateur | 36 |
|    Domaines | 36 |

# Table des matières

| | |
|---|---:|
| **3. Gestion des objets de base de données** | 39 |
| Définition d'un objet | 40 |
| Le schéma | 40 |
| La table : emplacement principal de stockage des données | 43 |
| Champs et colonnes | 43 |
| Lignes | 44 |
| L'instruction CREATE TABLE | 44 |
| La clause STORAGE | 46 |
| Conventions de désignation | 47 |
| La commande ALTER TABLE | 48 |
| Créer une table à partir d'une table existante | 50 |
| Supprimer des tables | 52 |
| Contraintes d'intégrité | 53 |
| Contraintes sur la clé primaire | 53 |
| Contraintes uniques | 54 |
| Contraintes sur la clé extérieure | 55 |
| Contraintes NOT NULL | 57 |
| Contraintes de vérification (CHK) | 57 |
| Supprimer des contraintes | 59 |
| **4. Le processus de normalisation** | 61 |
| Normalisation d'une base de données | 62 |
| La base de données brute | 62 |
| Conception logique d'une base de données | 62 |
| Les formes normales | 64 |
| Conventions de désignation | 69 |
| Avantages de la normalisation | 69 |
| Inconvénients de la normalisation | 71 |
| Dénormaliser une base de données | 71 |

## 5. Manipulation des données ............ 73

Bref aperçu de la manipulation des données ............ 74
Peuplement des tables avec de nouvelles données ...... 74
   Insérer des données dans une table ............ 75
   Insérer des données dans
   un nombre limité de colonnes ............ 76
   Insérer des données d'une autre table ............ 78
   Insérer des valeurs NULL ............ 80
Mise à jour des données existantes ............ 81
   Mettre à jour la valeur d'une seule colonne ............ 81
   Mettre à jour de multiples colonnes
   dans un ou plusieurs enregistrements ............ 83
Suppression des données ............ 84

## 6. Transactions de base de données ............ 87

Définition d'une transaction ............ 88
Définition d'un contrôle transactionnel ............ 89
   La commande COMMIT ............ 90
   La commande ROLLBACK ............ 92
   La commande SAVEPOINT ............ 94
   La commande ROLLBACK TO SAVEPOINT ............ 95
   La commande RELEASE SAVEPOINT ............ 96
   La commande SET TRANSACTION ............ 97
Incidences des contrôles transactionnels
sur les performances de base de données ............ 97

## 7. Introduction aux requêtes ............ 99

Définition d'une requête ............ 100
Présentation de l'instruction SELECT ............ 100
   L'instruction SELECT ............ 101

# Table des matières

|  |  |
|---|---|
| La clause FROM | 104 |
| Utiliser les conditions pour sélectionner des données | 104 |
| Trier les résultats | 106 |
| Sensibilité à la casse | 109 |
| Exemples de requêtes simples | 110 |
| Compter les enregistrements d'une table | 112 |
| Sélectionner des données dans la table d'un autre utilisateur | 113 |
| Alias de colonne | 114 |
| **8. Les opérateurs** | **115** |
| Définition d'un opérateur | 115 |
| Opérateurs de comparaison | 116 |
| Egalité | 116 |
| Différent de | 117 |
| Inférieur à, supérieur à | 118 |
| Exemples de combinaisons d'opérateurs de comparaison | 120 |
| Opérateurs logiques | 121 |
| IS NULL | 121 |
| BETWEEN | 122 |
| IN | 123 |
| LIKE | 124 |
| EXISTS | 125 |
| UNIQUE | 127 |
| ALL et ANY | 127 |
| Opérateurs conjonctifs | 128 |
| AND | 129 |
| OR | 130 |

| | |
|---|---|
| Conditions de négation avec l'opérateur NOT | 131 |
| DIFFERENT DE | 132 |
| NOT BETWEEN | 133 |
| NOT IN | 134 |
| NOT LIKE | 134 |
| IS NOT NULL | 135 |
| NOT EXISTS | 136 |
| NOT UNIQUE | 137 |
| Opérateurs arithmétiques | 137 |
| Addition | 137 |
| Soustraction | 138 |
| Multiplication | 138 |
| Division | 139 |
| Combinaisons d'opérateurs arithmétiques | 139 |
| **9. Synthèse des résultats des requêtes** | **143** |
| Définition des fonctions d'agrégation | 144 |
| La fonction COUNT | 145 |
| La fonction SUM | 148 |
| La fonction AVG | 149 |
| La fonction MAX | 150 |
| La fonction MIN | 151 |
| **10. Trier et regrouper des données** | **153** |
| Regroupement des données | 154 |
| La clause GROUP BY | 154 |
| Regrouper des données sélectionnées | 155 |
| Fonctions de regroupement | 156 |
| Créer des groupes et utiliser les fonctions d'agrégation | 156 |
| Représenter les noms de colonnes par des numéros | 160 |

# Table des matières

| | |
|---|---|
| GROUP BY ou ORDER BY ? | 161 |
| La clause HAVING | 164 |

## 11. Agencement des données ..................... 167

| | |
|---|---|
| Fonctions de caractères ANSI | 168 |
|    Concaténation | 168 |
|    Sous-chaîne | 168 |
|    TRANSLATE | 168 |
| Principales fonctions de caractères | 169 |
|    Concaténation | 169 |
|    TRANSLATE | 171 |
|    REPLACE | 172 |
|    UPPER | 173 |
|    LOWER | 174 |
|    SUBSTR | 174 |
|    INSTR | 176 |
|    LTRIM | 177 |
|    RTRIM | 178 |
|    DECODE | 179 |
| Diverses fonctions de caractères | 180 |
|    Trouver la longueur d'une valeur | 180 |
|    NVL (valeur NULL) | 181 |
|    LPAD | 182 |
|    RPAD | 183 |
|    ASCII | 183 |
| Fonctions mathématiques | 184 |
| Fonctions de conversion | 185 |
|    Convertir des chaînes de caractères en nombres | 185 |
|    Convertir des nombres en chaînes | 187 |
| Combinaison de fonctions de caractères | 188 |

**IX**

## 12. Dates et heures ... 191

Comprendre les dates et les heures ... 192
- Types de données standards de date et d'heure ... 192
- Eléments DATETIME ... 193
- Types de données selon les implémentations ... 194

Fonctions de date ... 195
- La date en cours ... 195
- Fuseaux horaires ... 196
- Ajouter des heures aux dates ... 198
- Comparer des dates et des périodes ... 199
- Diverses fonctions de date ... 200

Conversions de dates ... 200
- Images de dates ... 201
- Convertir des dates en chaînes de caractères ... 204
- Convertir des chaînes de caractères en dates ... 205

## 13. Requêtes de jointure de tables ... 207

Sélection des données dans plusieurs tables ... 207

Types de jointures ... 208
- Emplacements des composants d'une condition de jointure ... 209
- Jointures d'égalité ... 209
- Jointures naturelles ... 211
- Utiliser les alias de table ... 213
- Jointures de non égalité ... 214
- Jointures externes (OUTER JOIN) ... 216
- Jointures réflexives ou autojointures ... 218
- Joindre sur plusieurs clés ... 220

# Table des matières

| | |
|---|---:|
| A propos des jointures | 221 |
| Utiliser la table principale (BASE TABLE) | 222 |
| Le produit cartésien | 224 |

## 14. Définition de données inconnues avec les sous-requêtes ... 229

| | |
|---|---:|
| Définition d'une sous-requête | 229 |
| Sous-requêtes et instruction SELECT | 232 |
| Sous-requêtes et instruction INSERT | 234 |
| Sous-requêtes et instruction UPDATE | 235 |
| Sous-requêtes et instruction DELETE | 236 |
| Incorporation d'une sous-requête dans une sous-requête | 237 |
| Sous-requêtes corrélées | 240 |

## 15. Les requêtes composées ... 243

| | |
|---|---:|
| Requêtes simples ou requêtes composées ? | 244 |
| Intérêt des requêtes composées | 245 |
| Opérateurs des requêtes composées | 245 |
| Utiliser une clause ORDER BY dans une requête composée | 253 |
| Utiliser une clause GROUP BY dans une requête composée | 255 |
| Collecte de données précises | 257 |

## 16. Optimisation des performances avec les index ... 259

| | |
|---|---:|
| Définition d'un index | 260 |
| Fonctionnement des index | 261 |
| L'instruction CREATE INDEX | 262 |

**XI**

| | |
|---|---|
| Types d'index | 263 |
| Index sur une colonne unique | 263 |
| Index uniques | 264 |
| Index composés | 265 |
| Index sur colonne unique ou index composé ? | 265 |
| Index implicites | 266 |
| Pourquoi indexer ? | 266 |
| Quand éviter les index ? | 267 |
| Suppression des index | 269 |

## 17. Optimisation des performances ............ 271

| | |
|---|---|
| En quoi consiste l'optimisation du code SQL ? | 272 |
| Base de donnée ou instructions SQL : que faut-il optimiser ? | 272 |
| Mettre en forme les instructions SQL | 273 |
| Balayer des tables complètes | 280 |
| Astuces d'optimisation | 282 |
| Utiliser l'opérateur LIKE et les caractères génériques | 282 |
| Eviter l'opérateur OR | 284 |
| Eviter la clause HAVING | 285 |
| Eviter les opérations de tri trop ambitieuses | 285 |
| Utiliser les procédures stockées | 285 |
| Désactiver les index pour les chargements par lots | 286 |
| Outils de surveillance des performances | 287 |

## 18. Gestion des utilisateurs ............ 289

| | |
|---|---|
| Les utilisateurs au centre du débat | 290 |
| Types d'utilisateurs | 291 |

# Table des matières

|  |  |
|---|---|
| Qui gère les utilisateurs ? | 291 |
| Place de l'utilisateur dans la base de données | 292 |
| Différence entre utilisateur et schéma | 293 |
| Le processus de gestion des utilisateurs | 293 |
| Créer des utilisateurs | 294 |
| Créer un schéma | 296 |
| Supprimer un schéma | 298 |
| Modifier des utilisateurs | 299 |
| Sessions utilisateur | 300 |
| Supprimer un accès utilisateur | 301 |
| Outils de base de données | 302 |

## 19. Sécurité des bases de données ............ 303

| Sécurité des bases de données | 304 |
|---|---|
| Différences entre sécurité et administration des utilisateurs | 304 |
| Définition d'un privilège | 306 |
| Privilèges système | 306 |
| Privilèges sur les objets | 307 |
| Qui attribue et révoque les privilèges ? | 308 |
| Contrôle des accès utilisateur | 309 |
| La commande GRANT | 310 |
| La commande REVOKE | 312 |
| Contrôler l'accès à des colonnes spécifiques | 312 |
| Le compte PUBLIC | 313 |
| Groupes de privilèges | 313 |
| Contrôle des privilèges par les rôles | 314 |
| L'instruction CREATE ROLE | 315 |
| L'instruction DROP ROLE | 316 |
| L'instruction SET ROLE | 316 |

## 20. Vues et synonymes .................................................... 317

### Définition d'une vue ................................................... 317
- Utiliser des vues pour des raisons de sécurité ....... 319
- Utiliser les vues pour conserver des données de synthèse ..................................... 320
- Stocker les vues .................................................. 320

### Création d'une vue ..................................................... 321
- Créer une vue à partir d'une table ...................... 321
- Créer une vue à partir de plusieurs tables ........... 324
- Créer une vue à partir d'une vue ........................ 325
- L'option WITH CHECK OPTION ............................. 326
- Actualiser une vue .............................................. 328
- Insérer des lignes dans une vue .......................... 328
- Supprimer des lignes d'une vue .......................... 328
- Joindre des vues avec des tables et d'autres vues ................................. 328
- Créer une table à partir d'une vue ...................... 329
- Vues et clause ORDER BY ..................................... 330

### Suppression d'une vue ................................................ 331

### Définition d'un synonyme .......................................... 332
- Gérer les synonymes .......................................... 332
- Créer des synonymes ......................................... 332
- Supprimer les synonymes ................................... 334

## 21. Travailler avec le catalogue système ......................... 335

### Définition du catalogue système ................................. 336
### Création du catalogue système ................................... 338
### Contenu du catalogue système ................................... 338
- Données utilisateur ............................................. 339

Table des matières

|  |  |
|---|---|
| Informations sur la sécurité | 340 |
| Informations sur la conception de la base de données | 340 |
| Statistiques de performances | 340 |
| Exemples de tables du catalogue système selon l'implémentation | 341 |
| Interrogation du catalogue système | 344 |
| Exemples d'interrogation du catalogue système | 344 |
| Mise à jour des objets du catalogue système | 346 |

## 22. Fonctionnalités avancées du langage SQL ... 349

|  |  |
|---|---|
| Concepts avancés | 350 |
| Les curseurs | 350 |
| Ouvrir un curseur | 352 |
| Récupérer les données d'un curseur | 352 |
| Fermer un curseur | 353 |
| Procédures et fonctions stockées | 354 |
| Avantages des procédures et des fonctions stockées | 357 |
| Déclencheurs | 357 |
| L'instruction CREATE TRIGGER | 358 |
| L'instruction DROP TRIGGER | 360 |
| Bases de SQL dynamique | 360 |
| Interface de niveau d'appel | 361 |
| EXEC SQL | 362 |
| Générer du SQL avec du SQL | 362 |
| Code SQL : direct ou incorporé ? | 364 |

## 23. SQL à usage professionnel, Internet et intranets ...... 365

SQL et l'entreprise .......................................................... 366
    L'arrière-plan ............................................................ 366
    Application frontale ................................................. 367
Accéder à une base de données distante .................... 369
    ODBC .......................................................................... 370
    Produits de connectivité des constructeurs ........... 371
Accéder à une base de données distante
via une interface Web .................................................. 372
SQL et l'Internet ............................................................ 373
    Rendre les données accessibles
    aux clients du monde entier .................................... 374
    Publier des données en direction
    des employés et des clients privilégiés ................. 374
    Outils frontaux Web utilisant le langage SQL ........ 374
SQL et les intranets ....................................................... 375

## 24. Extensions du langage SQL standard ....................... 377

Implémentations diverses ............................................. 377
    Différences entre implémentations ....................... 378
    Conformité avec le SQL ANSI .................................. 380
    Extensions du langage SQL ..................................... 381
Exemples d'extensions ................................................. 381
    Transact-SQL .............................................................. 383
    PL/SQL ........................................................................ 383
    MySQL ........................................................................ 385
Instructions SQL interactives ....................................... 386
    Utilisation des paramètres ...................................... 386

**Index** ................................................................................ 389

# Introduction

## A qui s'adresse ce livre ?

Si vous avez envie d'améliorer vos compétences en matière de bases de données relationnelles par l'apprentissage du langage SQL (*Structured Query Language*), bienvenue dans cet univers ! Ce livre a été écrit essentiellement pour ceux qui n'ont que peu, voire pas du tout, d'expérience dans les systèmes de gestion de base de données relationnelle qui font appel au langage SQL. Par ailleurs, il intéressera les lecteurs dotés d'une petite expérience qui souhaitent apprendre à naviguer dans une base de données, émettre des requêtes, construire des structures, manipuler des données, etc.

## Objectif de ce livre

La méthode d'apprentissage de ce livre consiste en l'exposition d'une partie théorique, suivie d'exemples et d'exercices qui vous permettent d'appliquer le contenu présenté. Il ne s'agit donc pas d'un ouvrage de référence.

# Comment faire bon usage de ce livre ?

Vous vous demandez peut-être comment tirer le meilleur parti de ce livre. Théoriquement, vous êtes capable de commencer la lecture d'un chapitre, d'en étudier les exemples et de les réaliser soit sur papier, soit en les appliquant sur votre système de base de données relationnelle. Cette dernière solution est de loin la meilleure, quelle que soit l'implémentation dont vous disposez. Le langage SQL est un standard qui fonctionne sur toutes les bases de données relationnelles : que vous utilisiez Oracle, Sybase, Informix, Microsoft SQL Server, Microsoft Access ou dBase, vous retrouverez les mêmes concepts et, le plus souvent, les mêmes commandes.

# Conventions de ce livre

- Les nouveaux termes sont placés en *italique* à l'endroit du texte où ils sont définis.

- Dans les listings de code, les parties que vous devez taper sont en **police courrier gras**. Le résultat retourné apparaît en police courrier standard.

- En règle générale, nous avons placé le code SQL et les mots clés en lettres capitales pour des raisons pratiques et de cohérence. Voici un exemple :

```
SELECT * FROM PRODUITS_TBL;

ID_PROD  DESC_PROD                PRIX
-------  -----------------------  ------
11235    COSTUME SORCIERE         179.90
222      POUPEE PLASTIQUE 18 CM   46.50
13       FAUSSES DENTS PARAFFINE  6.60

3 lignes sélectionnées.
```

Introduction

Vous trouverez également, tout au long de cet ouvrage, les rubriques suivantes :

**Les rubriques "Info"** contiennent des informations complémentaires en rapport avec le sujet qui vient d'être développé.

**Les rubriques "Astuce"** vous donnent différents conseils ou vous suggèrent des raccourcis intéressants.

**Les rubriques "Attention"** mettent en garde le lecteur contre les problèmes susceptibles de se produire dans certaines situations et expliquent comment y remédier.

## SQL ANSI et implémentations des constructeurs

L'une des difficultés d'écrire un livre sur le langage SQL est que, malgré l'existence d'un standard, chaque constructeur de base de données possède sa propre implémentation du langage avec ses variantes, ses optimisations et même ses éléments manquants.

Or, un standard est censé être uniforme. En réalité, le SQL ANSI porte sa propre limite. Nous avons alors dû produire des exemples et des exercices qui, pour être concrets, impliquent l'emploi d'une implémentation plutôt qu'une autre. Chaque constructeur ayant développé sa propre spécification du langage SQL, ces variantes, qui ne seront pas ici abordées en détail, peuvent différer au niveau de la syntaxe des commandes SQL et vous poser quelques problèmes. Par conséquent, nous avons tenté de coller autant que possible au standard ANSI et de donner la préférence aux syntaxes qui ont su rester les plus proches des prescriptions.

Cela dit, nous avons signalé les exemples spécifiques à des implémentations par des rubriques "Astuce" ou "Attention". Retenez que chaque implémentation est légèrement différente des autres. Votre objectif doit être de comprendre les concepts du langage SQL et le fonctionnement de ses commandes. Les bases restent les mêmes et, en règle générale, présentent une portabilité étendue d'une base de données à une autre.

## Comprendre les exemples et les exercices

Si nous avons souvent choisi Oracle pour les exemples de ce livre, nous n'avons pas pour autant oublié Sybase, Microsoft SQL Server et dBase. Les raisons d'un tel choix sont que cette implémentation est proche du standard ANSI et qu'il s'agit de l'un des produits les plus répandus aujourd'hui sur le marché des bases de données relationnelles.

Si vous tentez d'exécuter certains exemples de ce livre, vous serez peut-être amené à effectuer des modifications de syntaxe mineures pour respecter les prescriptions de l'implémentation que vous utilisez. Pour notre part, nous avons essayé d'harmoniser tous les exemples avec le standard. Toutefois, nous avons également introduit intentionnellement des exemples qui montrent des différences. La structure de base de toutes les commandes reste la même. Pour apprendre le langage SQL, vous devez commencer par une implémentation et exploiter les exemples pratiques. Vous n'aurez pas grande difficulté à construire une base de données comparable à celle qui sert d'exemple à ce livre.

Bonne lecture !

# Chapitre 1

# Bienvenue dans le monde SQL

### Au sommaire de ce chapitre

- SQL : introduction et bref historique
- Initialiser une session SQL
- Types de commandes SQL
- Présentation de la base de données utilisée dans cet ouvrage

Bienvenue dans le monde en perpétuel mouvement du langage SQL et de la technologie des bases de données. En lisant ce livre, vous avez pris le parti d'accepter que les informations qu'il contient seront bientôt indispensables pour gérer les bases de données relationnelles et l'administration des données. Malheureusement, dans la mesure où il est important de commencer par poser les bases de SQL et de traiter quelques concepts préliminaires, le plus gros de ce chapitre est textuel. N'abandonnez pas pour autant. Vous allez vous faire plaisir par la suite même si ce premier chapitre peut vous paraître d'un abord ennuyeux.

## SQL : introduction et bref historique

Toute activité commerciale utilise des données, qui ont besoin d'une méthode d'organisation ou de conservation. Ce mécanisme est appelé *système de gestion de base de données* (SGBD, en anglais DBMS pour *Database Management System*). Les SGBD existent depuis de nombreuses années. A l'origine, la plupart d'entre eux étaient des systèmes qui traitaient des fichiers non-relationnels sur mainframe. Aujourd'hui, l'accroissement des activités commerciales et des volumes de données, ainsi que les technologies de l'Internet élargissent les fonctionnalités des systèmes de gestion de base de données.

La nouvelle vague du traitement de l'information est conduite essentiellement par les *systèmes de gestion de base de données relationnelles* (SGBDR, en anglais RDBMS pour *Relational Database Management System*), dérivés des traditionnels SGBD. Les entreprises d'aujourd'hui font appel aux bases de données relationnelles et aux technologies client-serveur pour gérer leurs données et assurer leur compétitivité. Ces technologies seront traitées dans les prochaines sections qui vous apporteront les connaissances préalables à la compréhension du langage standard des bases de données relationnelles, SQL.

### Définition de SQL

SQL (*Structured Query Language*, soit, langage de requête structuré) est utilisé pour communiquer avec une base de données relationnelle. Le prototype d'origine a été développé par IBM à partir de l'article du Dr E. F. Codd, *A Relational Model of*

# Bienvenue dans le monde SQL

*Data for Large Shared Data Banks*. En 1979, peu de temps après le prototype IBM, le premier produit SQL, Oracle, a été mis sur le marché par Relational Software Incorporated (rebaptisée plus tard Oracle Corporation). Oracle est désormais devenu l'un des principaux acteurs du marché des technologies de base de données relationnelles.

Si vous visitez un pays étranger, il vous sera sans doute nécessaire de pratiquer la langue du pays. Si vous considérez une base de données comme un pays étranger dans lequel vous recherchez des informations, la langue qui vous permettra de communiquer prendra la forme d'une requête en langage SQL.

## SQL à la norme ANSI

L'ANSI (*American National Standards Institute*) est un organisme qui approuve certains standards de l'industrie américaine. Depuis l'approbation en 1986 de l'implémentation IBM, Le SQL a été défini comme un langage standard de communication des bases de données relationnelles. En 1987, le standard SQL ANSI a été accepté au niveau international par l'ISO (*International Standards Organization*) avant de faire l'objet d'une révision en 1992, validée sous l'appellation SQL/92. Le standard le plus récent se nomme SQL3 ou parfois SQL/99.

## SQL3 : le nouveau standard

SQL3 se compose de cinq documents susceptibles d'être complétés ultérieurement :

- Partie 1 – SQL/Framework (cadre) : spécifie les principes de base et les concepts fondamentaux de SQL.

- Partie 2 – SQL/Foundation (fondements) : définit la syntaxe et le fonctionnement de SQL.

- Partie 3 – SQL/Call-Level Interface (interface d'appel) : définit l'interface de programmation d'applications SQL.

- Partie 4 – SQL/Persistent Stored Modules (modules mémorisés persistants) : définit les structures de contrôle qui déterminent les routines SQL. La Partie 4 définit également des modules qui contiennent les routines SQL.

- Partie 5 – SQL/Host Language Bindings (liaison avec le langage hôte) : définit la manière d'imbriquer les instructions SQL dans les programmes écrits dans un langage de programmation standard.

Le nouveau standard ANSI (SQL3) comporte deux niveaux de compatibilité minimale qui peuvent être revendiqués par un SGBD : *Core SQL Support* et *Enhanced SQL Support*, autrement dit le support du SQL de base et le support optimisé de SQL.

L'ANSI est responsable de la création des standards pour différents produits et concepts.

Tout standard s'accompagne d'avantages nombreux et évidents, ainsi que de quelques inconvénients. Principalement, un standard oriente les constructeurs dans la direction industrielle propice au développement. A ce titre, le langage SQL propose une structure de principes fondamentaux qui permet de préserver une certaine logique entre différentes implémentations et d'engendrer une portabilité accrue (non seulement pour les programmes de bases de données, mais pour les bases de données en général et les personnes qui les gèrent).

Certains diront qu'il n'est pas bon d'instaurer un standard, dans la mesure où celui-ci n'est pas flexible et où il limite les fonctionnalités d'une implémentation particulière. La plupart des constructeurs s'y conforment tout en y ajoutant des améliorations propriétaires pour pallier ses points faibles.

# Bienvenue dans le monde SQL

Malgré cette rigidité, un standard rend des fonctionnalités précises dans toutes les implémentations SQL incontournables et entérine pour tous un certain nombre de concepts de base. Cela oblige à une certaine logique d'une implémentation à l'autre tout en augmentant la valeur d'un programmeur SQL ou d'un utilisateur de base de données relationnelle sur le marché professionnel.

Une *implémentation SQL* est le produit SQL d'un constructeur particulier.

### Définition d'une base de données

Pour rester simple, une *base de données* est une collection de données. Certains considèrent la base de données comme un mécanisme organisé pour stocker des informations et permettre à un utilisateur de les retrouver efficacement.

On exploite quotidiennement des bases de données sans même s'en rendre compte. Dans le cas d'un annuaire, les données sont les noms de personnes, les adresses et les numéros de téléphone. Les listes sont classées par ordre alphabétique ou indexées, ce qui permet à l'utilisateur de retrouver facilement un habitant particulier. Ces données sont stockées dans une base de données pour éviter de nouvelles saisies à chaque changement d'édition.

La base de données doit être tenue à jour. A chaque changement de situation, il est nécessaire d'ajouter, de modifier ou de supprimer les entrées d'un annuaire : changement de nom, déménagement, etc. La Figure 1.1 illustre une base de données simple.

### Introduction aux bases de données relationnelles

Une *base de données relationnelle* est une base de données divisée en unités logiques appelées *tables*, en relation les unes avec les autres au sein de la base. Une base de données relationnelle

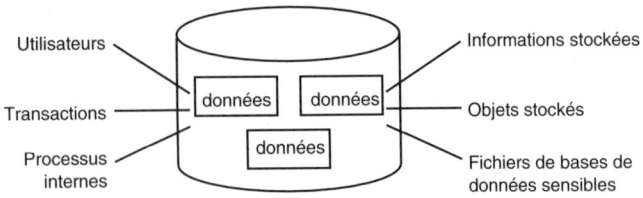

**Figure 1.1 : La base de données.**

permet de diviser les données en unités logiques plus petites et plus simples à gérer. Il en résulte une maintenance simplifiée et une amélioration des performances en fonction du niveau d'organisation. Dans la Figure 1.2, vous pouvez voir que les tables sont en relation les unes avec les autres par le biais d'une clé commune.

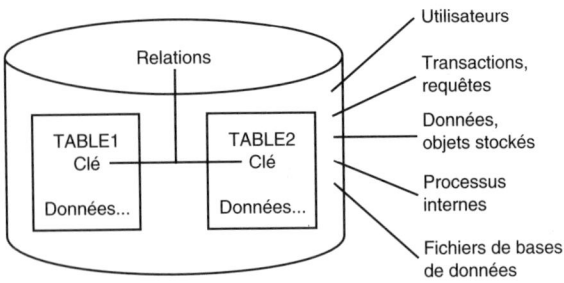

**Figure 1.2 : La base de données relationnelle.**

Les données recherchées pouvant se trouver dans plusieurs tables, ces relations entre les tables permettent de retrouver les données adéquates par simple requête. Avec des clés ou champs communs à plusieurs tables d'une base de données relationnelle, les données des différentes tables peuvent être assemblées pour

# Bienvenue dans le monde SQL

former un résultat unique. Plus vous avancerez dans la lecture de ce livre, plus vous trouverez des avantages aux bases de données relationnelles, notamment en matière de performances globales et de simplification de l'accès aux données.

Une *base de données relationnelle* est composée d'objets liés, principalement des tables. La table est le moyen le plus simple pour stocker des données dans une base de données.

### Introduction à la technologie client-serveur

Par le passé, l'industrie informatique était principalement dominée par les ordinateurs *mainframe*, des systèmes puissants disposant d'importantes capacités de stockage et de traitement des données. Les utilisateurs communiquaient avec le mainframe par de simples terminaux dépourvus de mémoire et exclusivement reliés à l'unité centrale, aux emplacements de stockage et à la mémoire du mainframe. Chaque terminal disposait d'une ligne de données reliée au mainframe. Si l'environnement mainframe répondait efficacement à des besoins réels, ses qualités n'ont pas empêché l'avènement d'une technologie plus performante : le modèle client-serveur.

Dans le *système client-serveur*, l'ordinateur principal, appelé s*erveur*, est accessible par le réseau, généralement local (LAN, *Local Area Network*), mais également à grande distance (WAN pour *Wide Area Network*). On accède au serveur depuis son ordinateur personnel (PC) ou par le biais d'autres serveurs en lieu et place des anciens terminaux. Chaque PC, appelé *client*, dispose d'un accès au réseau, qui permet la communication entre le client et le serveur, ce qui explique l'expression client-serveur. La principale différence entre les environnements client-serveur et mainframe réside dans le fait que, dans l'environnement client-serveur, le PC de l'utilisateur est doté d'une mémoire propre qui lui permet d'exécuter ses propres processus en utilisant

son processeur tout en restant accessible en lecture à un ordinateur serveur par le réseau. Dans bien des situations, le système client-serveur offre une plus grande souplesse en regard des besoins actuels et il est à même de remplacer le mainframe.

Les systèmes de bases de données relationnelles résident sur des plates-formes mainframe ou client-serveur. Bien que l'on préfère en général le système client-serveur, l'utilisation, toujours d'actualité, des mainframe peut certainement se justifier par les besoins d'une entreprise. De nombreuses entreprises ont récemment abandonné leurs systèmes mainframe au profit de systèmes client-serveur. Ce changement de cap est motivé par plusieurs raisons : ne pas se laisser dépasser par les nouvelles technologies, disposer d'une flexibilité accrue, d'une meilleure adéquation aux besoins et faire en sorte que leurs anciens systèmes accomplissent correctement le passage à l'an 2000.

Les bénéfices de l'adoption d'un système client-serveur sont évidents pour certaines entreprises, alors que d'autres n'ont pas réussi leur implémentation client-serveur et ont, pour tout résultat, gaspillé des millions de francs. Certaines ont choisi de revenir aux systèmes mainframe, alors que d'autres hésitent toujours à en changer. L'absence d'expérience, résultant d'une technologie nouvelle combinée à un manque de formation, est la principale raison des implémentations ratées. Quoi qu'il en soit, une bonne compréhension du modèle client-serveur est impérative face à l'accroissement parfois irraisonné des besoins des entreprises ainsi qu'au développement des technologies liées à l'Internet et aux réseaux informatiques. La Figure 1.3 illustre le concept de la technologie client-serveur.

### Principaux constructeurs de bases de données relationnelles

Parmi les constructeurs de bases de données prédominants, on trouve Oracle, Microsoft, Informix, Sybase et IBM. Bien qu'ils soient en fait beaucoup plus nombreux, cette liste ne comprend

# Bienvenue dans le monde SQL

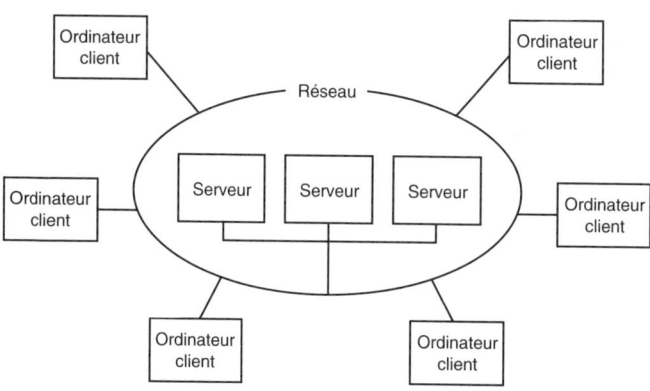

**Figure 1.3 : Le modèle client-serveur.**

que des noms que vous connaissez pour les avoir rencontrés dans un livre, un journal, des magazines, à la Bourse ou sur le Web.

### Différences entre implémentations

A l'instar de chaque individu de cette planète, les implémentations SQL spécifiques à chaque constructeur sont uniques dans leurs fonctionnalités et leur nature. Un serveur de base de données est un produit, comme tout autre produit sur le marché, construit par un large éventail de constructeurs. Pour des raisons de portabilité et de commodité pour l'utilisateur, il est dans l'intérêt du constructeur d'assurer que son implémentation est compatible avec le standard ANSI actuel. Par exemple, si une entreprise migre d'un serveur de base de données à un autre, il pourrait être décourageant pour les utilisateurs d'avoir à apprendre un nouveau langage pour maintenir la fonctionnalité du nouveau système.

Avec l'implémentation SQL de chaque constructeur, cependant, vous noterez des améliorations qui répondent à l'objectif de chaque serveur de base de données. Ces améliorations, ou extensions, sont des commandes et des options additionnelles, qui viennent en supplément du langage SQL standard et qui sont disponibles avec une implémentation spécifique.

## Initialiser une session SQL

Une *session SQL* est une occurrence pendant laquelle un utilisateur interagit avec une base de données relationnelle *via* les commandes SQL. Lorsqu'un utilisateur se connecte à la base de données, il établit une session. Pendant une session SQL, des commandes SQL peuvent être saisies pour interroger la base de données, manipuler les données qui s'y trouvent et définir ses structures, comme les tables.

### CONNECT

Lorsque l'utilisateur se connecte à la base de données, la session SQL est initialisée. La commande CONNECT sert à établir la connexion avec la base de données. Cette commande permet d'invoquer une connexion ou de modifier les connexions à la base de données. Par exemple, si vous êtes connecté en tant que UTILISATEUR1, vous pouvez faire appel à la commande CONNECT pour vous connecter à la base de données en tant que UTILISATEUR2. Dans ce cas, la session SQL de UTILISATEUR1 est implicitement déconnectée.

```
CONNECT utilisateur@base_de_données
```

Lorsque vous essayez de vous connecter à une base de données, il vous est automatiquement demandé un mot de passe correspondant à votre nom d'utilisateur actif.

### DISCONNECT

Lorsqu'un utilisateur se déconnecte d'une base de données, la session SQL prend fin. La commande DISCONNECT sert à décon-

Bienvenue dans le monde SQL

necter l'utilisateur de la base de données. Quand vous vous déconnectez, vous vous trouvez toujours dans l'outil qui vous permet de communiquer avec la base de données, mais vous n'êtes plus connecté. Si vous utilisez EXIT pour quitter la base de données, votre session SQL se termine et l'outil que vous employez pour accéder à la base de données est normalement fermé.

    DISCONNECT

## Types de commandes SQL

Les sections suivantes traitent des principales catégories de commandes SQL qui permettent d'accomplir différentes fonctions : construire des objets de base de données, manipuler des objets, peupler les tables de la base de données, actualiser des données existantes dans les tables, supprimer des données, lancer des requêtes, contrôler l'accès à la base de données et toute autre fonction d'administration.

Voici les principales catégories :

- DDL (*Data Definition Language*, langage de définition de données) ;

- DML (*Data Manipulation Language*, langage de manipulation de données) ;

- DQL (*Data Query Language*, langage de requête de données) ;

- DCL (*Data Control Language*, langage de contrôle de données) ;

- commandes d'administration des données ;

# SQL

- commandes de contrôle transactionnel.

### Définir les structures de base de données (DDL)

Le DDL *(Data Definition Language)* est la partie de SQL qui permet à l'utilisateur de la base de données de créer et de restructurer les objets de la base, comme la création ou la suppression d'une table.

Voici les principales commandes DDL traitées dans les prochains chapitres :

```
CREATE TABLE
ALTER TABLE
DROP TABLE
CREATE INDEX
ALTER INDEX
DROP INDEX
```

*Ces commandes sont traitées en détail dans les Chapitres 3 et 17.*

### Manipuler les données (DML)

Le DML *(Data Manipulation Language)* est la partie de SQL utilisée pour manipuler les données qui se trouvent dans les objets d'une base de données relationnelle.

Voici trois commandes DML de base :

```
INSERT
UPDATE
DELETE
```

*Ces commandes sont traitées en détail dans le Chapitre 5.*

Bienvenue dans le monde SQL

### Sélectionner des données (DQL)

Bien que ne comprenant qu'une seule commande, le DQL *(Data Query Language)* est le plus intéressant pour l'utilisateur d'une base de données relationnelle. Voici cette commande :

    SELECT

Cette commande, accompagnée de nombreuses options et clauses, sert à composer des requêtes avec une base de données relationnelle. Les requêtes ainsi créées vont de la plus simple à la plus complexe et de la plus générale à la plus spécifique. Une *requête* est une interrogation d'une base de données.

*Voir Chapitres 7 à 16 pour tous les détails de la commande* SELECT.

### Langage de contrôle des données (DCL)

Dans SQL, les commandes de contrôle des données permettent de contrôler l'accès aux données de la base de données. Ces commandes DCL *(Data Control Language)* servent principalement à créer des objets relatifs à l'accès utilisateur ainsi qu'au contrôle de la distribution des privilèges des utilisateurs. Voici quelques-unes des commandes de contrôles des données :

    ALTER PASSWORD
    GRANT
    REVOKE
    CREATE SYNONYM

Ces commandes sont souvent associées à d'autres et sont reprises dans plusieurs chapitres.

### Commandes d'administration de données

Les commandes d'administration de données permettent à l'utilisateur de réaliser des audits et des analyses d'opérations dans la base de données. Elles peuvent également servir à surveiller les

performances du système. Voici les deux principales commandes d'administration des données :

```
START AUDIT
STOP AUDIT
```

Ne confondez pas l'administration des données et l'administration de la base de données. Cette dernière est l'administration globale de la base de données, elle comprend tous les niveaux de commande.

### Commandes de contrôle transactionnel

Outre les catégories de commandes que nous venons d'introduire, il existe des commandes qui permettent à l'utilisateur de gérer les transactions de la base de données.

- COMMIT : Enregistre les transactions de la base de données.
- ROLLBACK : Annule les transactions de la base de données.
- SAVEPOINT : Crée des points dans les groupes de transactions dans lesquels on fait appel à ROLLBACK.
- SET TRANSACTION : Donne un nom à une transaction.

*Les commandes transactionnelles sont traitées dans le Chapitre 6.*

## Présentation de la base de données utilisée dans cet ouvrage

Avant de poursuivre votre voyage dans les principes fondamentaux de SQL, nous allons vous présenter les tables et les données que vous utiliserez pour votre formation au cours des vingt-trois leçons de ce livre. Les deux prochaines sections proposent un aperçu des tables spécifiques (la base de données) utilisées, leurs relations, leur structure et quelques exemples de données.

Bienvenue dans le monde SQL

### Diagramme des tables de ce livre

La Figure 1.4 montre les relations entre les tables utilisées dans les exemples de ce livre. Chaque table et chaque champ résidant dans une table est identifié par un nom. Suivez les liaisons pour comparer les relations entre les tables *via* un champ commun, que l'on nomme en général *clé primaire*.

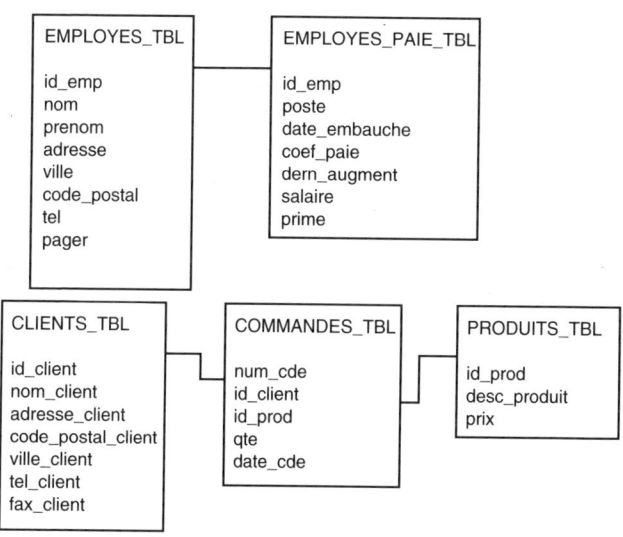

**Figure 1.4 : Relations entre tables de ce livre.**

*Voir Chapitre 3.*

### Standards de désignation des tables

Les standards de désignation des tables, à l'instar des standards dans les activités commerciales, sont cruciaux pour conserver le contrôle des informations. Après avoir étudié les tables et les données des sections précédentes, vous avez probablement noté que le suffixe de chaque table est _TBL. Il s'agit d'un standard de désignation exploité sur de nombreux sites. _TBL indique simplement que l'objet est une table. Il existe un grand nombre de types d'objets différents dans une base de données relationnelle. Par exemple, le suffixe _INX sert à identifier les index dans les tables des prochains chapitres. Les standards de désignation existent dans presque toutes les entreprises et simplifient l'administration des bases de données relationnelles. Sachez toutefois qu'il n'est pas obligatoire d'utiliser un suffixe dans la désignation des objets d'une base.

Ne vous contentez pas de suivre la syntaxe de désignation d'objet des implémentations SQL. Prenez aussi en compte les règles commerciales internes et créez des noms descriptifs en relation avec les groupes de données de l'entreprise.

### Données

Cette section expose les données exploitées dans ce livre. Prenez quelques minutes pour les étudier, ainsi que les différences et les relations entre les tables et les données elles-mêmes. Notez que certains champs n'incluent pas de données, ce qui est spécifié lors de la création de la table concernée.

```
EMPLOYES_TBL

ID_EMP     NOM         PRENOM
ADRESSE                VILLE    CODE_POSTAL   TEL
---------  ----------  ------
-----------------------  -----------  -----------
---------
442346889 DESMARTIN   JEAN     53 RUE SAINT
CHARLES       CRONENBOURG 67200         0388254012
313268956 SUGIER      KEVIN    300 AVE DE
STALINGRAD    PARIS       75014         0140425698
213764555 STEPANIAN   KARINE   480 BLD
```

# Bienvenue dans le monde SQL

```
GAMBETTA         MONTPELLIER 34000
0467025789
313782439 CHASSEUR    DAVID  39 RUE DES
VIOLETTES    NIMES     30000      0466568743
220984332 CHRISTOPHE SYLVIE 422 RUE
PRINCIPALE      ALES    30100       0466589851
443679012 LEBIHEN     MAUD   31 AVE DU GAL DE
GAULLE NICE    06000         0493568452


EMPLOYES_PAIE_TBL

ID_EMP     POSTE              DATE_EMBAUCHE COEF_PAIE
DERN_AUGMENT  SALAIRE PRIME
---------  ----------------   -------------  ---------
-------------  -------  ------
311549902 MARKETING
23-MAI-1989             01-MAI-1999  24000
442346889 CHEF EQUIPE       17-JUN-1990
14.75     01-JUN-1999
213764555 DIRECTEUR VENTES
14-AOU-1994             01-AOU-1999  18000
12000
313782439 COMMERCIAL
28-JUN-1997                          12000
6000
220984332 EXPEDITEUR        22-JUI-1996
11         01-JUI-1999
443679012 EXPEDITEUR        14-JAN-1991
15         01-JAN-1999


CLIENTS_TBL

ID_CLIENT NOM_CLIENT
ADRESSE_CLIENT            CODE_POSTAL_CLIENT
VILLE_CLIENT     TEL_CLIENT    FAX_CLIENT
---------  -------------------------
-------------------------  -----------  ------------
---------  -------------------------
232       BRASSERIE DU PECHEUR     62 RUE DU 23
NOVEMBRE    67200    STRASBOURG       0388254012
109       CONSULTANTS REDACTION     23 RUE DU
CHATEAU       75014    PARIS            0140425698
```

**21**

# SQL

```
345        LES GRANDS MECHANTS LIVRES 125 AVE DES
VOSGES         34000    MONTPELLIER       0467025789
090        SOLUTIONS INFORMATIQUES    43 RUE DES
CHARMES        30000    NIMES             0466568743
12         ACADEMIE CEVENOLE DE DANSE 2 GRAND
RUE                30100    ALES
0466589851    0466589852
432        LA MAIN TENDUE             31 AVE DU GAL
CASTELNAU  06000    NICE
0493568452    0493568455
333        ACADEMIE BALLARD           231 RUE DE LA
SOMME      67000    STRASBOURG
0388548591    0388655925
21         CONFISERIE MORGAN          45 BLD J.F.
KENNEDY    94270    LE KREMLIN BICETRE 0140454698
43         LE FIL DU RASOIR           10 RUE
MOZART             66000    PERPIGNAN
0468552363
287        POUPEES DECORATION         472 AVE DE
L'OCEAN        17110    ST GEORGES
0546025879    0546023564
288        CABINET JARDIN & DURAND    23 ALLEE DES
ORCHIDEES  64000    PAU               0585649215
590        LES SPECIALISTES DU DESIGN 33 BLD ALFRED
NOBEL      44600    SAINT NAZAIRE     0240705894
610        BOUTIQUE DE CADEAUX MARIE  83 PLACE
SAINT SULPICE  44000    NANTES
0250246980    0250253986
560        BAUGER BIOTECHNIQUE        56 RUE F.
BUISSON        38000    GRENOBLE          0436598742
221        AMEUBLEMENT PIERRE         27 RUE ST
CHRISTOPHE     25300    DIJON             0381560439

COMMANDES_TBL

NUM_CDE  ID_CLIENT  ID_PROD  QTE  DATE_CDE
-------  ---------  -------  ---  -----------
56A901   232        11235      1  22-OCT-1999
56A917   12         907      100  30-SEP-1999
32A132   43         222       25  10-OCT-1999
16C17    090        222        2  17-OCT-1999
18D778   287        90        10  17-OCT-1999
23E934   432        13        20  15-OCT-1999
```

```
PRODUITS_TBL

ID_PROD DESC_PROD                 PRIX
------- ------------------------  ------
11235   COSTUME SORCIERE          179.90
222     POUPEE PLASTIQUE 18 CM     46.50
13      FAUSSES DENTS PARAFFINE     6.60
907     LAMPION                    87.00
15      COSTUMES ASSORTIS          60.00
9       POP CORN CARAMEL            8.25
6       BONBONS POTIRON             9.45
87      ARAIGNEE PLASTIQUE          6.50
119     ASSORTIMENT DE MASQUES     29.90
```

## Composition d'une table

Le stockage et la maintenance des données de valeur sont la principale raison de l'existence des bases de données. Vous venez de voir les données utilisées pour expliquer les concepts SQL de ce livre. Les prochaines sections examinent plus en détail les éléments d'une table. Rappelez-vous qu'une table est la forme la plus courante et la plus simple du stockage de données dans une base de données relationnelle.

### Un champ

Chaque table est divisée en plusieurs entités plus petites appelées champs. Les champs de la table PRODUITS_TBL sont ID_PROD, DESC_PROD et PRIX. Ces champs catégorisent les informations spécifiques contenues dans la table. Un *champ* est une colonne conçue pour héberger des informations spécifiques à chaque enregistrement de la table.

### Un enregistrement ou ligne de données

Un *enregistrement*, également appelé *ligne de données*, correspond à chaque entrée existant dans la table. Observons le premier enregistrement de la dernière table, PRODUITS_TBL :

```
11235   COSTUME SORCIERE     179.90
```

Cet enregistrement est visiblement composé d'une identification du produit, d'une description et d'un coût unitaire. Pour chaque produit distinct, on doit trouver un enregistrement correspondant dans la table PRODUITS_TBL. Un enregistrement est une entité horizontale de la table.

Une *ligne de données* est un enregistrement complet dans une table de la base de données relationnelle.

**Une colonne**

Une *colonne* est une entité verticale de la table contenant toutes les informations associées à un champ spécifique de cette table. Voici, par exemple, la colonne de la table PRODUITS_TBL contenant la description des produits :

```
COSTUME SORCIERE
POUPEE PLASTIQUE 18 CM
FAUSSES DENTS PARAFFINE
LAMPION
COSTUMES ASSORTIS
POP CORN CARAMEL
BONBONS POTIRON
ARAIGNEE PLASTIQUE
ASSORTIMENT DE MASQUES
```

Cette colonne est basée sur le champ DESC_PROD, la description du produit. Une colonne extrait toutes les informations d'un certain champ de tous les enregistrements de la table.

**La clé primaire**

La *clé primaire* est une colonne qui fait de chaque ligne de données dans la table une ligne unique dans la base de données relationnelle. La clé primaire de la table PRODUITS_TBL est ID_PROD. Elle est initialisée durant le processus de création de la table. Par nature, la clé primaire assure l'unicité de toutes les identifications, de manière que chaque enregistrement de la table PRODUITS_TBL dispose de sa propre ID_PROD. Les clés primaires diminuent les risques de doublons dans une table et sont également exploitées pour d'autres utilisations, comme vous le verrez dans le Chapitre 3.

**Une valeur *NULL***

NULL est le terme utilisé pour représenter une valeur absente. Dans une table, NULL est la valeur d'un champ vide. Un champ contenant la valeur NULL ne contient pas de valeur. Il est très important de comprendre que la valeur NULL est différente de la valeur zéro ou d'un champ contenant des espaces. Un champ prenant la valeur NULL aura été laissé vide lors de la création de l'enregistrement. Notez que dans la table EMPLOYES_PAIE_TBL, tous les employés n'ont pas de coefficient de paie. Les enregistrements des employés qui n'ont pas d'entrée pour le coefficient de paie prennent la valeur NULL dans ce champ.

Dans les prochains chapitres, vous aurez l'occasion de découvrir d'autres éléments qui composent les tables.

# Chapitre 2

# Définition des structures de données

## Au sommaire de ce chapitre

- Données
- Types de données

Dans la leçon précédente, nous avions commencé à vous parler des données. Maintenant, nous allons étudier de manière plus détaillée leurs caractéristiques et la manière dont elles sont stockées dans une base de données relationnelle. Comme vous le verrez, il existe plusieurs types de données.

## Données

Les *données* sont des informations de types différents stockées dans une base de données. On y trouve des noms, des nombres, des valeurs monétaires, du texte, des illustrations, des décimales, des chiffres, des résultats de calculs, des synthèses ou toute autre chose. Il est possible de stocker les données textuelles en lettres capitales, en lettres minuscules ou en mélangeant les deux, de les manipuler ou de les modifier. La plupart des données sont régulièrement modifiées. Il est rare que des informations restent statiques pendant toute leur durée de vie.

Les *types de données* établissent les règles à appliquer aux données d'une colonne, comme la largeur ou le fait que les valeurs soient alphanumériques, numériques ou sous forme de date et d'heure, par exemple.

Les données sont les éléments essentiels de toute base de données : il faut les protéger. Cette responsabilité revient en général à l'administrateur de base de données (en anglais DBA, *DataBase Administrator*), bien que chaque utilisateur soit responsable de la sécurité des données.

*Voir Chapitres 18 et 19.*

## Types de données

Les prochaines sections traitent des types de données supportées par le langage SQL ANSI. Les types de données sont les caractéristiques des données en soi. Ils affectent la nature des champs dans les tables. Par exemple, vous pouvez obliger un champ à contenir des valeurs numériques et y interdire la saisie de chaînes alphanumériques. En effet, il ne serait d'aucun intérêt d'autoriser la saisie de lettres de l'alphabet dans un champ de total en francs.

# Définition des structures de données

> Chaque implémentation de SQL dispose de types de données propriétaires pour prendre en charge le stockage des données. Les bases restent toutefois identiques pour toutes les implémentations.

Voici les principaux types de données SQL :

- Chaînes de caractères
- Chaînes numériques
- Valeurs de date et d'heure

### Données à longueur fixe

Les *données à longueur fixe* acceptent le stockage de chaînes de caractères à longueur constante. Voici une déclaration standard SQL de champ à longueur fixe :

```
CHARACTER(n)
```

*n* est un nombre qui détermine la longueur maximale allouée au champ ainsi défini.

Certaines implémentations SQL font appel au type de donnée CHAR pour stocker les données à longueur fixe. Les données alphanumériques peuvent être stockées avec ce type de données. Les codes postaux sont un exemple de données à longueur fixe dans la mesure où ils contiennent toujours 5 chiffres.

En règle générale, les caractères d'espacement servent à combler les vides dans un champ de données à longueur fixe. Si la longueur du champ a été fixée à 10 et que les données saisies ne représentent que 5 caractères, les 5 espaces excédentaires sont enregistrés sous forme de caractère d'espacement. L'agencement des espaces vous permet de déterminer à l'avance la longueur de chaque valeur du champ.

> **N'employez pas le type de données à longueur fixe pour les champs destinés à accueillir des valeurs à longueur variable, comme les noms. Mal employé, ce type de données vous fait gaspiller de l'espace disponible et risque de rendre impossibles les comparaisons entre données.**

### Données à longueur variable

SQL supporte l'utilisation de chaînes *à longueur variable*, autrement dit, dont la longueur peut varier en fonction des données. Voici une déclaration standard SQL de champ à longueur variable :

```
CHARACTER VARYING(n)
```

*n* est un nombre qui détermine la longueur maximale allouée au champ ainsi défini.

Les types de données à longueur variable sont VARCHAR et VARCHAR2. VARCHAR est le standard ANSI, exploité par Microsoft SQL Server. VARCHAR2 est utilisé par Oracle. Dans la mesure où l'emploi de VARCHAR risque d'être modifié à l'avenir, nous vous conseillons de bien utiliser VARCHAR2 si vous travaillez dans Oracle. Les données stockées peuvent être alphanumériques.

Rappelez-vous que les types de données à longueur fixe font appel à des caractères d'espacement pour remplir les espaces alloués et non utilisés par le champ. Le type de données à longueur variable ne fonctionne pas de la même manière. Par exemple, si la longueur d'un champ est positionnée à 10 et qu'une chaîne de 5 caractères est saisie, la longueur totale du champ est de 5. Les champs à longueur fixe ne font pas appel au remplissage des blancs.

> **Pour gagner de la place, utilisez toujours le type de données à longueur variable lorsque la longueur des données n'est pas constante.**

## Définition des structures de données

### Valeurs numériques

Les valeurs numériques sont stockées dans des champs définis pour un type de nombre référencé par NUMBER, INTEGER, REAL, DECIMAL, etc.

Voici les valeurs numériques standard SQL :

```
BIT(n)
BIT VARYING(n)
DECIMAL(p,s)
INTEGER
SMALLINT
FLOAT(p)
REAL(s)
DOUBLE PRECISION(P)
```

*p* est un nombre qui détermine la longueur maximale allouée au champ défini par l'une de ces expressions.

*s* représente le nombre de chiffres à droite du séparateur décimal, comme 34.*ss*.

NUMBER est le type de données numériques courant des implémentations SQL. Il répond aux directives ANSI pour les valeurs numériques. Ces dernières peuvent être stockées sous la forme de zéros, de nombres positifs, négatifs, en virgule fixe ou flottante. Voici un exemple d'utilisation de NUMBER :

```
NUMBER(5)
```

Cet exemple limite la valeur maximale du champ à 99999.

### Valeurs décimales

Les valeurs décimales sont des valeurs numériques utilisant un séparateur décimal, qu'il s'agisse d'une virgule ou d'un point. Voici un exemple de valeur décimale SQL, où *p* représente la précision de la valeur numérique dans son ensemble et *s* sa précision après le séparateur décimal :

```
DECIMAL(p,s)
```

Dans une valeur numérique définie comme DECIMAL(4,2), le chiffre 4 représente le nombre total de chiffres de la valeur, autrement dit la longueur totale allouée à cette valeur numérique. Quant au chiffre 2, il représente le nombre de chiffres après le séparateur décimal.

Si vous déclarez un champ avec DECIMAL(3,1) et que vous y tapez 34.33, ce nombre sera arrondi à 34.3.

Une valeur numérique définie avec le type DECIMAL(4,2) aura une valeur maximale possible de 99.99 :

Dans cet exemple, la précision des valeurs numériques est de 4, ce qui représente la longueur totale allouée aux valeurs que prendra le champ concerné. La précision après le séparateur décimal est de 2. Elle représente le nombre d'*espaces*, ou d'*octets*, *réservés* à droite du séparateur décimal. Celui-ci n'est pas compté comme un caractère.

Voici les valeurs que peut prendre une colonne déclarée comme DECIMAL(4,2) :

```
12
12.4
12.44
12.449
```

La dernière valeur numérique, 12.449, est arrondie à 12.45 après sa saisie dans la colonne.

### Valeurs entières

Une *valeur entière* est une valeur numérique qui ne contient pas de décimale et qui peut être positive ou négative.

Voici des exemples d'entiers :

```
1
0
-1
```

```
99
-99
199
```

## Valeurs décimales en virgule flottante

Les valeurs *décimales en virgule flottante* sont des nombres décimaux dont le nombre de chiffres et la précision après le séparateur décimal sont à longueur variable et théoriquement illimités. Toutes les précisions sont valides. Le type de données REAL déclare une colonne contenant des nombres en virgule flottante de moindre précision. Le type de données DOUBLE PRECISION déclare une colonne contenant des nombres en virgule flottante à double précision. La simple précision va de 1 à 21 chiffres et la double précision inclut de 22 à 53 chiffres. Voici quelques exemples du type de données FLOAT :

```
FLOAT
FLOAT(15)
FLOAT(50)
```

## Valeurs de date et heure

Les types de données de date et heure servent à héberger des informations de date et d'heure. Le langage SQL standard prend en charge les types de données DATETIME dont voici plusieurs types spécifiques :

```
DATE
TIME
INTERVAL
TIMESTAMP
```

Voici différents éléments du type de données DATETIME :

```
YEAR
MONTH
DAY
HOUR
MINUTE
SECOND
```

> **L'élément SECOND peut être subdivisé en fractions de secondes. La plage va de 00.000 à 61.999, bien que certaines implémentations de SQL ne la supportent pas.**

Ces types et éléments sont des standards auxquels le constructeur SQL peut adhérer, mais rappelez-vous que chaque implémentation SQL peut disposer de son propre type de données personnalisé de date et d'heure, variant dans son apparence et son mode de stockage interne.

Aucune longueur n'est spécifiée pour les dates. Plus loin dans ce chapitre, vous en apprendrez davantage avec des exemples pratiques sur les dates, le stockage de ces informations selon les implémentations et la manipulation des dates et des heures avec les fonctions de conversion.

### Chaînes littérales

Une *chaîne littérale* est une série de caractères, comme un nom ou un numéro de téléphone, explicitement spécifiée par l'utilisateur ou le programme. Elle est constituée de données ayant les mêmes attributs que les types de données évoqués précédemment, à la différence que la valeur de la chaîne est connue. En général, la valeur d'une colonne est inconnue dans la mesure où chaque ligne contient une donnée différente pour cette colonne de la table.

Dans une chaîne littérale, on ne spécifie pas vraiment un type de données, mais plutôt une chaîne. Voici quelques exemples de chaînes littérales :

```
'Bonjour'
45000
"45000"
3.14
'2 novembre 2000'
```

Les chaînes alphanumériques sont encadrées de guillemets simples alors que les valeurs numériques, telles que 45000, ne le sont pas. La seconde valeur numérique 45000 est entre guillemets. En règle générale, les chaînes de caractères doivent être placées entre guillemets, ce qui n'est pas le cas des valeurs numériques. Vous verrez plus loin comment les chaînes littérales sont utilisées dans les requêtes.

### Type de données NULL

Comme nous l'avons vu dans le Chapitre 1, une valeur NULL est une valeur absente ou une colonne dans une ligne de données à laquelle il n'a pas été assigné de données. Les valeurs NULL sont exploitées à presque tous les niveaux de SQL, y compris dans la création des tables, les conditions des requêtes et les chaînes littérales.

Voici deux méthodes de référencement d'une valeur NULL :

- NULL (le mot clé NULL)
- ' '(guillemets simples ne contenant aucune valeur)

L'exemple suivant ne représente pas une valeur NULL, mais une chaîne littérale contenant les caractères N, U, L et L :

```
'NULL'
```

### Valeurs BOOLEAN

Une valeur BOOLEAN est une valeur représentant TRUE, FALSE ou NULL. Les valeurs BOOLEAN servent à effectuer des comparaisons de données. Lorsque des critères sont spécifiés dans une requête, chaque condition est évaluée à TRUE, FALSE ou NULL. Les données sont retournées si la valeur BOOLEAN TRUE est retournée par toutes les conditions de la requête. Elles ne le sont pas si la valeur BOOLEAN FALSE ou NULL est retournée.

Prenons l'exemple :

```
WHERE NOM = 'DURAND'
```

Cette ligne est un exemple de condition de requête. La condition est évaluée pour chaque ligne de données de la table interrogée. Si une ligne de la table contient la valeur DURAND pour NOM, la condition retourne la valeur TRUE, ainsi que la valeur associée à l'enregistrement.

### Types définis par l'utilisateur

Comme son nom l'indique, un type *défini par l'utilisateur* permet à l'utilisateur de personnaliser ses types de données en exploitant des types existants. L'instruction CREATE TYPE sert à créer un type défini par l'utilisateur.

En voici un exemple :

```
CREATE TYPE PERSONNE AS OBJECT
(NOM     VARCHAR2(30),
 SSN     VARCHAR2(9));
```

Vous pouvez définir vos types comme suit :

```
CREATE TABLE EMPLOYES_PAIE_TBL
(EMPLOYES       PERSONNE,
 SALAIRE        NUMBER(10,2),
 DATE_EMBAUCHE  DATE);
```

Notez que dans la colonne EMPLOYES, vous avez référencé le type de données PERSONNE. Il s'agit du type défini par l'utilisateur créé dans l'exemple précédent.

### Domaines

Un *domaine* est un ensemble de types de données valides pouvant être exploités. Le domaine est associé à un type de données de manière à n'accepter que les données de ce type. Après la

# Définition des structures de données

création du domaine, vous pouvez y ajouter des contraintes. Il s'utilise comme les types de données définis par l'utilisateur.

Voici comment créer un domaine :

```
CREATE DOMAIN D_ARGENT AS NUMBER(8,2);
```

Pour contraindre le domaine, procédez comme suit :

```
ALTER DOMAIN ARGENT_D
ADD CONSTRAINT CON1_ARGENT
CHECK (VALUE > 5);
```

Voici comment référencer le domaine

```
CREATE TABLE EMPLOYES_PAIE_TBL
(ID_EMP       NUMBER(9),
 NOM          VARCHAR2(30),
 COEF_PAIE    ARGENT_D);
```

> **Notez que certains types de données mentionnés dans ce chapitre peuvent ne pas porter le même nom dans votre implémentation de SQL. Si les noms des types de données sont souvent différents d'une implémentation à l'autre, le concept reste identique. La plupart, voire tous les types de données sont supportés par la majorité des bases de données relationnelles.**

# Chapitre 3

# Gestion des objets de base de données

## Au sommaire de ce chapitre

- Définition d'un objet
- La table : emplacement principal de stockage des données
- Contraintes d'intégrité

Dans ce chapitre, nous allons définir les objets de base de données, décrire leur comportement, leur mode de stockage et les relations entre objets. Les *objets* constituent la structure sous-jacente de la base de données relationnelle. Ils sont des unités logiques *d'arrière-plan* de la base de données dans lesquelles on stocke également des informations. Ce chapitre est essentiellement consacré aux tables. Les autres objets seront traités dans les prochains chapitres.

# Définition d'un objet

Un *objet de base de données* sert à stocker ou à référencer des données. Il s'agit entre autres des tables, des vues, des regroupements, des séquences, des index et des synonymes. La table est la forme la plus simple de stockage des données dans une base de données relationnelle.

## Le schéma

Un *schéma* est une collection d'objets (les tables, dans ce chapitre) associée à un nom d'utilisateur de base de données. Ce nom d'utilisateur représente le *propriétaire du schéma* ou du groupe d'objets. Une base de données peut contenir un ou plusieurs schémas. En réalité, tout utilisateur qui crée un objet crée son propre schéma. Ce dernier peut contenir une seule table et le nombre d'objets possible n'est limité que par les capacités de l'implémentation.

Supposons que l'administrateur de la base de données vous a attribué un nom d'utilisateur et un mot de passe. Votre nom d'utilisateur est UTILISATEUR1. Vous ouvrez une session et vous créez une table appelée EMPLOYES_TBL. Le nom de votre table est en réalité UTILISATEUR1.EMPLOYES_TBL. Le nom du schéma auquel appartient la table est UTILISATEUR1, qui représente également le propriétaire de la table. Vous venez de créer la première table d'un schéma.

Il est intéressant de noter que pour accéder à une table dont vous êtes propriétaire (dans votre propre schéma), il n'est pas nécessaire de référencer le nom du schéma. Vous avez deux possibilités :

```
EMPLOYES_TBL
UTILISATEUR1.EMPLOYES_TBL
```

## Gestion des objets de base de données

La première est plus simple dans la mesure où elle réduit la saisie au clavier. Si un autre utilisateur veut interroger vos tables, il doit spécifier le schéma sous la forme suivante :

```
UTILISATEUR1.EMPLOYES_TBL
```

*Pour plus d'informations sur les permissions d'accès aux tables des autres utilisateurs et sur l'utilisation des synonymes, se reporter au Chapitre 20.*

La Figure 3.1 illustre deux schémas d'une base de données relationnelle. On y trouve deux comptes utilisateur qui détiennent des tables de la base de données : UTILISATEUR1 et UTILISATEUR2. Chaque compte a son propre schéma. Voici quelques exemples de la manière d'accéder à ces tables pour chaque utilisateur :

| | |
|---|---|
| UTILISATEUR1 accède à sa propre table1 : | TABLE1 |
| UTILISATEUR1 accède à son propre test : | TEST |
| UTILISATEUR1 accède à la table10 de l'UTILISATEUR2 : | UTILISATEUR2.TABLE10 |
| UTILISATEUR1 accède au test de l'UTILISATEUR2 : | UTILISATEUR2.TEST |

Les deux utilisateurs possèdent une table nommée TEST. Des tables appartenant à des schémas différents peuvent porter les mêmes noms. Dans la mesure où le nom du schéma fait partie du nom de la table, celui-ci est toujours unique dans la base de données. Par exemple, UTILISATEUR1.TEST est différent de UTILISATEUR2.TEST. Si, en accédant aux tables d'une base de données, vous ne spécifiez pas de schéma avec le nom de la table, le serveur de base de données recherche par défaut la table dont vous êtes propriétaire. Autrement dit, si UTILISATEUR1 tente d'accéder à la table TEST, le serveur de base de données recherche une table TEST dont UTILISATEUR1 est propriétaire avant de consulter les autres objets, comme les synonymes de table d'un autre schéma.

*Voir le Chapitre 21 pour plus d'informations sur le fonctionnement des synonymes.*

BASE DE DONNEES

UTILISATEUR1 — Propriétaires des schémas — UTILISATEUR2

test — Objets des schémas — test

(Tables)

table1   table10

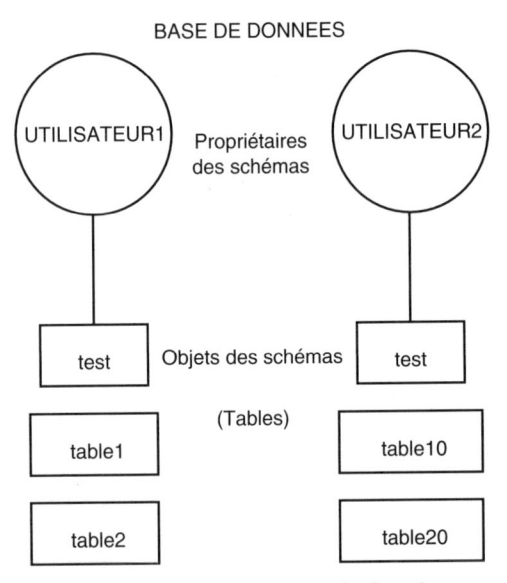

table2   table20

**Figure 3.1 : Schémas d'une base de données.**

> Chaque serveur de base de données est régi par ses propres règles de désignation des objets et de leurs éléments, comme les noms de champs. Consultez votre implémentation pour en connaître les conventions de désignation et les règles.

Gestion des objets de base de données

# La table : emplacement principal de stockage des données

La table est l'emplacement principal de stockage des objets dans une base de données. Elle se compose de lignes et de colonnes contenant les données. La table utilise l'espace physique de la base de données et peut être permanente ou temporaire.

### Champs et colonnes

Un *champ*, appelé également *colonne* dans une base de données relationnelle, est une partie de la table à laquelle a été assigné un type de données spécifique. Le nom du champ doit décrire le type de données à saisir dans la colonne. Les colonnes peuvent être définies comme NULL, auquel cas rien ne doit y être saisi, ou NOT NULL, ce qui indique que la saisie est obligatoire dans ce champ.

Une table doit se composer d'au moins une colonne. Les données saisies doivent correspondre au type de données spécifié, comme un nom ou une adresse. Par exemple, dans une table client, on peut créer une colonne contenant le nom du client.

Le nom d'une colonne doit former une chaîne continue et peut être limité à un certain nombre de caractères selon l'implémentation de SQL. On fait en général appel au caractère de soulignement pour les noms constitués de plusieurs parties. Par exemple, la colonne destinée au nom des clients peut être nommée NOM_CLIENT au lieu de NOMCLIENT pour en faciliter la lecture.

> **Veillez à vérifier les règles de votre implémentation en termes de désignation des objets et autres éléments.**

## Lignes

Une *ligne* est un enregistrement de données dans une table. Par exemple, dans une table des clients, la ligne peut se composer du numéro d'identification du client, de ses nom, adresse, numéro de téléphone, numéro de télécopie, etc. Une ligne comprend des champs contenant les données d'un enregistrement de la table. Cette dernière peut accueillir un à plusieurs millions de lignes de données ou d'enregistrements.

## L'instruction CREATE TABLE

L'instruction CREATE TABLE sert à créer une table. Bien que cela soit simple, il est important de planifier attentivement les structures des tables avant d'exécuter cette instruction.

Voici quelques questions élémentaires auxquelles il est indispensable de répondre avant de créer une table :

- Quels types de données la table va-t-elle contenir ?
- Quel sera le nom de la table ?
- Quelle(s) colonne(s) constituera(ont) la clé primaire ?
- Quels seront les noms des colonnes (champs) ?
- Quel type de données sera assigné à chaque colonne ?
- Quelle sera la longueur allouée à chaque colonne ?
- Quelles colonnes devront contenir des données ?

Après avoir répondu à ces questions, l'instruction CREATE TABLE est simple.

En voici la syntaxe :
```
CREATE TABLE NOM_TABLE
( CHAMP1   TYPE DONNEES   [ NOT NULL ],
```

```
CHAMP2    TYPE DONNEES   [ NOT NULL ],
CHAMP3    TYPE DONNEES   [ NOT NULL ],
CHAMP4    TYPE DONNEES   [ NOT NULL ],
CHAMP5    TYPE DONNEES   [ NOT NULL ] );
```

> **Dans les exemples de ce chapitre, vous utiliserez les types de données CHAR (caractères à longueur fixe), VARCHAR (caractères à longueur variable), NUMBER (valeurs numériques, avec ou sans décimales) et DATE (valeurs de date et d'heure).**

Créez la table appelée EMPLOYES_TBL de l'exemple suivant :

```
CREATE TABLE EMPLOYES_TBL
 (ID_EMP          CHAR(9)         NOT NULL,
  NOM             VARCHAR2(40)    NOT NULL,
  ADRESSE         VARCHAR2(20)    NOT NULL,
  VILLE           VARCHAR2(15)    NOT NULL,
  CODE_POSTAL     NUMBER(5)       NOT NULL,
  TEL             NUMBER(10)      NULL,
  PAGER           NUMBER(10)      NULL);
```

Cette table est constituée de sept colonnes. Notez l'utilisation du caractère de soulignement pour séparer les mots qui composent les noms de colonnes (l'ID de l'employé prend la forme ID_EMP). Un type de données et une longueur spécifiques ont été assignés à chaque colonne. La contrainte NULL/NOT NULL vous a permis de spécifier les colonnes pour lesquelles il est obligatoire de saisir une valeur dans toutes les lignes de la table. La colonne TEL est positionnée à NULL, ce qui autorise la saisie de la valeur NULL dans cette colonne pour les employés qui ne sont pas équipés d'un téléphone. Les informations concernant chaque colonne sont séparées par une virgule ; des parenthèses encadrent les colonnes (une parenthèse ouvrante avant la première colonne et une parenthèse fermante à la fin de la dernière colonne).

Dans cette instruction, le dernier caractère est un point-virgule. La plupart des implémentations SQL utilisent un caractère pour mettre fin à l'instruction ou soumettre une instruction au serveur de la base de données. Oracle fait appel au point-virgule. Transact-SQL utilise l'instruction GO. Dans ce livre, nous emploierons le point-virgule.

Chaque enregistrement ou ligne de données de cette table sera constitué de :

```
ID_EMP, NOM, ADRESSE, VILLE, CODE_POSTAL, TEL, PAGER
```

Dans cette table, chaque champ est une colonne. La colonne ID_EMP peut contenir le numéro d'identification d'un employé ou de plusieurs employés, selon les besoins des requêtes ou transactions. La colonne est une entité verticale de la table, alors que la ligne de données est une entité horizontale.

> NULL est la valeur par défaut d'une colonne. Il n'est donc pas nécessaire de la saisir dans l'instruction CREATE TABLE.

### La clause STORAGE

La clause STORAGE existe sous une forme ou une autre dans la plupart des implémentations SQL de bases de données relationnelles. Dans une instruction CREATE TABLE, la clause STORAGE sert à déterminer la taille de la table initiale lors de sa création. Voici un exemple de syntaxe de cette clause :

```
CREATE TABLE EMPLOYES_TBL
(ID_EMP        CHAR(9)        NOT NULL,
 NOM           VARCHAR(40)    NOT NULL,
 ADRESSE       VARCHAR(20)    NOT NULL,
 VILLE         VARCHAR(15)    NOT NULL,
 CODE_POSTAL   NUMBER(5)      NOT NULL,
 TEL           NUMBER(10)     NULL,
 PAGER         NUMBER(10)     NULL)
 STORAGE
    (INITIAL   3K
     NEXT      2K );
```

Dans certaines implémentations, la clause STORAGE dispose de plusieurs options. INITIAL alloue une quantité initiale d'espace à utiliser dans la table en octets, kilo-octets, etc. La partie NEXT de STORAGE identifie la quantité d'espace supplémentaire qui doit être allouée à la table si sa taille dépasse celle définie initialement. Il existe d'autres options de la clause STORAGE ; celles-ci peuvent varier d'une implémentation à l'autre. Dans les principales implémentations, si vous oubliez de déclarer la clause STORAGE, des paramètres de stockage par défaut sont invoqués qui pourraient ne pas être adaptés à l'application.

Notez la "propreté" de l'instruction CREATE TABLE. La lecture et la détection d'erreurs se trouvent facilitées par les alignements et l'indentation.

> La clause STORAGE diffère d'une implémentation SQL de base de données relationnelle à une autre. L'exemple précédent fait appel à la clause STORAGE d'Oracle, ajoutée à l'instruction CREATE TABLE. Rappelez-vous que le standard SQL ANSI n'est qu'un ensemble de directives. Il ne s'agit pas d'un langage figé, mais de lignes de conduite permettant aux constructeurs de développer leur implémentation SQL. Les types de données diffèrent également d'une implémentation à l'autre. La plupart des problèmes de stockage et de traitement des données sont spécifiques aux implémentations.

## Conventions de désignation

Les noms des objets, en particulier ceux des tables et des colonnes, doivent être représentatifs des données stockées. Par exemple, une table contenant des informations sur les employés peut être nommée EMPLOYES_TBL. Les noms de colonnes doivent suivre la même logique, comme NUM_TEL pour une colonne contenant des numéros de téléphone.

> Vérifiez les longueurs des noms et le nombre de caractères maximal autorisé par votre implémentation. Ils peuvent varier d'une implémentation à l'autre.

## La commande ALTER TABLE

Après sa création, il est possible de modifier une table avec la commande ALTER TABLE. Vous pouvez ajouter (*add*) des colonnes, supprimer (*drop*) des colonnes, en modifier la définition, ajouter et supprimer des contraintes et, dans certaines implémentations, modifier les valeurs associées à la clause STORAGE. Voici la syntaxe standard de la commande ALTER TABLE :

```
ALTER TABLE NOM_TABLE [MODIFY] [COLUMN
NOM_COLONNE][DATATYPE¦NULL NOT NULL]
[RESTRICT¦CASCADE]
                    [DROP]   [CONSTRAINT
NOM_CONTRAINTE]
                    [ADD]    [COLUMN]
DEFINITION COLONNE
```

### Modifier les éléments d'une table

Les *attributs* d'une colonne font référence aux règles et au comportement des données :

- Le type de données d'une colonne
- La longueur et la précision d'une colonne
- Si la colonne peut contenir des valeurs NULL

Vous pouvez utiliser la commande ALTER TABLE pour modifier des attributs. Voici un exemple de modification de la colonne ID_EMP de la table EMPLOYES_TBL :

```
ALTER TABLE EMPLOYES_TBL MODIFY (ID_EMP
VARCHAR2(10));

Table modifiée.
```

Le type de données VARCHAR2 (caractères à longueur variable) était déjà défini pour la colonne, mais vous avez augmenté la longueur de 9 à 10.

**Ajouter des colonnes obligatoires à une table**

Lorsque vous ajoutez une colonne à une table existante, vous ne pouvez pas la définir comme NOT NULL s'il y a déjà des données dans la table. NOT NULL signifie que la colonne doit contenir une valeur pour chaque ligne de la table. Ainsi, si vous ajoutez une colonne définie comme NOT NULL, vous êtes en contradiction avec la contrainte correspondante si les colonnes préexistantes ne contiennent pas de valeur pour la nouvelle colonne.

Il existe toutefois un moyen d'ajouter une colonne obligatoire dans une table :

1. Ajoutez la colonne et définissez-la comme NULL (la colonne ne doit pas obligatoirement contenir de valeur).

2. Insérez une valeur dans la nouvelle colonne pour chaque ligne de la table.

3. Après vous être assuré que la colonne contient une valeur pour chaque ligne de données de la table, modifiez la table pour remplacer l'attribut de la colonne par NOT NULL.

**Modifier les colonnes**

Plusieurs points sont à prendre en considération pour modifier les colonnes d'une table.

- Il est possible d'augmenter la longueur d'une colonne jusqu'à la longueur maximale du type de données spécifié.

- Il n'est possible de réduire la longueur d'une colonne que si la valeur maximale de cette colonne est inférieure ou égale à la nouvelle longueur.

- Le nombre de chiffres d'un type de données numérique peut toujours être augmenté.

- Le nombre de chiffres d'un type de données numérique peut être réduit uniquement si le nombre maximal de chiffres est inférieur ou égal au nouveau nombre de chiffres spécifié.

- Le nombre de chiffres après le séparateur décimal d'un type de données numérique peut être augmenté ou réduit.

- Il est possible de modifier le type de données d'une colonne.

Certaines implémentations limitent les options de la commande ALTER TABLE. Vous pouvez, par exemple, ne pas être autorisé à supprimer des colonnes. Pour ce faire, vous devrez supprimer la table elle-même, puis reconstruire une nouvelle table avec les colonnes souhaitées. En supprimant une colonne, vous risquez de rencontrer des problèmes si la colonne est dépendante d'une colonne située dans une autre table, ou si une colonne d'une autre table référence la colonne supprimée. Consultez la documentation de votre implémentation.

### Créer une table à partir d'une table existante

Pour créer une copie d'une table existante, utilisez une combinaison des instructions CREATE TABLE et SELECT. Les définitions de colonnes sont identiques dans les deux tables. Vous pouvez sélectionner toutes les colonnes ou des colonnes spécifiques. Les nouvelles colonnes créées *via* des fonctions ou une combinaison de colonnes prennent automatiquement la taille nécessaire pour héberger les données. Voici la syntaxe qui permet de créer une table à partir d'une autre table :

```
CREATE TABLE NOM_NOUVELLE_TABLE AS
SELECT [ *¦COLONNE1, COLONNE2 ]
FROM NOM_TABLE
[ WHERE ]
```

# Gestion des objets de base de données

Notez les nouveaux mots clés de cette syntaxe, en particulier SELECT. Il s'agit d'une requête de base de données, traitée en détail plus loin dans ce livre. Dès à présent, il est important de savoir qu'il est possible de créer une table en vous basant sur le résultat d'une requête.

Commencez par émettre une simple requête en direction de la table PRODUITS_TBL.

```
SELECT * FROM PRODUITS_TBL;

ID_PROD    DESC_PROD                        PRIX
---------- -------------------------------- ------
11235      COSTUME SORCIERE                 179.90
222        POUPEE PLASTIQUE 18 CM           46.50
13         FAUSSES DENTS PARAFFINE          6.60
90         LAMPION                          87.00
15         COSTUMES ASSORTIS                60.00
9          POP CORN CARAMEL                 8.25
6          BONBONS POTIRON                  9.45
87         ARAIGNEE PLASTIQUE               6.50
119        ASSORTIMENT DE MASQUES           29.90
```

> **SELECT \*** sélectionne les données de tous les champs de la table. Le symbole \* représente une ligne complète de données, ou enregistrement de la table.

Créez ensuite une table appelée PRODUITS_TMP basée sur la requête précédente :

```
CREATE TABLE PRODUITS_TMP AS
SELECT * FROM PRODUITS_TBL;

Table créée.
```

Si vous exécutez à présent une requête sur la table PRODUITS_TMP, le résultat sera le même que si vous aviez sélectionné les données dans la table d'origine :

```
SELECT *
FROM PRODUITS_TMP;
```

```
ID_PROD    DESC_PROD                      PRIX
---------- ------------------------------ -------
11235      COSTUME SORCIERE                179.90
222        POUPEE PLASTIQUE 18 CM           46.50
13         FAUSSES DENTS PARAFFINE           6.60
90         LAMPION                          87.00
15         COSTUMES ASSORTIS                60.00
9          POP CORN CARAMEL                  8.25
6          BONBONS POTIRON                   9.45
87         ARAIGNEE PLASTIQUE                6.50
119        ASSORTIMENT DE MASQUES           29.90
```

> Quand vous créez une table à partir d'une table existante, la nouvelle table prend les mêmes attributs STORAGE que celle d'origine.

## Supprimer des tables

Il n'y a rien de plus simple que de supprimer une table. Si vous utilisez l'option RESTRICT alors que la table est référencée par une vue ou une contrainte, l'instruction DROP (supprimer) retourne une erreur. Si vous faites appel à l'option CASCADE, la suppression réussit et toutes les vues et contraintes sont supprimées. Voici la syntaxe de suppression d'une table :

```
DROP TABLE NOM_TABLE [ RESTRICT¦CASCADE ]
```

Dans l'exemple suivant, nous allons supprimer la table que nous venons de créer :

```
DROP TABLE PRODUITS_UTILISATEUR1.TMP;

Table supprimée.
```

> Lorsque vous supprimez une table, veillez à spécifier le nom du schéma ou du propriétaire de la table avant d'émettre la commande. Vous pourriez supprimer une autre table. Si vous avez accès à plusieurs comptes utilisateur, vérifiez que vous êtes connecté à la base de données avec le compte utilisateur approprié avant de supprimer des tables.

# Contraintes d'intégrité

Les contraintes d'intégrité servent à assurer la précision et la logique des données dans une base de données relationnelle. L'intégrité est gérée par le concept d'intégrité référentielle (IR) dans lequel de nombreux types de contraintes d'intégrité interviennent.

### Contraintes sur la clé primaire

La *clé primaire* identifie une ou plusieurs colonnes d'une table pour créer des lignes de données uniques. Bien que généralement constituée d'une colonne, la clé primaire en comprend plusieurs. Par exemple, dans une table d'employés, il est logique d'utiliser le numéro de sécurité sociale de l'employé ou un numéro d'identification. L'objectif est que chaque enregistrement ait une clé primaire ou valeur unique comme numéro d'identification. Dans la mesure où dans une table de ce type, un enregistrement par employé suffit, son numéro d'identification devient la clé primaire logique. Cette dernière est assignée lors de la création de la table :

Dans l'exemple suivant, la colonne ID_EMP est identifiée comme PRIMARY KEY (clé primaire) de la table EMPLOYES_TBL :

```
CREATE TABLE EMPLOYES_TBL
 (ID_EMP         CHAR(9)         NOT NULL PRIMARY KEY,
  NOM            VARCHAR2(40)    NOT NULL,
  ADRESSE        VARCHAR2(20)    NOT NULL,
  VILLE          VARCHAR2(15)    NOT NULL,
  CODE_POSTAL    NUMBER(5)       NOT NULL,
  TEL            NUMBER(10)      NULL,
  PAGER          NUMBER(10)      NULL);
```

Cette méthode d'identification de la clé primaire est employée lors de la création de la table. Dans ce cas, la clé primaire est une contrainte implicite. Pour spécifier la clé primaire sous forme de contrainte explicite lorsque vous paramétrez la table, procédez comme suit :

```
CREATE TABLE EMPLOYES_TBL
(ID_EMP        CHAR(9)        NOT NULL,
 NOM           VARCHAR2(40)   NOT NULL,
 ADRESSE       VARCHAR2(20)   NOT NULL,
 VILLE         VARCHAR2(15)   NOT NULL,
 CODE_POSTAL   NUMBER(5)      NOT NULL,
 TEL           NUMBER(10)     NULL,
 PAGER         NUMBER(10)     NULL,
PRIMARY KEY (ID_EMP));
```

Dans cet exemple, la contrainte sur la clé primaire est définie après la liste des colonnes séparées par des virgules de l'instruction CREATE TABLE.

Pour définir une clé primaire composée de plusieurs colonnes, utilisez l'une des méthodes suivantes :

```
CREATE TABLE PRODUITS_TBL
(ID_PROD    VARCHAR2(10)   NOT NULL,
 ID_VEND    VARCHAR2(10)   NOT NULL,
 PRODUIT    VARCHAR2(30)   NOT NULL,
 PRIX       NUMBER(8,2)    NOT NULL,
PRIMARY KEY (ID_PROD, ID_VEND));

ALTER TABLE PRODUITS
ADD CONSTRAINT PK_PRODUIT PRIMARY KEY (ID_PROD,
ID_VEND);
```

## Contraintes uniques

Une *contrainte de colonne unique* est comparable à une clé primaire dans la mesure où la valeur située dans cette colonne doit être unique pour chaque ligne de données de la table. Alors que la contrainte sur la clé primaire est placée dans une colonne, vous pouvez placer une contrainte unique sur une autre colonne même si celle-ci ne fait pas office de clé primaire :

Etudions l'exemple suivant :

```
CREATE TABLE EMPLOYES_TBL
  (ID_EMP         CHAR(9)         NOT NULL
PRIMARY KEY,
  NOM            VARCHAR2(40)    NOT NULL,
  ADRESSE        VARCHAR2(20)    NOT NULL,
  VILLE          VARCHAR2(15)    NOT NULL,
  CODE_POSTAL    NUMBER(5)       NOT NULL,
  TEL            NUMBER(10)      NULL         UNIQUE,
  PAGER          NUMBER(10)      NULL);
```

Dans cet exemple, la clé primaire ID_EMP, autrement dit la colonne du numéro d'identification de l'employé, sert à assurer l'unicité de chaque enregistrement de la table. Dans les requêtes, on référence en général la colonne de la clé primaire, notamment pour jointurer des tables. La colonne TEL a été désignée comme valeur UNIQUE, ce qui signifie que deux employés ne peuvent pas avoir le même numéro de téléphone. La différence entre les deux notions n'est pas très importante ; cependant, la clé primaire sert à ordonner les données de la table et, dans le même ordre d'idées, à jointurer des tables.

### Contraintes sur la clé extérieure

Une *clé extérieure* (foreign key) est une colonne que l'on place dans une table enfant pour référencer une clé primaire de la table parent. Les contraintes sur les clés extérieures sont le principal mécanisme utilisé pour assurer l'intégrité référentielle entre les tables d'une base de données relationnelle. La colonne définie comme clé extérieure sert à référencer une colonne définie comme clé primaire dans une autre table.

Voyons comment une clé extérieure a été créée dans l'exemple suivant :

```
CREATE TABLE EMPLOYES_PAIE_TBL
  (ID_EMP         CHAR(9)         NOT NULL,
  POSTE          VARCHAR2(15)    NOT NULL,
```

```
    DATE_EMBAUCHE        DATE           NULL,
    COEF_PAIE            NUMBER(4,2)    NOT NULL,
    DERN_AUGMENT         DATE           NULL,
  CONSTRAINT FK_ID_EMP FOREIGN KEY (ID_EMP)
  REFERENCES EMPLOYES_TBL (ID_EMP));
```

La colonne ID_EMP de cet exemple a été désignée comme clé extérieure de la table EMPLOYES_PAIE_TBL. Cette clé référence la colonne ID_EMP de la table EMPLOYES_TBL. Elle assure qu'il existe une ID_EMP dans la table EMPLOYES_TBL pour chaque ID_EMP de la table EMPLOYES_PAIE_TBL. Il s'agit d'une relation parent/enfant. EMPLOYES_TBL est la table parent et EMPLOYES_PAIE_TBL la table enfant. Pour mieux comprendre la relation parent/enfant, reportez-vous à la Figure 3.2.

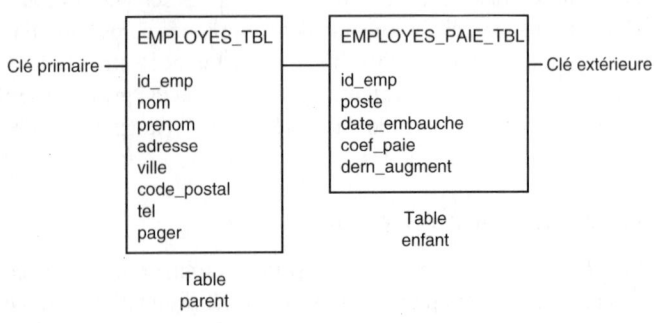

**Figure 3.2 : La relation parent/enfant.**

Dans cette figure, la colonne ID_EMP de la table enfant référence la colonne ID_EMP de la table parent. Pour qu'une valeur soit insérée dans le champ ID_EMP de la table enfant, il doit exister une valeur dans le champ ID_EMP de la table parent. De la même manière, pour supprimer une valeur ID_EMP dans la table parent, toutes les valeurs ID_EMP correspondantes doivent d'abord être supprimées de la table enfant. C'est ainsi que fonctionne l'intégrité référentielle.

Gestion des objets de base de données

Comme le montre l'exemple suivant, vous pouvez utiliser la commande ALTER TABLE pour ajouter une clé extérieure :

```
ALTER TABLE EMPLOYES_PAIE_TBL
ADD CONSTRAINT FK_ID_EMP FOREIGN KEY (ID_EMP)
REFERENCES EMPLOYES_TBL (ID_EMP);
```

> **Les options de la commande ALTER TABLE diffèrent en fonction de l'implémentation SQL et plus particulièrement en matière de contraintes. L'utilisation et les définitions des contraintes varient également, mais le concept de l'intégrité référentielle est censé être identique dans toutes les bases de données relationnelles.**

## Contraintes NOT NULL

Les exemples précédents font appel aux mots clés NULL et NOT NULL que l'on saisit sur la même ligne que chaque colonne et après le type de données. Vous pouvez placer la contrainte NOT NULL sur une colonne de table. Vous interdisez ainsi la saisie de valeurs NULL dans la colonne. Autrement dit, il est obligatoire de saisir des données pour chaque ligne d'une colonne NOT NULL. NULL est en général le paramètre par défaut d'une colonne.

## Contraintes de vérification (CHK)

Les *contraintes de vérification* (check) servent à vérifier la validité des données saisies dans des colonnes de table. Les contraintes de vérification sont utilisées pour modifier l'arrière-plan d'une base de données, bien que cette fonctionnalité soit également disponible dans les applications frontales. En général, on apporte des limitations aux valeurs pouvant être saisies dans des colonnes ou des objets, soit depuis la base de données soit depuis l'application frontale. La contrainte de vérification est un moyen de mettre en œuvre une couche supplémentaire de protection des données.

## SQL

L'exemple suivant illustre l'utilisation de la contrainte de vérification :

```
CREATE TABLE EMPLOYES_TBL
 (ID_EMP          CHAR(9)        NOT NULL,
  NOM             VARCHAR2(40)   NOT NULL,
  ADRESSE         VARCHAR2(20)   NOT NULL,
  VILLE           VARCHAR2(15)   NOT NULL,
  CODE_POSTAL     NUMBER(5)      NOT NULL,
  TEL             NUMBER(10)     NULL,
  PAGER           NUMBER(10)     NULL),
 PRIMARY KEY (ID_EMP),
 CONSTRAINT CHK_CODE_POSTAL CHECK ( CODE_POSTAL =
 '46000');
```

La contrainte de vérification de cette table porte sur la colonne CODE_POSTAL et permet de vérifier que tous les employés de cette table ont un code postal de 46000. Même si cet exemple est limité, vous pouvez en apprécier le fonctionnement.

Voici comment définir la contrainte de vérification pour vérifier que le code postal se trouve dans une liste de valeurs :

```
CONSTRAINT CHK_CODE_POSTAL CHECK ( CODE_POSTAL in
('46100','46200','46700') );
```

S'il existe un taux de rémunération minimal dans votre entreprise, vous pouvez créer une contrainte comme suit :

```
CREATE TABLE EMPLOYES_PAIE_TBL
 (ID_EMP           CHAR(9)         NOT NULL,
  POSTE            VARCHAR2(15)    NOT NULL,
  DATE_EMBAUCHE    DATE            NULL,
  COEF_PAIE        NUMBER(4,2)     NOT NULL,
  DERN_AUGMENT     DATE            NULL,
 CONSTRAINT  FK_ID_EMP FOREIGN KEY (ID_EMP)
 REFERENCES EMPLOYES_TBL (ID_EMP),
 CONSTRAINT CHK COEFF PAIE CHECK ( COEF PAIE > 75.00 ) );
```

# Gestion des objets de base de données

Dans cet exemple, chaque fois que l'on crée un employé, on doit saisir une rémunération de 75,00 francs de l'heure au moins. A l'instar d'une requête SQL, votre contrainte de vérification peut contenir n'importe quelle condition. Les conditions sont traitées plus en détail dans les chapitres suivants.

## Supprimer des contraintes

Pour supprimer une contrainte, utilisez la commande ALTER TABLE avec l'option DROP CONSTRAINT. Voici par exemple comment supprimer la contrainte sur la clé primaire de la table EMPLOYES :

```
ALTER TABLE EMPLOYES_TBL DROP CONSTRAINT
PK_EMPLOYES;

Table modifiée.
```

Certaines implémentations proposent des raccourcis pour supprimer certaines contraintes. Par exemple, pour supprimer la contrainte sur la clé primaire d'une table Oracle, utilisez la commande suivante :

```
ALTER TABLE EMPLOYES_TBL DROP PRIMARY KEY;

Table modifiée.
```

> **Certaines implémentations vous permettent de désactiver les contraintes. Au lieu de supprimer définitivement une contrainte, vous pouvez la désactiver temporairement et la réactiver ultérieurement.**

# Chapitre 4

# Le processus de normalisation

## Au sommaire de ce chapitre

- Normalisation d'une base de données
- Conception logique d'une base de données
- Les formes normales
- Conventions de désignation
- Avantages de la normalisation
- Inconvénients de la normalisation
- Dénormaliser une base de données

Dans ce chapitre, vous découvrirez le processus qui consiste à prendre une base de données brute et à la décomposer en unités logiques nommées tables. C'est ce processus que désigne le terme normalisation.

Vous évoquerons les avantages et les inconvénients tant de la normalisation que de la dénormalisation. A ce sujet, nous parlerons de l'intégrité des données par rapport aux problèmes de performances.

# Normalisation d'une base de données

La *normalisation* est un processus consistant à réduire la redondance des données d'une base de données. Outre les données, on normalise les noms, les noms d'objets et les formes appartenant à une base de données.

### La base de données brute

Une base de données non normalisée peut inclure des données situées dans une ou plusieurs tables différentes pour des raisons qui ne semblent pas évidentes. Une telle situation peut être préjudiciable à la sécurité, à l'utilisation de l'espace disque et à l'intégrité des données. Avant d'avoir été normalisée, une base de données n'a pas encore été ventilée logiquement en plusieurs tables plus petites et faciles à administrer. La Figure 4.1 illustre la base de données que nous utilisons dans ce livre avant qu'elle ne soit passée par le processus de normalisation.

### Conception logique d'une base de données

Une base de données doit toujours être conçue du point de vue de son utilisateur final. La conception logique, que l'on nomme aussi *modèle logique*, est le processus qui consiste à ordonnancer les données en groupes d'objets logiques et organisés afin d'en faciliter la maintenance. Une bonne conception logique contribue à la réduction des répétitions dans les données, voire à son élimination. Après tout, pourquoi s'encombrer de données

# Le processus de normalisation

```
BASE_ENTREPRISE

id_emp              id_client
nom                 nom_client
prenom              adresse_client
adresse             code_postal_client
ville               ville_client
code_postal         tel_client
tel                 fax_client
pager               num_commande
poste               qte
date_embauche       date_cde
coef_paie           id_prod
salaire             desc_prod
prime               prix
dern_augment
```

**Figure 4.1 : La base de données brute.**

en double exemplaire ? Les conventions de désignation associées à une base de données apportent également standardisation et logique.

### Besoins des utilisateurs

Les besoins de l'utilisateur représentent le premier point à prendre en considération lors de la conception d'une base de données. N'oubliez pas que l'utilisateur final est celui qui va exploiter les informations en dernier ressort. L'*outil frontal*, autrement dit le programme qui permet à l'utilisateur d'accéder aux données, doit être facile d'emploi. Or, cette facilité, associée à la recherche de performances optimales, ne pourra pas être atteinte si les besoins de l'utilisateur ne sont pas pris en considération.

Pour vous placer du point de vue de l'utilisateur, posez-vous les questions de conception logique suivantes :

- Quelles données doivent être stockées dans la base de données ?

- De quelle manière l'utilisateur accède-t-il à la base de données ?
- De quels privilèges doit-il bénéficier ?
- Comment faut-il regrouper les données dans la base ?
- Quelles sont les données les plus couramment sollicitées ?
- Quelles sont les relations entre les données d'une base ?
- Quelles sont les mesures à prendre pour assurer la précision des données ?

### Redondance des données

Les données ne doivent pas être redondantes, ce qui signifie que leur duplication doit être réduite au minimum. Il y a à cela plusieurs raisons. Par exemple, il n'est pas nécessaire de stocker l'adresse du domicile d'un employé dans plusieurs tables. En présence d'informations en double exemplaire ou plus, vous consommez inutilement de l'espace de stockage. Par ailleurs, vous risquez de produire des incohérences si l'adresse stockée n'est pas la même d'une table à l'autre. Quelle est alors la table de référence ? Disposez-vous d'une documentation qui vous permet de vérifier l'adresse exacte de cet employé ? Comme s'il n'était pas assez difficile d'administrer les données, la présence de redondances dans les données peut vous mener droit au désastre.

### Les formes normales

Dans les prochaines sections, nous aborderons les formes normales, qui relèvent d'un concept global appliqué au processus de normalisation d'une base de données.

Une *forme normale* est une manière de mesurer les niveaux, ou la profondeur, de normalisation d'une base de données. Elle détermine le niveau de normalisation d'une base de données.

# Le processus de normalisation

Voici les trois formes normales les plus courantes du processus de normalisation :

- La première forme normale
- La deuxième forme normale
- La troisième forme normale

Chaque forme normale dépend des étapes de normalisation entreprises dans la forme normale précédente. Par exemple, pour normaliser une base de données à l'aide de la deuxième forme normale, la base de données doit avoir été préalablement normalisée dans le première forme normale.

### La première forme normale

L'objectif de la première forme normale consiste à diviser la base de données en unités logiques nommées tables. Une fois que toutes les tables ont été conçues, on leur assigne une clé primaire. Voyez la Figure 4.2, qui illustre comment la base de données brute de la précédente figure a été redéployée à l'aide de la première forme normale.

Comme vous pouvez le constater, la première forme normale a été atteinte par la décomposition des données en unités logiques. Chaque table dispose d'une clé primaire et aucun champ n'apparaît deux fois dans les regroupements. Au lieu d'une grande table unique, on trouve désormais trois tables plus petites et faciles à administrer : EMPLOYES_TBL, CLIENTS_TBL et PRODUITS_TBL. En règle générale, les clés primaires sont la première colonne d'une table, à savoir dans notre exemple : ID_EMP, ID_CLIENT et ID_PROD.

### La deuxième forme normale

L'objectif de la deuxième forme normale consiste à prendre les données qui ne dépendent que partiellement de la clé primaire et de les injecter dans une autre table. La Figure 4.3 illustre la seconde forme normale.

```
EMPLOYES_TBL            BASE_ENTREPRISE                              CLIENTS_TBL
id_emp          ┌── id_emp         id_client          ──┐         id_client
nom             │   nom            nom_client           │         nom_client
prenom          │   prenom         adresse_client       │         adresse_client
adresse         │   adresse        code_postal_client   │         code_postal_client
ville           │   ville          ville_client         │         ville_client
code_postal     │   code_postal    tel_client           │         tel_client
tel             │   tel            fax_client           │         fax_client
pager           │   pager          num_commande         │         num_commande
poste           │   poste          qte                  │         qte
desc_poste      │   desc_poste     date_cde             │         date_cde
date_embauche   │   date_embauche
coef_paie       │   coef_paie
salaire         │   salaire
prime           │   prime
dern_augment    │   dern_augment   id_prod           ──┐
                └──                desc_prod           │          PRODUITS_TBL
                                   prix                │          id_prod
                                                       │          desc_prod
                                                       │          prix
```

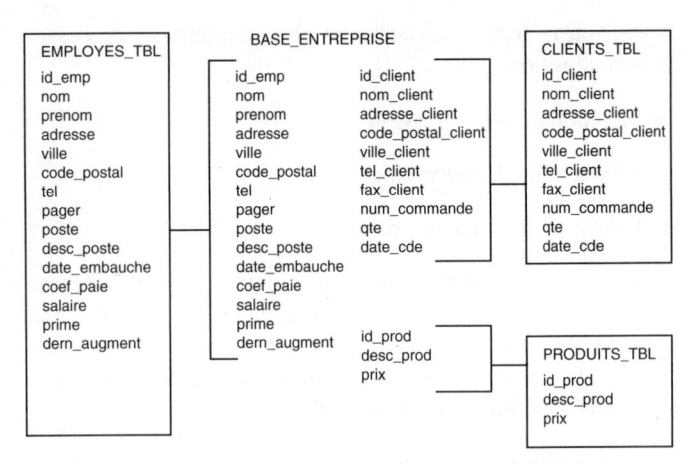

**Figure 4.2 : La première forme normale.**

Selon cette figure, la deuxième forme normale dérive de la première forme normale en effectuant un éclatement supplémentaire de deux tables en sous-unités encore plus spécifiques.

La table EMPLOYES_TBL a été décomposée en deux tables nommées EMPLOYES_TBL et EMPLOYES_PAIE_TBL. Les informations personnelles relatives aux employés dépendent de la clé primaire (ID_EMP) de manière que les informations restent dans la table EMPLOYES_TBL (ID_EMP, NOM, PRENOM, ADRESSE, VILLE, CODE_POSTAL, TEL et PAGER). D'autre part, les informations qui ne dépendent que partiellement de la clé ID_EMP (de chaque employé) vont peupler la table EMPLOYES_PAIE_TBL (ID_EMP, POSTE, DESC_POSTE, DATE_EMBAUCHE, COEF_PAIE, SALAIRE, PRIME et DERN_AUGMENT). Remarquez que les deux tables accueillent une colonne ID_EMP. Il s'agit de la clé primaire pour les deux tables, qui sert à la mise en correspondance des données des deux tables.

# Le processus de normalisation

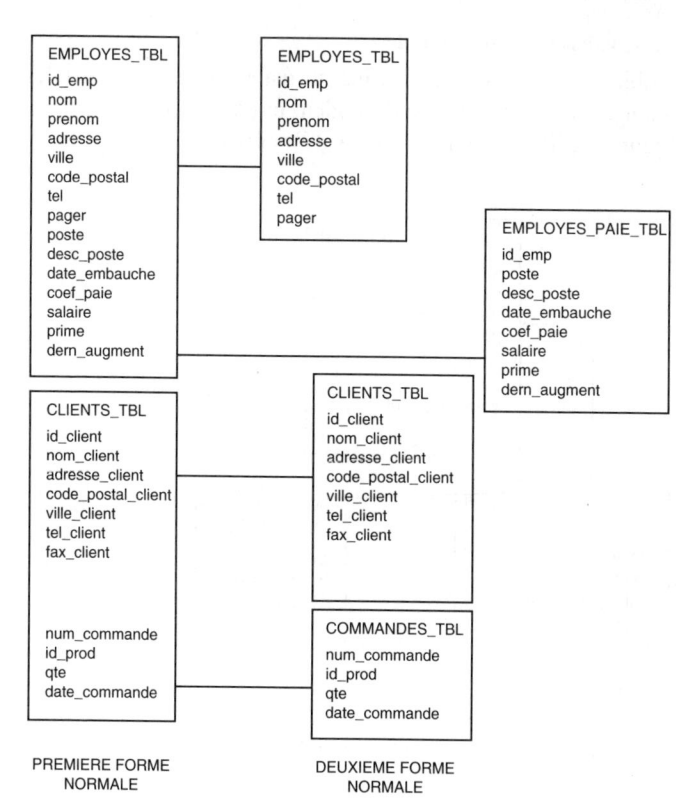

```
EMPLOYES_TBL              EMPLOYES_TBL
id_emp                    id_emp
nom                       nom
prenom                    prenom
adresse                   adresse
ville                     ville
code_postal               code_postal
tel                       tel
pager                     pager
poste
desc_poste                            EMPLOYES_PAIE_TBL
date_embauche                         id_emp
coef_paie                             poste
salaire                               desc_poste
prime                                 date_embauche
dern_augment                          coef_paie
                                      salaire
                                      prime
             CLIENTS_TBL              dern_augment
CLIENTS_TBL  id_client
id_client    nom_client
nom_client   adresse_client
adresse_client code_postal_client
code_postal_client ville_client
ville_client tel_client
tel_client   fax_client
fax_client

             COMMANDES_TBL
num_commande num_commande
id_prod      id_prod
qte          qte
date_commande date_commande

PREMIERE FORME           DEUXIEME FORME
  NORMALE                  NORMALE
```

**Figure 4.3 : La deuxième forme normale.**

La table CLIENTS_TBL a été éclatée en deux tables baptisées CLIENTS_TBL et COMMANDES_TBL. Le phénomène est identique à celui qui a été appliqué aux deux tables précédentes. Les colonnes qui dépendent partiellement de la clé primaire ont été redirigées vers une autre table. Les informations de commande dépendent des champs ID_CLIENT, tout en ne dépendant pas directement des informations clients générales de la table d'origine.

### La troisième forme normale

L'objectif de la troisième forme normale est de supprimer les données de la table qui ne dépendent pas de la clé primaire. La Figure 4.4 illustre la troisième forme normale.

```
EMPLOYES_PAIE_TBL
id_emp
poste
desc_poste
date_embauche
coef_paie
prime
dern_augment


EMPLOYES_PAIE_TBL
id_emp
poste
desc_poste
date_embauche
coef_paie
salaire
prime
dern_augment


POSTES_TBL
poste
desc_poste
```

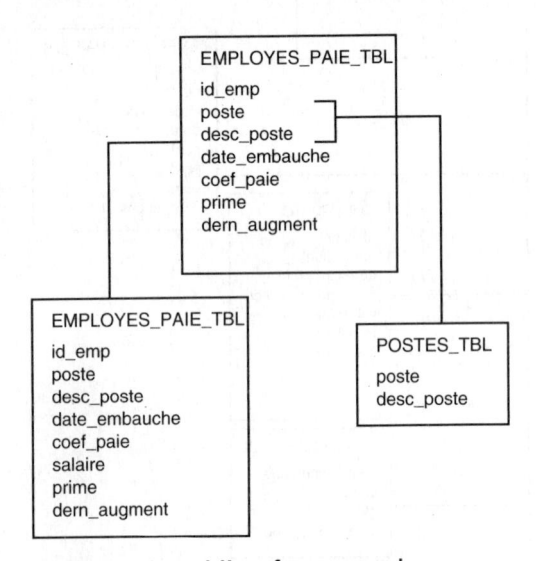

**Figure 4.4 : La troisième forme normale.**

Une autre table a été créée pour montrer l'utilisation de la troisième forme normale. La table EMPLOYE_PAIE_TBL a été éclatée en deux tables : l'une contient les informations de rémunération des employés, l'autre accueille les descriptions de poste, qui n'ont pas nécessairement leur place dans la table EMPLOYE_PAIE_TBL. La colonne DESC_POSTE est totalement indépendante de la clé primaire ID_EMP.

## Conventions de désignation

En matière de normalisation de bases de données, les conventions de désignation sont l'un des principaux points à prendre en considération. Il est nécessaire de donner aux tables des noms descriptifs du type d'information qu'elles contiennent. Il faut donc mettre en œuvre des conventions à l'échelle de l'entreprise et établir des directives de désignation non seulement pour les tables, mais aussi pour les utilisateurs, les noms de fichiers et tous les objets en relation les uns avec les autres. La conception et l'application de conventions de désignations sont les deux premières étapes en direction d'une implémentation réussie de vos bases de données.

## Avantages de la normalisation

La normalisation apporte de nombreux avantages à une base de données. En voici les principaux :

- Meilleure organisation globale de la base de données
- Limitation des données redondantes
- Cohérence des données de la base
- Plus grande souplesse de la conception
- Meilleur contrôle de la sécurité

Le processus de normalisation s'effectue à des fins de normalisation ; il facilite les tâches de chacun, de l'utilisateur qui accède aux tables à l'administrateur de base de données qui est responsable de l'administration globale des objets de la base. La redondance des données est réduite, ce qui simplifie les structures des données et économise de l'espace disque. En réduisant les données dupliquées, vous agissez également sur les incohérences des données. Par exemple, cela vous épargne de trouver deux entrées de noms correspondant à une même personne à cause d'une faute d'orthographe. Dans la mesure où la base de données a été normalisée et décomposée en plusieurs tables moins grandes, vous bénéficiez d'une souplesse plus importante en matière de modification des structures existantes. Il est nettement plus aisé de modifier une petite table, et donc un volume de données moindre, qu'une table énorme contenant toutes les informations vitales pour l'entreprise. Enfin, la sécurité est améliorée dans le sens où l'administrateur de base de données peut accorder des privilèges d'accès à certains utilisateurs sur certaines tables. Il est plus facile de contrôler une base de données qui a été normalisée.

> L'*intégrité des données* est l'assurance de la cohérence et de la précision des données d'une base de données.

### Intégrité référentielle

L'*intégrité référentielle* signifie simplement que les valeurs d'une colonne dépendent des valeurs d'une colonne donnée dans une autre table. Par exemple, pour que l'on trouve un enregistrement relatif à un client dans la table COMMANDES_TBL, il doit y avoir un enregistrement préexistant et correspondant à ce client dans la table CLIENTS_TBL. Les contraintes d'intégrité permettent en outre de contrôler des valeurs par restriction à une plage de valeurs dans une colonne donnée. La contrainte d'intégrité doit être mise en œuvre au moment de la création de la table. L'intégrité référentielle est généralement contrôlée par l'utilisation des clés primaires et étrangères.

Dans une table, une *clé extérieure*, qui apparaît normalement dans un seul champ, référence directement une clé primaire d'une autre table dans le but d'appliquer l'intégrité référentielle.

Pour reprendre notre exemple, le champ `ID_CLIENT` de la table `COMMANDES_TBL` est une clé extérieure qui référence le champ `ID_CLIENT` de la table `CLIENTS_TBL`.

## Inconvénients de la normalisation

Bien que, pour être efficace, une base de données doive être normalisée dans une certaine mesure, la normalisation pêche par un inconvénient non négligeable : les performances en subissent les conséquences. Pour accepter les baisses de performances, il faut être conscient du fait que, lorsqu'une requête ou une transaction est adressée à une base de données, plusieurs facteurs sont concernés : utilisation du processeur, utilisation de la mémoire et débit des entrées/sorties (E/S). Pour résumer un problème complexe, on peut dire qu'une base de données normalisée nécessite plus de temps de traitement au niveau du ou des processeurs et plus de débit en E/S pour traiter les transactions et les requêtes qu'une base de données dénormalisée. Dans une base de données normalisée, la requête doit localiser les tables appropriées et jointurer les données des différentes tables pour récupérer l'information recherchée ou pour traiter les données voulues.

*Voir Chapitre 18 pour plus d'informations sur les performances des base de données.*

## Dénormaliser une base de données

La *dénormalisation* est le processus qui consiste à prendre une base de données normalisée et à modifier la structure de ses tables de manière à autoriser le contrôle des redondances, cela afin d'optimiser les performances de la base. Les gains de performances sont la seule raison valable de procéder à la dénormalisation d'une base de données. Une base de données dénormalisée n'est pas la même chose qu'une base de données qui n'a pas encore été normalisée. La dénormalisation revient à réduire dans une certaine mesure le nombre de niveaux de regroupement que compte une base. Vous savez que la normalisation peut réellement réduire les performances du fait de la fréquence des opérations de jointure qu'elle implique.

*Voir Chapitre 13 pour plus d'informations sur les jointures entre les tables.*

La dénormalisation peut impliquer la recombinaison de plusieurs tables ou la création de données dupliquées dans les tables de manière à réduire le nombre de tables à jointurer pour récupérer les données recherchées. Une telle opération débouche sur un nombre d'E/S moins important et sur une sollicitation moindre du processeur.

Toutefois, la dénormalisation n'est pas sans inconvénients. Le nombre de données redondantes augmente dans une base de données dénormalisée. Les performances sont optimisées, mais le suivi des données devient plus important à gérer. Par ailleurs, la mise en œuvre des applications est plus complexe, car les données réparties dans plusieurs tables deviennent plus difficiles à localiser. Il est également plus ardu d'assurer l'intégrité référentielle dans la mesure où des données liées sont réparties dans plusieurs tables. Il existe un équilibre entre la normalisation et la dénormalisation, mais pour l'atteindre, vous devez posséder une connaissance approfondie des données et des besoins spécifiques à l'activité de l'entreprise concernée.

# Chapitre 5

# Manipulation des données

### Au sommaire de ce chapitre

- Bref aperçu de la manipulation des données
- Peuplement des tables avec de nouvelles données
- Mise à jour des données existantes
- Suppression des données

Dans ce chapitre, nous aborderons la partie de SQL connue sous le nom de DML (*Data Manipulation Language*, langage de manipulation des données). Ce langage est utilisé pour apporter des modifications aux données et aux tables des bases de données relationnelles.

# Bref aperçu de la manipulation des données

Le langage de manipulation des données (DML) est la partie de SQL qui permet à l'utilisateur d'une base de données de réaliser de réels changements au sein des données de la base de données relationnelle. Grâce au DML, l'utilisateur a la possibilité de peupler des tables avec de nouvelles données, de mettre à jour des données existantes et supprimer des données contenues dans les tables. Il peut également émettre des requêtes simples dans une commande DML.

Dans SQL, il existe trois commandes DML de base :

```
INSERT
UPDATE
DELETE
```

La commande SELECT, qui peut être associée aux commandes DML, est traitée plus en détail dans le Chapitre 7.

# Peuplement des tables avec de nouvelles données

Le processus de *peuplement* d'une table consiste simplement à saisir de nouvelles données dans une table, soit manuellement en faisant appel à des commandes, soit en traitement par lots grâce à des programmes ou des logiciels appropriés.

Il existe de nombreux facteurs susceptibles d'affecter le type et la quantité des données qui peuvent être saisies dans une table lors du processus de peuplement. Il s'agit principalement des contraintes existantes, de la taille physique de la table, des types de données des colonnes, de la longueur des colonnes ainsi que d'autres contraintes sur l'intégrité des données telles que les clés

# Manipulation des données

primaires et les clés extérieures. Dans les sections suivantes, vous apprendrez à insérer correctement de nouvelles données dans une table et à identifier les écueils à éviter.

> **N'oubliez pas que les instructions SQL peuvent s'écrire indifféremment en minuscules et en majuscules. En fonction de la façon dont elles sont stockées, les données ne sont pas sensibles à la casse. Les exemples suivants utilisent aussi bien les minuscules que les majuscules pour illustrer que le résultat n'en est pas affecté.**

## Insérer des données dans une table

Pour insérer de nouvelles données dans une table, utilisez l'instruction INSERT. Celle-ci s'accompagne de plusieurs options. Pour commencer, observez la syntaxe qui suit :

```
insert into schema.nom_table
VALUES ('valeur1', 'valeur2', [ NULL ] );
```

Cette instruction vous oblige à inclure chaque colonne de la table spécifiée dans la liste VALUES. Remarquez que les valeurs de cette liste sont séparées par des virgules. Les valeurs comportant des caractères et des dates doivent être placées entre guillemets simples. Ces derniers ne sont pas nécessaires pour les données numériques ou les valeurs NULL qui utilisent le mot clé NULL. De plus, chaque colonne de la table doit contenir une valeur.

Dans l'exemple suivant, vous allez insérer un nouvel enregistrement dans la table PRODUITS_TBL.

Structure de la table :

```
produits_tbl

Nom COLONNE                             Null?    Type DONNEES
-----------------------                 ------   -----------
```

```
ID_PROD                        NOT NULL    VARCHAR2(10)
DESC_PROD                      NOT NULL    VARCHAR2(25)
PRIX                           NOT NULL    NUMBER(6,2)
```

Exemple d'instruction INSERT :

```
INSERT INTO PRODUITS_TBL
VALUES ('7725','GANTS EN CUIR',149.90);
1 ligne créée.
```

Dans cet exemple, vous insérez trois valeurs dans une table à trois colonnes. Ces valeurs respectent l'ordre des colonnes répertoriées dans la table. Les deux premières valeurs sont placées entre guillemets simples, car les données des colonnes correspondantes contiennent des caractères. La valeur de la colonne PRIX est de type numérique ; les guillemets sont donc superflus.

> Le nom du schéma ou le propriétaire de la table n'ont pas été spécifiés dans le nom de la table, comme le montre la syntaxe. Le nom du schéma n'est pas nécessaire si vous êtes connecté à une base de données en tant qu'utilisateur propriétaire de la table.

### Insérer des données dans un nombre limité de colonnes

Il existe un moyen d'insérer des données dans un nombre limité de colonnes. Par exemple, supposons que vous souhaitiez compléter tous les champs relatifs à un employé, à l'exception du numéro de pager. Dans ce cas, vous devez spécifier une liste de colonnes ainsi qu'une liste VALUES dans votre instruction INSERT.

```
INSERT INTO EMPLOYES_TBL
(ID_EMP, NOM, PRENOM, ADRESSE, VILLE, CODE_POSTAL,
TELEPHONE)
VALUES
('123456789', 'MARTIN', 'JEAN', '12 PLACE JEAN JAURES',
'MARSEILLE', '35000', '0493554213');
1 ligne créée.
```

## Manipulation des données

Voici la syntaxe qui permet d'insérer des valeurs dans un nombre limité de colonnes d'une table :

```
INSERT INTO SCHEMA NOM_TABLE('COLONNE1', 'COLONNE2')
VALUES ('VALEUR1', 'VALEUR2');
```

Dans l'exemple suivant, vous utilisez la table COMMANDES_TBL et n'insérez de valeurs que dans les colonnes spécifiées.

Structure de la table :

```
COMMANDES_TBL

NOM COLONNE                     Null?      TYPE DONNEES
---------------------------     --------   -----------
NUM_CDE                         NOT NULL   VARCHAR2(10)
ID_CLIENT                       NOT NULL   VARCHAR2(10)
ID_PROD                         NOT NULL   VARCHAR2(10)
QTE                             NOT NULL   NUMBER(4)
DATE_CDE                                   DATE
```

Exemple d'instruction INSERT :

```
insert into commandes_tbl
(num_cde,id_client,id_prod,qte)
values ('23A16','109','7725',2);

1 ligne créée.
```

Après le nom de la table, vous avez spécifié entre parenthèses une liste de colonnes. Vous avez répertorié toutes les colonnes dans lesquelles vous souhaitiez insérer des données. DATE_CDE est la seule colonne à être exclue. Vous remarquerez que la saisie dans le champ DATE_CDE n'est pas obligatoire dans tous les enregistrements, car NOT NULL n'est pas spécifié dans la définition de la table. NOT NULL indique que les valeurs NULL ne sont pas permises dans la colonne. En outre, la liste des valeurs doit apparaître dans le même ordre que celui dans lequel vous souhaitez les insérer en fonction de la liste des colonnes.

> La liste des colonnes de l'instruction INSERT ne doit pas nécessairement refléter le même ordre de colonnes que celui qui apparaît dans la définition de la table correspondante, mais la liste des valeurs doit correspondre à l'ordre des colonnes de la liste.

### Insérer des données d'une autre table

Il est possible d'insérer dans une table des données provenant des résultats d'une requête adressée à une autre table à l'aide de la combinaison des instructions INSERT et SELECT. Rappelons qu'une *requête* consiste à interroger une base de données dans l'attente d'une réponse. Une requête est une question qu'un utilisateur pose à la base de données et les données qui sont renvoyées représentent la réponse. En combinant les instructions INSERT et SELECT, il vous est alors possible d'insérer des données issues d'une requête dans une table.

*Voir Chapitre 7 pour plus d'informations.*

Voici la syntaxe qui permet d'insérer des données issues d'une autre table :

```
insert into schema.nom_table [('colonne1',
'colonne2')]
select [*¦('colonne1', 'colonne2')]
from nom_table
[where condition(s)];
```

Cette syntaxe laisse apparaître trois nouveaux mots clés que nous allons décrire ici brièvement. Il s'agit de SELECT, FROM et WHERE. SELECT est la principale commande permettant d'initier une requête SQL. FROM est une clause qui spécifie les noms des tables dans lesquelles se trouvent les données cibles. La clause WHERE, qui fait aussi partie de la requête, sert à placer des conditions sur la requête elle-même. Voici un exemple de condition : WHERE NOM = 'MARTIN'.

*Voir Chapitres 7 et 8 pour plus d'informations sur ces trois mots clés.*

## Manipulation des données

Une *condition* permet d'attribuer des critères à des données affectées par une instruction SQL.

L'exemple suivant utilise une requête simple pour afficher toutes les données de la table PRODUITS_TBL. SELECT * indique au serveur de la base de données que vous souhaitez obtenir des informations sur toutes les colonnes de la table. En l'absence de clause WHERE, il comprend que vous voulez afficher tous les enregistrements de la table.

```
select * from produits_tbl;
ID_PROD    DESC_PROD                          PRIX
---------- ---------------------------------- -------
11235      COSTUME SORCIERE                   179.90
222        POUPEE PLASTIQUE 18 CM              46.50
13         FAUSSES DENTS PARAFFINE              6.60
90         LAMPION                             87.00
15         COSTUMES ASSORTIS                   60.00
9          POP CORN CARAMEL                     8.25
6          BONBONS PORTIRON                     9.45
87         ARAIGNEE PLASTIQUE                   6.50
119        ASSORTIMENT DE MASQUES              29.90
1234       CHAINE AVEC CLE                     35.40
2345       ETAGERE CHENE                      358.80

11 lignes sélectionnées.
```

Insérez à présent les valeurs obtenues à partir de la requête précédente dans la table PRODUITS_TMP. Vous remarquerez que 11 lignes sont créées dans la table temporaire.

```
INSERT INTO PRODUITS_TMP
SELECT * FROM PRODUITS_TBL;

11 lignes créées.
```

La requête qui suit retourne toutes les données de la table PRODUITS_TMP que vous venez d'insérer :

```
SELECT * FROM PRODUITS_TMP;
ID_PROD    DESC_PROD                          PRIX
---------- ---------------------------------- -------
```

```
11235         COSTUME SORCIERE              179,90
222           POUPEE PLASTIQUE 18 CM         46,50
13            FAUSSES DENTS PARAFFINE         6,60
90            LAMPION                        87,00
15            COSTUMES ASSORTIS              60,00
9             POP CORN CARAMEL                8,25
6             BONBONS PORTIRON                9,45
87            ARAIGNEE PLASTIQUE              6,50
119           ASSORTIMENT DE MASQUES         29,90
1234          CHAINE AVEC CLE                35.40
2345          ETAGERE CHENE                 358.80

11 lignes sélectionnées.
```

### Insérer des valeurs NULL

Il est très aisé d'insérer une valeur NULL dans une colonne. Celle-ci s'emploie lorsque la valeur d'une colonne est inconnue. Par exemple, comme tout le monde ne possède pas de pager, il serait inexact de saisir un numéro quelconque, sans compter qu'une telle démarche augmente la consommation d'espace disque. Une valeur NULL peut être insérée dans la colonne d'une table à l'aide du mot clé NULL.

Voici la syntaxe qui permet d'insérer une valeur NULL :

```
insert into schema.nom_table values
('colonne1', NULL, 'colonne3');
```

Le mot clé NULL doit être associé à une colonne de la table. Le champ correspondant ne contiendra pas de données si vous y saisissez NULL. Dans la syntaxe précédente, une valeur NULL a été saisie à la place de COLONNE2.

Observez les deux exemples suivants :

```
INSERT INTO COMMANDES_TBL
(NUM_CDE,ID_CLIENT,ID_PROD,QTE,DATE_CDE)
VALUES ('23A16','109','7725',2,NULL);

1 ligne créée.
```

Dans ce premier exemple, toutes les colonnes dans lesquelles des données sont insérées sont répertoriées et correspondent à une colonne de la table COMMANDES_TBL. L'insertion d'une valeur NULL dans la colonne DATE_CDE signifie soit que vous ne connaissez pas la date de la commande, soit qu'il n'existe pas de date de commande pour cette période.

```
INSERT INTO COMMANDES_TBL
VALUES ('23A16','109','7725',2, '');
1 ligne créée.
```

La première instruction du deuxième exemple montre deux différences, bien que les résultats soient identiques. Premièrement, il n'y a pas de liste de colonnes. Gardez à l'esprit qu'une liste de colonnes n'est pas nécessaire si vous insérez des données dans toutes les colonnes d'une table. Deuxièmement, au lieu d'insérer la valeur NULL dans la colonne DATE_CDE, vous insérez ' ' (deux guillemets simples) qui symbolisent également une valeur NULL (car il n'y a rien entre eux).

## Mise à jour des données existantes

Il possible de modifier des données préexistantes d'une table à l'aide de la commande UPDATE. Celle-ci ne permet ni d'ajouter, ni de supprimer des enregistrements, mais tout simplement de mettre à jour des données existantes. En général, on met à jour une seule table d'une base de données à la fois, mais il est possible de mettre à jour simultanément plusieurs colonnes d'une table. En fonction des besoins, une ou plusieurs lignes d'une table peuvent être mises à jour en une seule instruction.

### Mettre à jour la valeur d'une seule colonne

La version la plus simple de l'instruction UPDATE sert à mettre à jour une seule colonne dans une table. Il est possible de mettre à jour une seule ligne de données ou plusieurs enregistrements à la fois.

Voici la syntaxe qui permet de mettre à jour une seule colonne :

```
update nom_table
set nom_colonne = 'value'
[where condition];
```

L'exemple suivant met à jour la colonne QTE dans la table COMMANDES_TBL en attribuant la valeur 1 au NUM_CDE 23A16 que vous avez défini à l'aide de la clause WHERE.

```
UPDATE COMMANDES_TBL
SET QTE = 1
WHERE NUM_CDE = '23A16';

1 ligne mise à jour.
```

L'exemple suivant est identique, mais la clause WHERE a disparu :

```
UPDATE COMMANDES_TBL
SET QTE = 1;

11 lignes mises à jour.
```

Notez que dans cet exemple, ce sont les 11 lignes qui ont été mises à jour. En positionnant le champ QTE à 1, vous avez mis à jour la colonne des quantités de la table COMMANDES_TBL pour toutes les lignes de données. Est-ce là ce que vous souhaitiez réellement faire ? A quelques exceptions près, il est rare d'émettre une instruction UPDATE sans la clause WHERE.

> **Sans clause WHERE, l'instruction UPDATE doit être maniée avec une extrême prudence. En effet, la colonne cible est mise à jour pour toutes les lignes de données de la table si des conditions ne sont pas définies à l'aide de la clause WHERE.**

# Manipulation des données

### Mettre à jour de multiples colonnes dans un ou plusieurs enregistrements

Vous allez voir comment mettre à jour plusieurs colonnes grâce à une seule instruction UPDATE. Observez la syntaxe suivante :

```
update nom_table
set colonne1 = 'value',
   [colonne2 = 'value',]
   [colonne3 = 'value']
[where condition];
```

Vous remarquerez l'utilisation de SET : il n'y a qu'un seul SET, mais plusieurs colonnes. Chaque colonne est séparée par une virgule. Vous devez commencer à repérer les grandes lignes du langage SQL. La virgule est habituellement utilisée pour séparer différents types d'arguments d'une instruction SQL.

```
UPDATE COMMANDES_TBL
SET QTE = 1,
    ID_CLIENT = '221'
WHERE NUM_CDE = '23A16';

1 ligne mise à jour.
```

On utilise une virgule pour séparer les deux colonnes qui sont mises à jour. Encore une fois, nous rappelons que la clause WHERE est optionnelle, mais habituellement nécessaire.

> Le mot clé SET n'est utilisé qu'une seule fois pour chaque instruction UPDATE. Si plusieurs colonnes sont concernées par la mise à jour, utilisez une virgule pour les séparer.

# Suppression des données

La commande DELETE permet de supprimer des lignes entières de données d'une table. En revanche, elle ne sert pas à supprimer des valeurs dans des colonnes spécifiques ; l'enregistrement complet, colonnes incluses, est supprimé. Il est nécessaire d'utiliser la commande DELETE avec prudence. La section suivante traite des différentes méthodes qui permettent de supprimer des données.

Pour supprimer un seul enregistrement ou des enregistrements sélectionnés d'une table, utilisez la commande DELETE avec la syntaxe suivante :

```
delete from schema.nom_table
[where condition];

DELETE FROM COMMANDES_TBL
WHERE NUM_CDE = '23A16';

  1 ligne supprimée.
```

Vous remarquerez l'utilisation de la clause WHERE. Cette dernière est un composant essentiel de l'instruction DELETE pour la suppression de lignes de données sélectionnées d'une table. L'une va rarement sans l'autre. Dans le cas contraire, voici ce que vous obtiendriez :

```
DELETE FROM COMMANDES_TBL;

11 lignes supprimées.
```

> **Si vous omettez la clause WHERE dans l'instruction DELETE, ce sont toutes les lignes de données qui sont supprimées de la table. En règle générale, il est conseillé de toujours les associer.**

La table temporaire, que vous avez peuplée à partir de la table d'origine dans ce chapitre, peut s'avérer très utile : utilisez-la pour tester préalablement les commandes DELETE et UPDATE avant de les appliquer à la table d'origine.

# Chapitre 6

# Transactions de base de données

## Au sommaire de ce chapitre

- Définition d'une transaction
- Définition d'un contrôle transactionnel
- Incidences des contrôles transactionnels sur les performances de base de données

Dans ce chapitre, vous allez découvrir les concepts associés à la gestion des transactions de base de données

# Définition d'une transaction

Une *transaction* est une unité de tâche qui se déroule dans une base de données. Les transactions sont des unités ou des séquences qui s'accomplissent dans un ordre logique, soit manuellement par le biais de l'utilisateur, soit automatiquement par le biais d'un programme de base de données. Dans une base de données relationnelle qui utilise le langage SQL, les transactions s'accomplissent à l'aide des commandes DML décrites dans le Chapitre 5, INSERT, UPDATE et DELETE. Une transaction est la propagation d'un ou plusieurs changements dans une base de données. Par exemple, vous effectuez une transaction lorsque vous appliquez une instruction UPDATE à une table pour modifier le nom d'une personne.

Une transaction peut consister soit en une seule instruction DML, soit en un groupe d'instructions. Lorsque vous gérez les transactions par groupe, chaque groupe déclaré doit accomplir avec succès sa tâche en tant qu'entité unique. Dans le cas contraire, aucun ne pourra s'acquitter de sa tâche.

La liste suivante décrit la nature des transactions :

- Toutes les transactions possèdent un début et une fin.
- Une transaction peut être enregistrée ou annulée.
- Si une transaction échoue en cours d'exécution, aucune portion de la transaction n'est enregistrée dans la base de données.

> **La manière d'initier ou d'exécuter des transactions dépend de l'implémentation. Pour démarrer une transaction, reportez-vous aux spécificités de la vôtre. En effet, il n'existe pas de transaction de démarrage explicite dans le standard ANSI.**

# Définition d'un contrôle transactionnel

Le *contrôle transactionnel* est la capacité à gérer plusieurs transactions susceptibles de se produire au sein d'un système de gestion de base de données relationnelle. Par transaction, on entend les commandes INSERT, UPDATE et DELETE décrites dans le chapitre précédent.

Lorsqu'une transaction s'exécute et s'achève avec succès, la table cible n'est pas immédiatement modifiée, même si le résultat le laisse entendre. Il existe des commandes de contrôle transactionnel permettant de finaliser la transaction, soit en enregistrant les modifications générées par la transaction, soit en les annulant.

Il existe trois commandes permettant de contrôler les transactions :

- COMMIT (valider)
- ROLLBACK (annuler)
- SAVEPOINT (annuler partiellement)

Chacune est décrite en détail dans les prochaines sections.

> **Les commandes de contrôle transactionnel ne s'utilisent qu'avec les commandes DML INSERT, UPDATE et DELETE. Par exemple, après la création d'une table, vous n'émettez pas d'instruction COMMIT. Lorsque la table est créée, elle est automatiquement validée dans la base de données. De la même manière, il n'est pas possible d'émettre une commande ROLLBACK pour remplir à nouveau une table dont le contenu vient juste d'être supprimé.**

Lorsqu'une transaction est achevée, l'information transactionnelle est stockée soit dans une zone allouée, soit dans une zone temporaire d'annulation de la base de données. Toutes les modifications sont conservées dans cette zone temporaire jusqu'à ce qu'une commande de contrôle transactionnel soit émise. A ce moment-là, les modifications sont appliquées à la base de données ou abandonnées. Ensuite, la zone temporaire d'annulation est vidée. La Figure 6.1 illustre la manière dont ces changements s'appliquent à la base de données relationnelle.

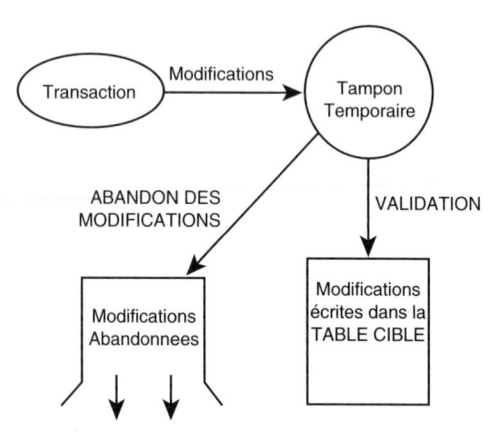

**Figure 6.1 : Zone temporaire d'annulation.**

### La commande COMMIT

La commande COMMIT est la commande transactionnelle qui permet d'enregistrer les modifications appelées par une transaction. Cette commande enregistre dans la base de données toutes les transactions effectuées depuis la dernière commande COMMIT ou ROLLBACK.

Voici la syntaxe correspondant à cette commande :

```
COMMIT [ WORK ];
```

Le mot clé COMMIT et le caractère ou la commande utilisés pour terminer une instruction et qui dépendent de chaque implémentation, sont les seuls éléments obligatoires de la syntaxe. Le mot clé WORK est entièrement optionnel ; il n'apporte que plus de convivialité à la commande.

Dans l'exemple suivant, vous commencez par sélectionner toutes les données de la table PRODUITS_TMP :

```
SELECT * FROM PRODUITS_TMP;
ID_PROD    DESC_PROD                         PRIX
---------  --------------------------       -------
11235      COSTUME SORCIERE                  179.90
222        POUPEE PLASTIQUE 18 CM             46.50
13         FAUSSES DENTS PARAFFINE             6.60
90         LAMPION                            87.00
15         COSTUMES ASSORTIS                  60.00
9          POP CORN CARAMEL                    8.25
6          BONBONS PORTIRON                    9.45
87         ARAIGNEE PLASTIQUE                  6.50
119        ASSORTIMENT DE MASQUES             29.90
1234       CHAINE AVEC CLE                    35.40
2345       ETAGERE CHENE                     358.80

11 lignes sélectionnées.
```

Supprimez ensuite tous les enregistrements de la table dont le prix produit est inférieur à 85 francs.

```
DELETE FROM PRODUITS_TMP
WHERE PRIX < 85;

 8 lignes supprimées.
```

L'instruction COMMIT, qui enregistre les modifications dans la base de données, vient mettre fin à la transaction.

```
COMMIT;
Commit terminée.
```

> Il est fortement recommandé d'émettre très souvent la commande COMMIT pour les gros volumes de chargement ou de déchargement de la base de données. Toutefois, une utilisation trop fréquente de cette commande risque de ralentir l'exécution des tâches. Souvenez-vous que toutes les modifications sont d'abord envoyées vers la zone temporaire d'annulation. Si cette zone vient à manquer d'espace et qu'elle ne peut plus stocker d'informations de modification, cela risque d'interrompre le bon déroulement des transactions.

> Dans certaines implémentations, les transactions ne sont pas validées par l'émission de la commande COMMIT ; le simple fait de fermer la session occasionne la validation des transactions.

### La commande ROLLBACK

La commande ROLLBACK est la commande de contrôle transactionnel qui permet d'annuler les transactions non encore enregistrées dans la base de données. Elle n'annule que les transactions effectuées depuis la dernière émission des commandes COMMIT ou ROLLBACK.

Voici la syntaxe de la commande ROLLBACK :

```
rollback [ work ];
```

Encore une fois, comme pour l'instruction COMMIT, le mot clé WORK est optionnel dans la syntaxe ROLLBACK.

# Transactions de base de données

Dans l'exemple suivant, vous commencez par sélectionner tous les enregistrements de la table PRODUITS_TMP qui restent après la précédente suppression des 8 enregistrements.

```
SELECT * FROM PRODUITS_TMP;
ID_PROD    DESC_PROD                              PRIX
---------- ------------------------------------   -----
11235      COSTUME SORCIERE                       179.90
90         LAMPION                                 87.00
2345       ETAGERE CHENE                          358.80

3 lignes sélectionnées.
```

Maintenant, mettez à jour la table en modifiant le prix du produit identifié par le numéro 11235 à 239.90 francs.

```
UPDATE PRODUITS_TMP
SET PRIX = 239.90
WHERE ID_PROD = '11235';
1 ligne mise à jour.
```

Une requête rapide vous montre que le changement a bien eu lieu :

```
SELECT * FROM PRODUITS_TMP;
ID_PROD    DESC_PROD                              PRIX
---------- ------------------------------------   -----
11235      COSTUME SORCIERE                       239.90
90         LAMPION                                 87.00
2345       ETAGERE CHENE                          358.80

3 lignes sélectionnées.
```

Emettez à présent l'instruction ROLLBACK pour annuler la dernière modification :

```
ROLLBACK;
Rollback terminé.
```

# SQL

Enfin, vérifiez que la modification n'a pas été validée dans la base de données :

```
SELECT * FROM PRODUITS_TMP;
ID_PROD    DESC_PROD                             PRIX
---------- ------------------------------------- -----
11235      COSTUME SORCIERE                      179.90
90         LAMPION                                87.00
2345       ETAGERE CHENE                         358.80

3 lignes sélectionnées.
```

## La commande SAVEPOINT

Un SAVEPOINT est un instant d'une transaction à partir duquel il est possible d'annuler une modification sans avoir à annuler toute la transaction.

Voici la syntaxe de la commande SAVEPOINT :

```
SAVEPOINT NOM_SAVEPOINT
```

Cette commande ne sert qu'à la création d'un SAVEPOINT dans des instructions transactionnelles. La commande ROLLBACK permet d'annuler un groupe de transactions. La commande SAVEPOINT offre un moyen de gérer des transactions en éclatant un grand nombre de transactions en petits groupes plus faciles à gérer.

> **Le nom du SAVEPOINT doit être propre au groupe de transactions concerné. Toutefois, il peut porter le même nom qu'une table ou qu'un autre objet. Pour plus d'informations sur les conventions de désignation, consultez la documentation spécifique à votre implémentation.**

### La commande ROLLBACK TO SAVEPOINT

Voici la syntaxe qui permet d'annuler les dernières modifications jusqu'à un SAVEPOINT :

```
ROLLBACK TO NOM_SAVEPOINT;
```

Dans cet exemple, votre objectif est de supprimer les trois enregistrements restants de la table PRODUITS_TMP. Vous souhaitez créer un SAVEPOINT avant chaque suppression de manière à pouvoir effectuer un ROLLBACK vers n'importe quel SAVEPOINT à tout moment pour replacer les données appropriées dans leur emplacement d'origine :

```
SAVEPOINT SP1;

  Savepoint créé.

DELETE FROM PRODUITS_TMP WHERE ID_PROD = '11235';

  1 ligne supprimée.

SAVEPOINT SP2;

  Savepoint créé.

DELETE FROM PRODUITS_TMP WHERE ID_PROD = '90';

  1 ligne supprimée.

SAVEPOINT SP3;

  Savepoint créé.

DELETE FROM PRODUITS_TMP WHERE ID_PROD = '2345';

  1 ligne supprimée.
```

Maintenant que les trois suppressions ont eu lieu, supposons que vous ayez changé d'avis et que vous décidiez d'effectuer un

# SQL

ROLLBACK vers le SAVEPOINT identifié en tant que SP2. Comme SP2 a été créé après la première suppression, les deux dernières suppressions sont annulées :

```
ROLLBACK TO SP2;
```

Rollback terminé.

Remarquez que seule la première suppression a eu lieu puisque vous êtes revenu en arrière jusqu'à SP2 :

```
SELECT * FROM PRODUITS_TMP;
ID_PROD     DESC_PROD                           PRIX
----------  ------------------------------     -----
90          LAMPION                             87.00
2345        ETAGERE CHENE                      358.80

2 lignes sélectionnées.
```

Souvenez-vous que la commande ROLLBACK en soi annule les actions jusqu'au précédent COMMIT ou ROLLBACK. Comme vous n'avez pas encore émis de commande COMMIT, toutes les suppressions sont annulées, comme le montre l'exemple suivant :

```
ROLLBACK;
```

Rollback terminé.

```
SELECT * FROM PRODUITS_TMP;
ID_PROD     DESC_PROD                           PRIX
----------  ------------------------------     -----
11235       COSTUME SORCIERE                   179.90
90          LAMPION                             87.00
2345        ETAGERE CHENE                      358.80

3 lignes sélectionnées.
```

## La commande RELEASE SAVEPOINT

La commande RELEASE SAVEPOINT permet de supprimer un SAVEPOINT existant. Une fois cette action accomplie, il n'est plus possible d'utiliser la commande ROLLBACK pour annuler les transactions accomplies depuis le SAVEPOINT.

```
RELEASE SAVEPOINT NOM_SAVEPOINT;
```

### La commande SET TRANSACTION

La commande SET TRANSACTION est utilisée pour initier une transaction dans une base de données. Elle permet de spécifier les caractéristiques de la transaction qui suit. Vous pouvez, par exemple, définir une transaction en lecture seule ou en lecture et écriture :

```
SET TRANSACTION READ WRITE;
SET TRANSACTION READ ONLY;
```

Il existe d'autres caractéristiques qui permettent de définir une transaction, mais elles dépassent la portée de ce livre. Pour plus d'informations, voyez la documentation de votre implémentation SQL.

## Incidences des contrôles transactionnels sur les performances de base de données

Un mauvais contrôle transactionnel peut affecter les performances de la base de données et même aller jusqu'à interrompre une session. Si les mauvaises performances persistent, c'est peut-être dû à un nombre insuffisant de contrôles transactionnels pour les insertions, les mises à jour ou les suppressions portant sur de gros volumes. Par ailleurs, le traitements par lots de gros volumes n'est pas le seul facteur de sollicitation du processeur et de la mémoire ; l'espace de stockage temporaire réservé aux annulations de transactions augmente sans cesse jusqu'à ce qu'une commande COMMIT ou ROLLBACK soit émise.

Lors de l'émission d'une commande COMMIT, les informations transactionnelles d'annulation sont écrites sur la table cible et sont effacées de la zone de stockage temporaire. Lors de l'émission d'une commande ROLLBACK, aucune modification n'est apportée à la base de données et l'information d'annulation stockée dans la zone temporaire est effacée. Si aucune de ces deux commandes n'est émise, les informations d'annulation occupent progressivement de plus en plus d'espace dans la zone temporaire jusqu'à épuisement de l'espace disponible, ce qui interrompt tous les processus de la base de données jusqu'à ce que de l'espace soit libéré.

# Chapitre 7

# Introduction aux requêtes

### Au sommaire de ce chapitre :

- Définition d'une requête
- Présentation de l'instruction SELECT
- Exemples de requêtes simples

Dans ce chapitre, nous allons parler des requêtes que l'on adresse aux bases de données et qui impliquent l'emploi de l'instruction SELECT. Celle-ci est probablement la plus utilisée de toutes les commandes SQL une fois que la base de données a été construite.

# Définition d'une requête

Une *requête* est une demande que l'on adresse à une base de données en faisant appel à l'instruction SELECT. Une requête permet d'extraire des données de la base dans un format exploitable par rapport aux besoins de l'utilisateur. Par exemple, adressez une instruction SQL à la table des employés pour savoir quel employé perçoit le salaire le plus important. Il s'agit là d'une requête classique dans le contexte des bases de données relationnelles qui débouche sur la collecte d'informations.

# Présentation de l'instruction SELECT

L'instruction SELECT est la commande qui représente le DQL (*Data Query Language*, langage d'interrogation des données) au sein du langage SQL. Elle permet de construire des requêtes SQL. L'instruction SELECT n'est pas autonome, ce qui signifie qu'elle doit s'accompagner d'une clause. Outre les clauses nécessaires au fonctionnement de l'instruction SELECT, il existe des clauses optionnelles qui contribuent à améliorer les fonctionnalités globales de cette instruction. Celle-ci est de loin la plus puissante de toutes les instructions SQL. La clause FROM est la clause obligatoire et doit toujours être employée en conjonction avec l'instruction SELECT.

Il existe quatre mots clés, ou clauses, constituant des composants intéressants de l'instruction SELECT :

- SELECT
- FROM
- WHERE
- ORDER BY

Les prochaines sections traitent de ces mots clés de manière plus approfondie.

### L'instruction SELECT

L'instruction SELECT s'utilise conjointement à la clause FROM afin d'extraire des données de la base dans un format organisé et exploitable. La partie SELECT de la requête sert à sélectionner les données à afficher et s'adresse aux colonnes dans lesquelles ces données sont stockées dans la table.

Voici la syntaxe d'une instruction SELECT simple :

```
SELECT [ * ¦ ALL ¦ DISTINCT COLONNE1, COLONNE2 ]
FROM TABLE1 [ , TABLE2 ];
```

Dans une requête, le mot clé SELECT est suivi d'une liste de colonnes que vous voulez afficher dans le cadre du résultat de la requête. Le mot clé FROM est suivi d'une liste d'une ou plusieurs tables dans lesquelles les données sont recherchées. L'astérisque (*) indique que toutes les colonnes de la table sollicitée doivent faire partie du résultat affiché. Vérifiez l'utilisation qui en est faite dans votre implémentation. L'option ALL permet d'afficher toutes les valeurs d'une colonne, y compris les doublons. L'option DISTINCT élimine les lignes dupliquées. Par défaut, c'est l'option ALL qui s'applique, ce qui signifie que vous n'avez pas besoin de la déclarer. Remarquez que les colonnes qui suivent l'instruction SELECT sont séparées par des virgules, de même que la liste des tables qui suit la clause FROM.

> **Les virgules sont employées comme séparateurs dans les listes d'arguments d'une instruction SQL. Par liste, on entend les listes de colonnes d'une requête, les listes de tables sélectionnées pour la requête, les valeurs à insérer dans une table et les valeurs regroupées comme conditions de la clause WHERE.**

# SQL

Les *arguments* sont des valeurs qui sont obligatoires ou optionnelles dans la syntaxe d'une instruction ou d'une commande SQL.

Explorez les fonctionnalités essentielles de l'instruction SELECT en étudiant les prochains exemples. Commencez par adresser une requête simple à la table PRODUITS_TBL.

```
SELECT * FROM PRODUITS_TBL;
ID_PROD  DESC_PROD                  PRIX
-------  ------------------------   ------
11235    COSTUME SORCIERE           179.90
222      POUPEE PLASTIQUE 18 CM      46.50
13       FAUSSES DENTS PARAFFINE      6.60
90       LAMPION                     87.00
15       COSTUMES ASSORTIS           60.00
9        POP CORN CARAMEL             8.25
6        BONBONS POTIRON              9.45
87       ARAIGNEE PLASTIQUE           6.50
119      ASSORTIMENT DE MASQUES      29.90

9 lignes sélectionnées.
```

L'astérisque représente toutes les colonnes d'une table. Comme vous pouvez le constater, celles-ci sont affichées sous la forme ID_PROD, DESC_PROD et PRIX. Chaque colonne du résultat s'affiche dans son ordre d'apparition dans la table d'origine. Celle-ci contient 9 enregistrements, identifiés par la phrase retournée : 9 lignes sélectionnées. La phrase retournée dépend des implémentations et vous pouvez tout aussi bien voir s'afficher la phrase 9 lignes retournées.

Vous allez maintenant récupérer des données hébergées dans une autre table : BONBONS_TBL. Pour réaliser les prochains exemples, créez cette table sous la forme que prend la table PRODUITS_TBL. Déclarez le nom de la colonne que vous voulez récupérer après l'instruction SELECT afin de n'afficher qu'une seule colonne de la table.

# Introduction aux requêtes

```
SELECT DESC_PROD FROM BONBONS_TBL;
DESC_PROD
-------------------
POP CORN CARAMEL
POP CORN CARAMEL
CARAMBAR
SMARTIES

4 lignes sélectionnées.
```

La table BONBONS_TBL compte quatre enregistrements. Utilisez l'option ALL dans la prochaine instruction pour constater qu'elle est redondante. Mais vous savez déjà qu'il n'est jamais nécessaire de la déclarer dans la mesure où il s'agit de l'option par défaut.

```
SELECT ALL DESC_PROD
FROM BONBONS_TBL;
DESC_PROD
-------------------
POP CORN CARAMEL
POP CORN CARAMEL
CARAMBAR
SMARTIES

4 lignes sélectionnées.
```

Dans la prochaine instruction, l'option DISTINCT est utilisée pour supprimer les enregistrements dupliqués du jeu de résultats. Vous remarquerez que cette fois, l'enregistrement POP CORN CARAMEL n'est retourné qu'une seule fois.

```
SELECT DISTINCT DESC_PROD
FROM BONBONS_TBL;
DESC_PROD
-------------------
POP CORN CARAMEL
CARAMBAR
SMARTIES

3 lignes sélectionnées.
```

# SQL

Il est également possible d'utiliser DISTINCT et ALL avec des parenthèses entourant la colonne concernée. Celles-ci interviennent souvent dans SQL, mais aussi dans bien d'autres langages, pour améliorer la lisibilité du code.

```
SELECT DISTINCT(DESC_PROD)
FROM BONBONS_TBL;
DESC_PROD
-------------------
POP CORN CARAMEL
CARAMBAR
SMARTIES

3 lignes sélectionnées.
```

## La clause FROM

La clause FROM intervient toujours en association avec l'instruction SELECT. Il s'agit d'un élément obligatoire de toute requête. Son objectif est d'indiquer à la base de données la ou les tables à solliciter pour récupérer les données recherchées par le biais de la requête. La clause FROM peut affecter une ou plusieurs tables.

Voici la syntaxe de la clause FROM :

```
FROM TABLE1 [ , TABLE2 ]
```

## Utiliser les conditions pour sélectionner des données

Une *condition* est une partie d'une requête que l'on utilise pour afficher des informations sélectionnées par l'utilisateur. La valeur d'une condition peut être TRUE ou FALSE (VRAI ou FAUX) de manière à limiter les données éligibles par la requête. La clause WHERE permet d'ajouter des conditions à une requête et d'éliminer des lignes qui normalement seraient retournées par une requête dépourvue de conditions.

## Introduction aux requêtes

La clause WHERE peut comporter plusieurs conditions. Dans ce cas, on les relie entre elles *via* les opérateurs AND ou OR.

*Voir Chapitre 8 pour plus d'informations sur les opérateurs.*

Comme vous l'apprendrez également à la lecture du prochain chapitre, il existe plusieurs opérateurs conditionnels qui permettent de spécifier les conditions d'une requête. Dans ce chapitre, nous nous contenterons de travailler avec une condition par requête.

Un *opérateur* est un caractère ou un mot clé SQL qui combine des éléments dans une instruction SQL.

Voici la syntaxe de la clause WHERE :

```
SELECT [ ALL ¦ * ¦ DISTINCT COLONNE1, COLONNE2 ]
FROM TABLE1 [ , TABLE2 ]
WHERE [ CONDITION1 ¦ EXPRESSION1 ]
[ AND CONDITION2 ¦ EXPRESSION2 ]
```

Voici maintenant une instruction SELECT simple sans condition spécifiée au moyen de la clause WHERE :

```
SELECT *
FROM PRODUITS_TBL
ID_PROD  DESC_PROD               PRIX
-------  ----------------------  ------
11235    COSTUME SORCIERE        179.90
222      POUPEE PLASTIQUE 18 CM   46.50
13       FAUSSES DENTS PARAFFINE   6.60
90       LAMPION                  87.00
15       COSTUMES ASSORTIS        60.00
9        POP CORN CARAMEL          8.25
6        BONBONS POTIRON           9.45
87       ARAIGNEE PLASTIQUE        6.50
119      ASSORTIMENT DE MASQUES   29.90

9 lignes sélectionnées.
```

# SQL

Ajoutez une condition à cette requête :

```
SELECT * FROM PRODUITS_TBL
WHERE PRIX < 50;
PRODUITS_TBL
ID_PROD DESC_PROD                 PRIX
------- ------------------------  ------
 222    POUPEE PLASTIQUE 18 CM    46.50
 13     FAUSSES DENTS PARAFFINE    6.60
 9      POP CORN CARAMEL           8.25
 6      BONBONS POTIRON            9.45
 87     ARAIGNEE PLASTIQUE         6.50
 119    ASSORTIMENT DE MASQUES    29.90

6 lignes sélectionnées.
```

Les seuls enregistrements retournés sont ceux dont le prix est inférieur à 50 francs.

Dans la prochaine requête, vous afficherez la description du produit et le prix qui correspondent à la référence d'article 119.

```
SELECT DESC_PROD, PRIX
FROM PRODUITS_TBL
WHERE ID_PROD = '119';
ID_PROD DESC_PROD                 PRIX
------- ------------------------  ------
 119    ASSORTIMENT DE MASQUES    29.90

1 ligne sélectionnée.
```

### Trier les résultats

Il est souvent souhaitable de pouvoir organiser les jeux de résultats d'une manière ou d'une autre. Pour trier les données retournées, utilisez la clause ORDER BY. Celle-ci permet d'organiser les résultats d'une requête dans un format de liste défini. L'ordre de tri par défaut de la clause ORDER BY est l'*ordre ascendant*, ce qui, dans les listes de noms, représente l'ordre alphabétique de A à Z.

## Introduction aux requêtes

Dans un classement alphabétique, l'*ordre descendant* affiche les résultats de Z à A. Pour les valeurs numériques, l'ordre ascendant affiche les valeurs du plus petit nombre au plus grand ; l'ordre descendant fait le contraire.

Voici la syntaxe de la clause ORDER BY.

```
SELECT [ ALL ¦ * ¦ DISTINCT COLONNE1, COLONNE2 ]
FROM TABLE1 [ , TABLE2 ]
WHERE [ CONDITION1 ¦ EXPRESSION1 ]
[ AND CONDITION2 ¦ EXPRESSION2 ]
ORDER BY COLONNE1¦INTEGER [ ASC¦DESC ]
```

Commencez votre exploration de la clause ORDER BY par un exemple issu des instructions de la section précédente. Classez par description de produit dans l'ordre alphabétique ascendant. Remarquez l'utilisation de l'option ASC. Celle-ci peut être spécifiée après n'importe quelle colonne de la clause ORDER BY.

```
SELECT DESC_PROD, ID_PROD, PRIX
FROM PRODUITS_TBL
WHERE PRIX < 50
ORDER BY DESC_PROD ASC;
DESC_PROD                ID_PROD   PRIX
-----------------------  -------  ------
ARAIGNEE PLASTIQUE         87       6.50
ASSORTIMENT DE MASQUES    119      29.90
BONBONS POTIRON             6       9.45
FAUSSES DENTS PARAFFINE    13       6.60
POP CORN CARAMEL            9       8.25
POUPEE PLASTIQUE 18 CM    222      46.50

6 lignes sélectionnées.
```

> **Dans la mesure où l'ordre ascendant est l'option par défaut, il n'est pas nécessaire de spécifier l'option ASC.**

Comme dans la prochaine instruction, vous pouvez utiliser l'option DESC pour classer le même jeu de résultats dans l'ordre alphabétique inverse.

```
SELECT DESC_PROD, ID_PROD, PRIX
FROM PRODUITS_TBL
WHERE PRIX < 50
ORDER BY DESC_PROD DESC;
DESC_PROD                ID_PROD  PRIX
------------------------ -------  ------
ARAIGNEE PLASTIQUE       87       6.50
ASSORTIMENT DE MASQUES   119      29.90
BONBONS POTIRON          6        9.45
FAUSSES DENTS PARAFFINE  13       6.60
POP CORN CARAMEL         9        8.25
POUPEE PLASTIQUE 18 CM   222      46.50

6 lignes sélectionnées.
```

Le langage SQL prévoit un certain nombre de raccourcis. Ainsi, une colonne apparaissant dans la clause ORDER BY peut être référencée par un numéro. Celui-ci remplace la déclaration de la colonne par son nom complet en identifiant sa position après le mot clé SELECT.

Voici un exemple d'utilisation de la numérotation dans la clause ORDER BY :

```
SELECT DESC_PROD, ID_PROD, PRIX
FROM PRODUITS_TBL
WHERE PRIX < 50
ORDER BY 1;
DESC_PROD                ID_PROD  PRIX
------------------------ -------  ------
ARAIGNEE PLASTIQUE       87       6.50
ASSORTIMENT DE MASQUES   119      29.90
BONBONS POTIRON          6        9.45
FAUSSES DENTS PARAFFINE  13       6.60
POP CORN CARAMEL         9        8.25
POUPEE PLASTIQUE 18 CM   222      46.50

6 lignes sélectionnées.
```

Dans cette requête, le numéro 1 représente la colonne DESC_PROD. Le numéro 2 représente la colonne ID_PROD, 3 la colonne PRIX, etc.

Il est possible de classer une requête sur plusieurs colonnes, en faisant appel au nom de la colonne ou au numéro correspondant à la position de la colonne dans la ligne SELECT.

```
ORDER BY 1,2,3
```

Les colonnes déclarées dans la clause ORDER BY ne doivent pas nécessairement apparaître dans l'ordre de leur apparition dans la ligne SELECT. Voici un exemple :

```
ORDER BY 1,3,2
```

### Sensibilité à la casse

La sensibilité à la casse est un concept qu'il est indispensable de comprendre pour écrire du SQL. En règle générale, les commandes et les mots clés SQL ne sont pas sensibles à la casse. Vous pouvez donc les saisir en lettres minuscules, en lettres capitales ou mélanger les deux à votre guise dans les instructions et/ou au sein d'un même mot.

*Voir Chapitre 5 pour plus d'informations sur la sensibilité à la casse.*

Toutefois, les choses se compliquent au niveau des données. Le plus souvent, les données sont saisies exclusivement en lettres capitales pour assurer la cohérence des données dans les bases de données relationnelles.

Par exemple, vos données ne seraient pas cohérentes si vous laissiez la saisie de données se faire au hasard :

```
DESMARTIN
Desmartin
desmartin
```

En supposant que le nom saisi ait pris la forme desmartin et que vous ayez émis la requête suivante, aucune ligne n'apparaît dans le jeu de résultats.

```
SELECT *
FROM EMPLOYES_TBL
WHERE NOM = 'DESMARTIN';
```

> Dans une requête, il faut employer la même casse que celle des données de la base que vous souhaitez référencer. Avant de saisir des données, consultez les règles établies au sein de l'entreprise en matière de capitalisation des lettres.

## Exemples de requêtes simples

Cette section vous donne plusieurs exemples de requêtes basées sur les concepts qui vous ont été présentés dans ce chapitre. Nous commencerons par la requête la plus simple et y ajouterons progressivement de la complexité. Pour ce faire, nous partirons de la table EMPLOYES_TBL.

Sélectionner tous les enregistrements d'une table et en afficher toutes les colonnes :

```
SELECT * FROM EMPLOYES_TBL;
```

Sélectionner tous les enregistrements d'une table et en afficher une colonne donnée :

```
SELECT ID_EMP FROM EMPLOYES_TBL;
```

Constatez que vous pouvez émettre la même requête sur deux lignes en insérant un saut de ligne :

```
SELECT ID_EMP
FROM EMPLOYES_TBL;
```

# Introduction aux requêtes

Sélectionner tous les enregistrements d'une table et en afficher les différentes colonnes séparées par des virgules :

```
SELECT ID_EMP, NOM
FROM EMPLOYES_TBL;
```

Afficher les données correspondant à une condition spécifiée :

```
SELECT ID_EMP, NOM
FROM EMPLOYES_TBL
WHERE ID_EMP = '442346889';
```

Afficher les données correspondant à une condition donnée et trier le résultat :

```
SELECT ID_EMP, NOM
FROM EMPLOYES_TBL
WHERE VILLE = 'PARIS'
ORDER BY ID_EMP;
```

Afficher les données correspondant à une condition et trier le résultat selon plusieurs colonnes, dont une colonne par tri descendant :

```
SELECT ID_EMP, NOM
FROM EMPLOYES_TBL
WHERE VILLE = 'PARIS'
ORDER BY ID_EMP, NOM DESC;
```

Afficher les données correspondant à une condition donnée et trier le résultat en utilisant un numéro d'ordre au lieu du nom de colonne :

```
SELECT ID_EMP, NOM
FROM EMPLOYES_TBL
WHERE VILLE = 'PARIS'
ORDER BY 1;
```

Afficher les données répondant à une condition donnée et trier le résultat selon plusieurs colonnes à l'aide de leur numéro d'ordre.

L'ordre de tri des colonnes est différent de l'ordre de déclaration des colonnes après le mot clé SELECT.

```
SELECT ID_EMP, NOM
FROM EMPLOYES_TBL
WHERE VILLE = 'PARIS'
ORDER BY 2, 1;
```

> Lorsqu'on sélectionne toutes les lignes d'une table volumineuse, le jeu de résultats obtenu est également volumineux.

### Compter les enregistrements d'une table

Il existe une requête simple qui permet de compter le nombre d'enregistrements d'une table ou le nombre de valeurs d'une colonne. Celle-ci fait appel à la fonction COUNT. Bien que les fonctions ne soient abordées que plus avant dans ce livre, il est important de vous parler de COUNT sans attendre dans la mesure où elle s'intègre aux requêtes les plus simples du langage SQL.

Voici la syntaxe de la fonction COUNT :

```
SELECT COUNT(*)
FROM NOM_TABLE;
```

La fonction COUNT s'utilise avec des parenthèses, qui entourent la colonne ciblée par le comptage ou un astérisque qui déclare le comptage de toutes les lignes de données de la table.

Voici comment compter le nombre d'enregistrements de la table PRODUITS_TBL :

```
SELECT COUNT(*) FROM PRODUITS_TBL;
COUNT(*)
----------
        9

1 ligne sélectionnée.
```

Comptez maintenant le nombre de valeurs ID_PROD dans la table :

```
SELECT COUNT(ID_PROD) FROM PRODUITS_TBL;
COUNT(ID_PROD)
---------------
             9

1 ligne sélectionnée.
```

> Compter le nombre de valeurs d'une colonne revient au même que compter le nombre d'enregistrements de la table si la colonne concernée est NOT NULL (autrement dit, il est obligatoire de la compléter lors de la saisie).

### Sélectionner des données dans la table d'un autre utilisateur

Pour accéder à une table appartenant à un autre utilisateur, il faut bénéficier d'une permission d'accès. En l'absence de permission, les utilisateurs qui ne sont pas propriétaires d'une table donnée ne peuvent en aucun cas y accéder. Cela devient possible si on vous a accordé un droit d'accès *via* la commande GRANT.

*Voir Chapitre 20 pour plus d'informations sur la commande GRANT.*

Pour accéder à la table d'un autre utilisateur dans le cadre d'une instruction SELECT, faites précéder le nom de la table du nom du schéma ou du nom de l'utilisateur qui détient la table, comme dans l'exemple suivant :

```
SELECT ID_EMP
FROM SCHEMA.EMPLOYES_TBL;
```

> Si la table à laquelle vous souhaitez accéder possède un synonyme dans la base de données, il n'est pas nécessaire de spécifier le nom du schéma pour appeler la table. Outre leur nom, les tables peuvent avoir un deuxième nom, c'est ce que l'on appelle un *synonyme* (Voir Chapitre 21).

## Alias de colonne

Les *alias de colonne* servent à renommer les colonnes d'une table pour les besoins d'une requête particulière. La table PRODUITS_TBL illustre l'utilisation des alias.

```
SELECT NOM_COLONNE NOM_ALIAS
FROM NOM_TABLE;
```

Le prochain exemple affiche la description du produit à deux reprises en donnant à la deuxième colonne l'alias PRODUIT. Observez les en-têtes de colonne dans le résultat.

```
SELECT DESC_PROD,
       DESC_PROD PRODUIT
FROM PRODUITS_TBL;
```

| DESC_PROD | PRODUIT |
|---|---|
| COSTUME SORCIERE | COSTUME SORCIERE |
| POUPEE PLASTIQUE 18 CM | POUPEE PLASTIQUE 18 CM |
| FAUSSES DENTS PARAFFINE | FAUSSES DENTS PARAFFINE |
| LAMPION | LAMPION |
| COSTUMES ASSORTIS | COSTUMES ASSORTIS |
| POP CORN CARAMEL | POP CORN CARAMEL |
| BONBONS POTIRON | BONBONS  POTIRON |
| ARAIGNEE PLASTIQUE | ARAIGNEE PLASTIQUE |
| ASSORTIMENT DE MASQUES | ASSORTIMENT DE MASQUES |

9 lignes sélectionnées.

Les alias de colonne permettent de personnaliser les noms des en-têtes de colonne, mais également de référencer des colonnes par des abréviations dans certaines implémentations SQL.

> Lorsqu'une colonne est renommée dans une instruction SELECT, ce changement n'est pas permanent. Il ne s'applique qu'à l'instruction SELECT concernée.

# Chapitre 8

# Les opérateurs

## Au sommaire de ce chapitre :

- Définition d'un opérateur
- Opérateurs de comparaison
- Opérateurs logiques
- Opérateurs conjonctifs
- Conditions de négation avec l'opérateur NOT
- Opérateurs arithmétiques

## Définition d'un opérateur

Un *opérateur* est un mot ou un caractère réservé principalement utilisé dans la clause WHERE d'une instruction SQL pour effectuer des opérations, comme des comparaisons et des opérations arithmétiques. Les opérateurs permettent de spécifier des conditions dans une instruction SQL et servent de conjonctions à plusieurs conditions.

Voici les opérateurs traités dans ce chapitre :

- Opérateurs de comparaison
- Opérateurs logiques
- Opérateurs utilisés pour nier des conditions
- Opérateurs arithmétiques

## Opérateurs de comparaison

Les *opérateurs* de *comparaison* sont utilisés pour tester des valeurs uniques dans une instruction SQL. Les opérateurs de comparaison traités sont =, <>, < et >.

Ces opérateurs servent à tester :

- L'égalité
- La non-égalité (différent de)
- Les valeurs inférieures à
- Les valeurs supérieures à

Les prochaines sections présentent des exemples d'opérateurs de comparaison ainsi que leur signification.

### Egalité

L'*opérateur égal* compare entre elles des valeurs simples dans une instruction SQL. Le signe égal (=) symbolise l'égalité. Lorsque vous testez une égalité, les valeurs comparées doivent

# Les opérateurs

correspondre exactement, sans quoi aucune valeur n'est retournée. Si deux valeurs sont égales dans une comparaison d'égalité, la valeur retournée est TRUE ; elle est FALSE dans le cas contraire. Cette valeur booléenne (TRUE/FALSE) sert à déterminer si les données retournées sont conformes à la condition.

L'opérateur = peut être employé seul ou combiné avec d'autres opérateurs. Voici un exemple d'utilisation de l'opérateur d'égalité ainsi que sa signification :

| Exemple | Signification |
|---|---|
| WHERE SALAIRE = '140000' | Le salaire est égal à 140000 |

La requête suivante retourne toutes les lignes de données dans lesquelles ID_PROD est 2345 :

```
SELECT *
FROM PRODUITS_TBL
WHERE ID_PROD = '2345';

ID_PROD    DESC_PROD                              PRIX
---------- -------------------------------- ----------
2345       ETAGERE CHENE                        358.80

1 ligne sélectionnée.
```

## Différent de

Pour chaque égalité, il existe une non-égalité. Dans SQL, l'opérateur utilisé pour mesurer la non-égalité est <> (le signe inférieur à combiné au signe supérieur à). La condition retourne TRUE si elle trouve une non-égalité et FALSE dans le cas contraire.

> != est une option comparable à <> adoptée par un grand nombre d'implémentations pour représenter la non-égalité.

| Exemple | Signification |
| --- | --- |
| WHERE SALAIRE <> '140000' | Le salaire est différent de 140000 |

```
SELECT *
FROM PRODUITS_TBL
WHERE ID_PROD <> '2345';

ID_PROD    DESC_PROD                             PRIX
--------   -----------------------------        ------
11235      COSTUME SORCIERE                     179.90
222        POUPEE PLASTIQUE 18 CM                46.50
13         FAUSSES DENTS PARAFFINE                6.60
90         LAMPION                               87.00
15         COSTUMES ASSORTIS                     60.00
9          POP CORN CARAMEL                       8.25
6          BONBONS POTIRON                        9.45
87         ARAIGNEE PLASTIQUE                     6.50
119        ASSORTIMENT DE MASQUES                29.90
1234       CHAINE AVEC CLE                       35.40

10 lignes sélectionnées.
```

### Inférieur à, supérieur à

Les symboles < (inférieur à) et > (supérieur à) peuvent être exploités seuls, combinés l'un avec l'autre ou à d'autres opérateurs.

| Exemple | Signification |
| --- | --- |
| WHERE SALAIRE < '140000' | Le salaire est inférieur à 140000 |
| WHERE SALAIRE > '140000' | Le salaire est supérieur à 140000 |

Dans le premier exemple, tout ce qui est inférieur à et différent de 140000 retourne TRUE. Une valeur de 140000 ou plus retourne FALSE. Supérieur à fonctionne à l'inverse.

## Les opérateurs

```
SELECT *
FROM PRODUITS_TBL
WHERE PRIX > 120.00;

ID_PROD     DESC_PROD                           PRIX
---------   -------------------------------     ------
11235       COSTUME SORCIERE                    179.90
2345        ETAGERE CHENE                       358.80

2 lignes sélectionnées.
```

Dans le prochain exemple, notez que la valeur 179.90 n'a pas été incluse dans le résultat de la requête. L'opérateur inférieur à n'est pas inclusif.

```
SELECT *
FROM PRODUITS_TBL
WHERE PRIX < 179.90;

ID_PROD     DESC_PROD                           PRIX
---------   -------------------------------     ------
222         POUPEE PLASTIQUE 18 CM              46.50
13          FAUSSES DENTS PARAFFINE              6.60
90          LAMPION                             87.00
15          COSTUMES ASSORTIS                   60.00
9           POP CORN CARAMEL                     8.25
6           BONBONS POTIRON                      9.45
87          ARAIGNEE PLASTIQUE                   6.50
119         ASSORTIMENT DE MASQUES              29.90
1234        CHAINE AVEC CLE                     35.40

9 lignes sélectionnées.
```

## Exemples de combinaisons d'opérateurs de comparaison

L'opérateur égal peut être combiné avec les opérateurs inférieur à et supérieur à, comme le montrent les exemples suivants :

| Exemple | Signification |
|---|---|
| WHERE SALAIRE <= '140000' | Le salaire est inférieur ou égal à 140000 |
| WHERE SALAIRE >= '140000' | Le salaire est supérieur ou égal à 140000 |

Inférieur ou égal à 140000 inclut 140000 ainsi que toutes les valeurs inférieures à 140000. Toute valeur située dans cette plage retourne TRUE. Toute valeur supérieure à 140000 retourne FALSE. Dans cet exemple, l'utilisation des opérateurs supérieur à et égal à inclut également la valeur 140000 et fonctionne comme inférieur ou égal à.

```
SELECT *
FROM PRODUITS_TBL
WHERE PRIX <= 150.00;

ID_PROD    DESC_PROD                          PRIX
---------- ------------------------------     ------
222        POUPEE PLASTIQUE 18 CM              46.50
13         FAUSSES DENTS PARAFFINE              6.60
90         LAMPION                             87.00
15         COSTUMES ASSORTIS                   60.00
9          POP CORN CARAMEL                     8.25
6          BONBONS POTIRON                      9.45
87         ARAIGNEE PLASTIQUE                   6.50
119        ASSORTIMENT DE MASQUES              29.90
1234       CHAINE AVEC CLE                     35.40

9 lignes sélectionnées.
```

# Les opérateurs

## Opérateurs logiques

Les *opérateurs logiques* sont utilisés comme mots clés SQL en lieu et place des symboles pour effectuer des comparaisons. Voici les opérateurs logiques traités dans les prochaines sous-sections :

- IS NULL
- BETWEEN
- IN
- LIKE
- EXISTS
- UNIQUE
- ALL et ANY

### IS NULL

L'opérateur IS NULL sert à comparer une valeur avec une valeur NULL. Par exemple, vous pouvez rechercher les employés qui ne sont pas équipés de pager en recherchant les valeurs NULL dans la colonne PAGER de la table EMPLOYES_TBL.

L'exemple suivant illustre la comparaison d'une valeur avec une valeur NULL :

| Exemple | Signification |
|---|---|
| WHERE SALAIRE IS NULL | Salaire n'a pas de valeur |

L'exemple suivant ne retourne pas de valeur NULL :

| Exemple | Signification |
|---|---|
| WHERE SALAIRE = NULL | Salaire a une valeur contenant les lettres N-U-L-L |

```
SELECT ID_EMP, NOM, PRENOM, PAGER
FROM EMPLOYES_TBL
WHERE PAGER IS NULL;

ID_EMP      NOM           PRENOM    PAGER
---------   -----------   --------  -----
311549902   POTIER        HENRI
442346889   DESMARTIN     JEAN
220984332   CHRISTOPHE    SYLVIE
443679012   LEBIHEN       MAUD

4 lignes sélectionnées.
```

Comprenez bien que le mot "null" est différent de la valeur NULL. Examinons l'exemple suivant :

```
SELECT ID_EMP, NOM, PRENOM, PAGER
FROM EMPLOYES_TBL
WHERE PAGER = NULL;

Pas de ligne sélectionnée.
```

## BETWEEN

L'opérateur BETWEEN sert à rechercher des valeurs situées à l'intérieur d'une plage de valeurs dont on connaît les valeurs minimale et maximale, celles-ci étant incluses dans la condition.

| Exemple | Signification |
|---|---|
| WHERE SALAIRE BETWEEN '140000' AND '210000' | Le salaire doit se situer entre les valeurs '140000' et '210000' incluses |

## Les opérateurs

```
SELECT *
FROM PRODUITS_TBL
WHERE PRIX BETWEEN 35.40 AND 87.00;

ID_PROD    DESC_PROD                              PRIX
---------- -------------------------------------- ------
222        POUPEE PLASTIQUE 18 CM                 46.50
90         LAMPION                                87.00
15         COSTUMES ASSORTIS                      60.00
1234       CHAINE AVEC CLE                        35.40

4 lignes sélectionnées.
```

Notez que les valeurs 35.40 et 87.00 sont incluses dans le résultat.

> **BETWEEN est inclusif et contient, par conséquent, les valeurs minimale et maximale dans le résultat de la requête.**

### IN

L'opérateur IN sert à comparer une valeur à une liste de valeurs littérales spécifiées. Pour retourner TRUE, la valeur comparée doit correspondre à au moins une valeur de la liste.

| Exemples | Signification |
|---|---|
| WHERE SALAIRE IN ('140000', '210000', '280000') | Le salaire doit correspondre à l'une des valeurs 140000, 210000 ou 280000 |

```
SELECT *
FROM PRODUITS_TBL
WHERE ID_PROD IN ('13','9','87','119');

ID_PROD    DESC_PROD                              PRIX
---------- -------------------------------------- ------
119        ASSORTIMENT DE MASQUES                 29.90
87         ARAIGNEE PLASTIQUE                     6.50
9          POP CORN CARAMEL                       8.25
13         FAUSSES DENTS PARAFFINE                6.60

4 lignes sélectionnées.
```

Le résultat obtenu avec l'opérateur IN est identique à celui obtenu avec l'opérateur OR, mais le résultat est retourné plus rapidement.

## LIKE

L'opérateur LIKE sert à comparer une valeur à des valeurs similaires avec des caractères génériques. Voici les deux caractères génériques qui peuvent être employés avec l'opérateur LIKE :

- Le signe pour cent (%)
- Le caractère de soulignement (_)

Le signe % représente zéro, un ou plusieurs caractères. Le caractère de soulignement représente un nombre ou un caractère unique. Les symboles peuvent être utilisés dans des combinaisons dont voici des exemples :

| | |
|---|---|
| WHERE SALAIRE LIKE '200%' | Retourne toute valeur commençant par 200 |
| WHERE SALAIRE LIKE '%200%' | Retourne toute valeur contenant 200 à n'importe quel endroit |
| WHERE SALAIRE LIKE '_00%' | Retourne toute valeur ayant 00 en deuxième et troisième positions |
| WHERE SALAIRE LIKE '2_%_%' | Retourne toute valeur commençant par 2 et dont la longueur est au moins de 3 caractères |
| WHERE SALAIRE LIKE '%2' | Retourne toute valeur se terminant par 2 |
| WHERE SALAIRE LIKE '_2%3' | Retourne toute valeur ayant un 2 en deuxième position et se terminant par un 3 |
| WHERE SALAIRE LIKE '2___3' | Retourne toute valeur à cinq chiffres commençant par un 2 et se terminant par un 3 |

# Les opérateurs

L'exemple suivant donne toutes les descriptions de produits se terminant par la lettre S :

```
SELECT DESC_PROD
FROM PRODUITS_TBL
WHERE DESC_PROD LIKE '%S';

DESC_PROD
----------------------
COSTUMES ASSORTIS
ASSORTIMENT DE MASQUES

2 lignes sélectionnées.
```

Le prochain exemple donne toutes les descriptions de produits dont le second caractère est la lettre S :

```
SELECT DESC_PROD
FROM PRODUITS_TBL
WHERE DESC_PROD LIKE '_S%';

DESC_PROD
----------------------
ASSORTIMENT DE MASQUES

1 ligne sélectionnée.
```

## EXISTS

L'opérateur EXISTS sert à rechercher la présence d'une ligne répondant à certains critères dans une table spécifique :

| Exemple | Signification |
|---|---|
| WHERE EXISTS (SELECT ID_EMP FROM EMPLOYES_TBL WHERE ID_EMP = '333333333') | Recherche ID_EMP 3333333333 dans EMPLOYES_TBL |

## SQL

L'exemple suivant est une forme de sous-requête, traitée plus en détail au Chapitre 14.

```
SELECT PRIX
FROM PRODUITS_TBL
WHERE EXISTS ( SELECT PRIX
               FROM PRODUITS_TBL
               WHERE PRIX > 600 );

Pas de ligne sélectionnée.
```
----------

Aucune ligne n'est sélectionnée dans la mesure où aucun enregistrement ne contient de prix supérieur à 600 francs.

Considérons l'exemple suivant :

```
SELECT PRIX
FROM PRODUITS_TBL
WHERE EXISTS ( SELECT PRIX
               FROM PRODUITS_TBL
               WHERE PRIX < 600 );

   PRIX
 -------
  179.90
   46.50
    6.60
   87.00
   60.00
    8.25
    9.45
    6.50
   29.90
   35.40
  358.80

11 lignes sélectionnées.
```

Les prix des enregistrements de la table ont été affichés dans la mesure où il existe des prix de produits inférieurs à 600 francs.

## Les opérateurs

### UNIQUE

L'opérateur UNIQUE recherche toute ligne unique (sans doublon) d'une table spécifiée.

| Exemple | Signification |
|---|---|
| WHERE UNIQUE (SELECT SALAIRE FROM EMPLOYES_TBL WHERE ID_EMP = '333333333') | Teste le salaire pour vérifier s'il existe des doublons |

### ALL et ANY

L'opérateur ALL sert à comparer une valeur à toutes les valeurs d'un jeu de valeurs.

| Exemple | Signification |
|---|---|
| WHERE SALAIRE > ALL (SELECT SALAIRE FROM EMPLOYES_TBL WHERE VILLE = 'MONTPELLIER') | Teste le champ SALAIRE pour vérifier s'il existe des salaires supérieurs aux salaires de tous les employés vivant à Montpellier. |

```
SELECT ID_EMP, POSTE FROM EMPLOYES_PAIE_TBL
WHERE SALAIRE > ALL (SELECT SALAIRE FROM
EMPLOYES_PAIE_TBL
                        WHERE DATE_EMBAUCHE >
14-JAN-91)
ID_EMP      POSTE                       SALAIRE
---------   ---------------------       -------
213764555   DIRECTEUR VENTES            18000

1 ligne sélectionnée.
```

Retourne le numéro d'identification et le poste de l'employé dont le salaire est supérieur à celui de tous les salariés embauchés après le 14 janvier 1991.

L'opérateur ANY sert à comparer une valeur à toute valeur applicable de la liste en fonction de la condition.

| Exemple | Signification |
|---|---|
| WHERE SALAIRE > ANY (SELECT SALAIRE FROM EMPLOYES_TBL WHERE VILLE = 'PARIS') | Teste le salaire pour vérifier s'il est supérieur à n'importe quel salaire des employés vivant à Paris. |

```
SELECT ID_EMP, POSTE FROM EMPLOYES_PAIE_TBL
WHERE SALAIRE > ANY (SELECT SALAIRE FROM
EMPLOYES_PAIE_TBL
                    WHERE DATE_EMBAUCHE >
14-JAN-91)
ID_EMP      POSTE                    SALAIRE
---------   ----------------------   --------
213764555   DIRECTEUR VENTES           18000
313782439   COMMERCIAL                 12000
313268956   COMMERCIAL                 14000

3 lignes sélectionnées
```

Cette requête retourne plus d'enregistrements que celle utilisant ALL, car les salaires recherchés doivent seulement correspondre à des dates d'embauche ultérieures au 14 janvier 91.

## Opérateurs conjonctifs

Comment procéder pour faire appel à plusieurs conditions afin de limiter les données retournées par une instruction SQL ? Combinez des conditions avec les opérateurs conjonctifs :

- AND

- OR

# Les opérateurs

Avec ces opérateurs, il est possible d'effectuer plusieurs comparaisons avec différents opérateurs dans la même instruction SQL. Les prochaines sections décrivent le comportement de ces opérateurs.

## AND

L'opérateur AND permet d'utiliser plusieurs conditions dans la clause WHERE d'une instruction SQL. Pour qu'une action soit prise en compte par l'instruction SQL, qu'il s'agisse d'une transaction ou d'une requête, toutes les conditions séparées par l'opérateur AND doivent être TRUE.

| Exemple | Signification |
|---|---|
| WHERE ID_EMP = '333333333' AND SALAIRE = '140000' | ID_EMP doit être égal à 333333333 et le salaire doit être égal à 140000 |

```
SELECT *
FROM PRODUITS_TBL
WHERE PRIX > 60
  AND PRIX < 180;

ID_PROD    DESC_PROD                              PRIX
---------  ------------------------------------   ------
11235      COSTUME SORCIERE                       179.90
90         LAMPION                                 87.00

2 lignes sélectionnées.
```

Dans cet exemple, le prix devait être à la fois supérieur à 60 et inférieur à 180.

```
SELECT *
FROM PRODUITS_TBL
WHERE ID_PROD = '7725'
  AND ID_PROD = '2345';

Pas de ligne sélectionnée.
```

Aucune donnée n'a été retournée dans la mesure où il n'existe qu'un seul numéro de référence produit dans une même ligne de données.

## OR

L'opérateur OR sert à combiner plusieurs conditions dans la clause WHERE d'une instruction SQL. Pour qu'une action soit prise en compte par l'instruction SQL, qu'il s'agisse d'une transaction ou d'une requête, au moins l'une des conditions séparées par l'opérateur OR doit être TRUE.

| Exemple | Signification |
| --- | --- |
| WHERE SALAIRE = '140000' OR SALAIRE = '210000' | Le salaire doit être égal à 140000 ou égal à 210000 |

> Les opérateurs de comparaison ou logiques peuvent être utilisés seuls ou en combinaison les uns avec les autres.

```
SELECT *
FROM PRODUITS_TBL
WHERE ID_PROD = '7725'
   OR ID_PROD = '2345'
```

```
ID_PROD    DESC_PROD                            PRIX
---------- ------------------------------------ ------
2345       ETAGERE CHENE                        358.80
```

1 ligne sélectionnée.

Dans cet exemple, l'une des conditions devait être TRUE. Un enregistrement répondant à l'une ou l'autre condition a été retrouvé.

## Les opérateurs

> **En présence de plusieurs conditions dans une instruction SQL, il est judicieux de placer des parenthèses pour séparer les instructions en groupes logiques. Un mauvais emploi des parenthèses peut toutefois engendrer des résultats erronés.**

Dans le prochain exemple, notez l'utilisation d'un opérateur AND et de deux opérateurs OR. En outre, remarquez le positionnement logique des parenthèses pour simplifier la lecture de l'instruction.

```
SELECT *
FROM PRODUITS_TBL
WHERE PRIX > 60
  AND ( ID_PROD = '222'
  OR    ID_PROD = '90'
  OR    ID_PROD = '11235' );

ID_PROD    DESC_PROD                              PRIX
---------  -------------------------------------  ------
11235      COSTUME SORCIERE                       179.90
90         LAMPION                                 87.00

2 lignes sélectionnées.
```

Le coût doit être supérieur à 60 francs et la référence du produit doit être l'une des trois références déclarées. La ligne ID_PROD 222 n'a pas été retournée, dans la mesure où le prix du produit correspondant n'est pas supérieur à 60 francs.

## Conditions de négation avec l'opérateur NOT

Dans toutes les conditions testées avec les opérateurs logiques, il existe un moyen de nier l'opérateur pour inverser le point de vue de la condition.

# SQL

L'opérateur NOT inverse la signification de l'opérateur logique utilisé. Il peut être employé comme suit avec les méthodes suivantes :

- DIFFERENT DE
- NOT BETWEEN
- NOT IN
- NOT LIKE
- IS NOT NULL
- NOT EXISTS
- NOT UNIQUE

Chaque méthode est traitée dans les prochaines sections. Commençons par tester l'inégalité.

## DIFFERENT DE

Vous avez vu comment tester l'inégalité *via* l'opérateur <>. En fait, pour tester l'inégalité, vous nierez l'opérateur d'égalité. Voici une autre méthode qui permet de tester l'inégalité dans certaines implémentations de SQL :

| Exemple | Signification |
|---|---|
| WHERE SALAIRE <> '140000' | Le salaire doit être différent de 140000 |
| WHERE SALAIRE != '140000' | Le salaire doit être différent de 140000 |

Dans le second exemple, le point d'exclamation sert à nier le signe égal à. Dans certaines implémentations, son utilisation est autorisée en plus de celle de l'opérateur standard d'inégalité <>.

# Les opérateurs

> Consultez votre implémentation pour vérifier s'il est possible d'utiliser le point d'exclamation pour nier l'opérateur d'inégalité.

## NOT BETWEEN

L'opérateur BETWEEN se nie de la manière suivante :

| Exemple | Signification |
|---|---|
| WHERE SALAIRE NOT BETWEEN '140000' AND '210000' | La valeur du salaire ne doit pas se situer entre les valeurs 140000 et 210000 incluses |

```
SELECT *
FROM PRODUITS_TBL
WHERE PRIX NOT BETWEEN 35.40 AND 87.00;

ID_PROD    DESC_PROD                         PRIX
---------  --------------------------------  ------
11235      COSTUME SORCIERE                  179.90
13         FAUSSES DENTS PARAFFINE           6.60
9          POP CORN CARAMEL                  8.25
6          BONBONS POTIRON                   9.45
87         ARAIGNEE PLASTIQUE                6.50
119        ASSORTIMENT DE MASQUES            29.90
2345       ETAGERE CHENE                     358.80

7 lignes sélectionnées.
```

> Rappelez-vous que BETWEEN est inclusif. C'est pourquoi, dans l'exemple précédent, les lignes dont le prix est égal à 35.40 ou 87.00 ne sont pas incluses dans le résultat.

## NOT IN

L'opérateur IN se nie avec NOT IN. Dans l'exemple suivant, tous les salaires qui ne sont pas dans les valeurs déclarées sont retournés :

| Exemple | Signification |
|---|---|
| WHERE SALAIRE NOT IN ('140000', '210000', '280000') | Pour que le résultat soit retourné, le salaire doit obligatoirement être différent des valeurs déclarées |

```
SELECT *
FROM PRODUITS_TBL
WHERE ID_PROD NOT IN ('13','9','87','119');

ID_PROD    DESC_PROD                            PRIX
-------    --------------------------------    ------
11235      COSTUME SORCIERE                    179.90
222        POUPEE PLASTIQUE 18 CM               46.50
90         LAMPION                              87.00
15         COSTUMES ASSORTIS                    60.00
6          BONBONS POTIRON                       9.45
1234       CHAINE AVEC CLE                      35.40
2345       ETAGERE CHENE                       358.80

7 lignes sélectionnées.
```

Dans cet exemple, les articles dont la référence a été déclarée après l'opérateur NOT IN ne sont pas retournés.

## NOT LIKE

L'opérateur LIKE ou le caractère générique sont niés par NOT LIKE. Avec NOT LIKE, seules les valeurs différentes sont retournées. Voici quelques exemples :

## Les opérateurs

| Exemple | Signification |
|---|---|
| WHERE SALAIRE NOT LIKE '200%' | Retourne toute valeur qui ne commence pas par 200 |
| WHERE SALAIRE NOT LIKE '%200%' | Retourne toute valeur ne contenant pas 200 à n'importe quel endroit |
| WHERE SALAIRE NOT LIKE '_00%' | Retourne toute valeur ne contenant pas 00 à partir de la deuxième position |
| WHERE SALAIRE NOT LIKE '2_%_%' | Ne retourne pas les valeurs commençant par 2 et ayant une longueur de 3 positions ou plus |

```
SELECT DESC_PROD
FROM PRODUITS_TBL
WHERE DESC_PROD NOT LIKE 'L%';

DESC_PROD
------------------------
COSTUME SORCIERE
POUPEE PLASTIQUE 18 CM
FAUSSES DENTS PARAFFINE
COSTUMES ASSORTIS
POP CORN CARAMEL
BONBONS POTIRON
ARAIGNEE PLASTIQUE
ASSORTIMENT DE MASQUES
CHAINE AVEC CLE
ETAGERE CHENE

10 lignes sélectionnées.
```

Dans cet exemple, les produits dont la description débute par la lettre L ne sont pas retournés.

### IS NOT NULL

L'inverse de l'opérateur IS NULL est obtenu par IS NOT NULL, qui teste les valeurs différentes de NULL.

| Exemple | Signification |
|---|---|
| WHERE SALAIRE IS NOT NULL | Seules les lignes NOT NULL sont retournées |

```
SELECT ID_EMP, NOM, PRENOM, PAGER
FROM EMPLOYES_TBL
WHERE PAGER IS NOT NULL;

ID_EMP      NOM         PRENOM      PAGER
---------   ---------   ---------   ---------
213764555   STEPANIAN   KARINE      0875709980
313782439   CHASSEUR    DAVID       0887345678

2 lignes sélectionnées.
```

## NOT EXISTS

EXISTS est nié avec NOT EXISTS.

| Exemple | Signification |
|---|---|
| WHERE NOT EXISTS (SELECT ID_EMP FROM EMPLOYES_TBL WHERE ID_EMP = '333333333' | Vérifie que l'employé dont le numéro d'identification est égal à 3333333333 ne se trouve pas dans la table EMPLOYES_TBL |

```
SELECT MAX(PRIX)
FROM PRODUITS_TBL
WHERE NOT EXISTS ( SELECT PRIX
                   FROM PRODUITS_TBL
                   WHERE PRIX > 200 );

   MAX(PRIX)
   ---------
      358.80
```

Le résultat obtenu est le prix maximal que l'on trouve dans la table dans la mesure où aucun autre enregistrement n'a de prix supérieur à 200.

## Les opérateurs

### NOT UNIQUE

L'opérateur UNIQUE est nié avec NOT UNIQUE.

| Exemple | Signification |
|---|---|
| WHERE NOT UNIQUE (SELECT SALAIRE FROM EMPLOYES_TBL) | Vérifie si la table contient des salaires qui ne sont pas uniques |

## Opérateurs arithmétiques

Les *opérateurs arithmétiques* sont employés pour effectuer des fonctions mathématiques dans SQL comme dans la majorité des autres langages. Il existe quatre opérateurs conventionnels pour les fonctions mathématiques :

- \+ (addition)
- \- (soustraction)
- \* (multiplication)
- / (division)

### Addition

L'addition s'effectue avec le symbole plus (+).

| Exemple | Signification |
|---|---|
| SELECT SALAIRE + PRIME FROM EMPLOYES_PAIE_TBL; | Dans chaque ligne de données, la colonne SALAIRE est additionnée à la colonne PRIME et le total est restitué |
| SELECT SALAIRE FROM EMPLOYES_PAIE_TBL WHERE SALAIRE + PRIME > '280000'; | Retourne toutes les lignes dont le total des colonnes SALAIRE et PRIME est supérieur à 280000 |

## SQL

### Soustraction

La soustraction s'effectue avec le symbole moins (-).

| Exemple | Signification |
|---|---|
| SELECT SALAIRE - PRIME FROM EMPLOYES_PAIE_TBL; | La colonne PRIME est soustraite de la colonne SALAIRE |
| SELECT SALAIRE FROM EMPLOYES_PAIE_TBL WHERE SALAIRE - PRIME > '280000'; | Retourne toutes les lignes dans lesquelles le salaire diminué de la prime donne un total supérieur à 280000 |

### Multiplication

La multiplication s'effectue avec le symbole astérisque (*).

| Exemple | Signification |
|---|---|
| SELECT SALAIRE * 10 FROM EMPLOYES_PAIE_TBL; | La colonne SALAIRE est multipliée par 10 |
| SELECT SALAIRE FROM EMPLOYES_PAIE _TBL WHERE SALAIRE * 10 > '280000'; | Retourne toutes les lignes dont le salaire multiplié par 10 donne un résultat supérieur à 280000 |

Le coefficient de paie de l'exemple suivant est multiplié par 1,1 ; ce qui l'augmente de 10 pour cent :

```
SELECT ID_EMP, COEF_PAIE, COEF_PAIE * 1.1
FROM EMPLOYES_PAIE_TBL
WHERE COEF_PAIE IS NOT NULL;

ID_EMP       COEF_PAIE    COEF_PAIE*1.1
---------    ---------    -------------
442346889    14.75        16.225
220984332    11           12.1
443679012    15           16.5

3 lignes sélectionnées.
```

## Les opérateurs

### Division

La division s'effectue avec le symbole barre oblique (/).

| Exemple | Signification |
|---------|---------------|
| SELECT SALAIRE / 10 FROM EMPLOYES_PAIE_TBL; | La colonne SALAIRE est divisée par 10 |
| SELECT SALAIRE FROM EMPLOYES_PAIE _TBL WHERE SALAIRE / 10 > '280000'; | Retourne toutes les lignes pour lesquelles le salaire divisé par 10 est supérieur à 280000 |

### Combinaisons d'opérateurs arithmétiques

Il est possible de combiner entre eux les *opérateurs arithmétiques*. Rappelez-vous les règles de préséance mathématiques : la multiplication et la division sont prioritaires par rapport à l'addition et à la soustraction. Pour contrôler l'ordre des opérations mathématiques, utilisez des parenthèses. Lorsqu'elles encadrent une expression, celle-ci est traitée en tant que bloc.

La *préséance* est l'ordre dans lequel les expressions sont résolues dans une expression mathématique ou avec les fonctions SQL imbriquées.

| Expression | Résultat |
|------------|----------|
| 1 + 1 * 5 | 6 |
| (1 + 1) * 5 | 10 |
| 10 - 4 / 2 + 1 | 9 |
| (10 - 4) / (2 + 1) | 2 |

# SQL

Dans les exemples suivants, notez que les parenthèses n'affectent pas le résultat si seules la multiplication et la division sont impliquées. La préséance n'est pas un facteur à prendre en compte dans ce cas. Même si cela vous semble dénué de sens, vous pourrez être amené à rencontrer des implémentations SQL qui ne respectent pas le standard ANSI à ce niveau. C'est toutefois improbable.

| Expression | Résultat |
|---|---|
| 4 * 6 / 2 | 12 |
| (4 * 6) / 2 | 12 |
| 4 * (6 / 2) | 12 |

Voici d'autres exemples :

```
SELECT SALAIRE * 10 + 1000
FROM EMPLOYES_PAIE_TBL
WHERE SALAIRE > 140000;

SELECT SALAIRE / 52 + PRIME
FROM EMPLOYES_PAIE_TBL;

SELECT (SALAIRE - 1000 + PRIME) / 52 * 1.10
FROM EMPLOYES_PAIE_TBL;
```

Voici un exemple plutôt irréaliste :

```
SELECT SALAIRE
FROM EMPLOYES_PAIE_TBL
WHERE SALAIRE < PRIME * 3 + 10 / 2 - 50;
```

Etant donné qu'il n'est pas fait appel aux parenthèses, la préséance mathématique prend effet, altérant considérablement la valeur de PRIME de la condition.

# Les opérateurs

> Lorsque vous combinez des opérateurs arithmétiques, prenez garde aux règles de préséance. L'absence de parenthèses dans une instruction peut produire des résultats inexacts.

# Chapitre 9

# Synthèse des résultats des requêtes

## Au sommaire de ce chapitre

- Définition d'une fonction d'agrégation
- La fonction COUNT
- La fonction SUM
- La fonction MAX
- La fonction MIN
- La fonction AVG

Dans ce chapitre, nous aborderons les fonctions d'agrégation de SQL et nous soulignerons leur utilité.

# Définition des fonctions d'agrégation

Les fonctions sont des mots clés SQL utilisés pour manipuler des valeurs au sein des colonnes à des fins de résultats. Une *fonction* est une commande qui est toujours utilisée avec un nom de colonne ou une expression. Il existe plusieurs types de fonctions SQL. Ce chapitre traite des fonctions d'agrégation. Une *fonction d'agrégation* fournit à une instruction SQL des informations de synthèse telles que des comptages, des totaux ou des moyennes.

Voici les fonctions d'agrégation traitées dans ce chapitre :

- COUNT
- SUM
- MAX
- MIN
- AVG

Les prochaines requêtes illustrent les données utilisées dans la plupart des exemples de ce chapitre :

```
SELECT *
FROM PRODUITS_TBL
ID_PROD    DESC_PROD                         PRIX
---------  --------------------------------  -------
11235      COSTUME SORCIERE                  179.90
222        POUPEE PLASTIQUE 18 CM             46.50
13         FAUSSES DENTS PARAFFINE             6.60
90         LAMPION                            87.00
15         COSTUMES ASSORTIS                  60.00
9          POP CORN CARAMEL                    8.25
6          BONBONS PORTIRON                    9.45
87         ARAIGNEE PLASTIQUE                  6.50
119        ASSORTIMENT DE MASQUES             29.90
```

## Synthèse des résultats des requêtes

```
1234        CHAINE AVEC CLE              35.40
2345        ETAGERE CHENE               358.80

11 lignes sélectionnées.
```

Dans les résultats de la requête suivante, certains employés ne possèdent pas de numéro de pager :

```
SELECT ID_EMP, NOM, PRENOM, PAGER
FROM EMPLOYES_TBL;
ID_EMP      NOM             PRENOM          PAGER
---------   --------        --------        --------------------
311549902   BALCONNET       CHRISTINE
313268956   SUGIER          KEVIN
213764555   STEPANIAN       KARINE          0875709980
313782439   CHASSEUR        DAVID           0887345678
220984332   CHRISTOPHE      SYLVIE
443679012   LEBIHEN         MAUD

6 lignes sélectionnées.
```

### La fonction COUNT

La fonction COUNT s'utilise pour compter les lignes ou les valeurs d'une colonne ne contenant pas de valeur NULL. Associée à une requête, cette fonction retourne une valeur numérique. Associée à la commande DISTINCT, seules les lignes différentes sont comptées. La commande ALL, par opposition à DISTINCT, est la commande par défaut : il n'est pas nécessaire de l'inclure dans la syntaxe. Si la commande DISTINCT n'est pas spécifiée, les lignes dupliquées sont alors comptées. Il est également possible d'utiliser un astérisque avec COUNT. Toutes les lignes d'une table sont alors comptées, y compris les lignes dupliquées, même si une valeur NULL se trouve dans une colonne.

Voici la syntaxe de la fonction COUNT :

```
COUNT [ (*) ¦ (DISTINCT ¦ ALL) ] (NOM_COLONNE)
```

# SQL

> Il n'est pas possible d'utiliser la commande DISTINCT avec COUNT *, mais uniquement avec COUNT (nom _colonne).

| Exemple | Signification |
|---|---|
| SELECT COUNT(ID_EMP) FROM ID_EMPLOYES_PAIE_TBL | Compte toutes les identifications employés |
| SELECT COUNT(DISTINCT SALAIRE) FROM EMPLOYES_PAIE_TBL | Compte uniquement les lignes différentes |
| SELECT COUNT(ALL SALAIRE) FROM EMPLOYES_PAIE_TBL | Compte toutes les lignes de la colonne SALAIRE |
| SELECT COUNT(*) FROM EMPLOYES_TBL | Compte toutes les lignes de la table EMPLOYES |

Dans l'exemple suivant, COUNT est utilisé pour effectuer le comptage de tous les enregistrements de la table EMPLOYES_TBL. Il y a six employés :

```
SELECT COUNT(*)
FROM EMPLOYES_TBL;
COUNT(*)
----------
         6
```

COUNT (ID_EMP) est utilisé dans l'exemple suivant pour compter toutes les identifications employés existantes. Le résultat retourné est identique à celui de la dernière requête, car tous les employés possèdent un numéro d'identification.

```
SELECT COUNT(ID_EMP)
FROM EMPLOYES_TBL;
COUNT(ID_EMP)
-------------
            6
```

## Synthèse des résultats des requêtes

COUNT(PAGER) est ensuite utilisé pour compter tous les enregistrements employés possédant un numéro de pager. Seuls deux employés en possèdent un.

```
SELECT COUNT(PAGER)
FROM EMPLOYES_TBL;
COUNT(PAGER)
------------
           2
```

L'exemple suivant utilise la fonction COUNT avec la table COMMANDES_TBL :

```
SELECT *
FROM COMMANDES_TBL;
NUM_CDE  ID_CLIENT  ID_PROD  QTE   DATE_CDE
-------  ---------  -------  ---   --------
56A901   232        11235      1   22-OCT-1999
56A917   12         907      100   30-SEP-1999
32A132   43         222       25   10-OCT-1999
16C17    090        222        2   17-OCT-1999
18D778   287        90        10   17-OCT-1999
23E934   432        13        20   15-OCT-1999
90c461   560        1234       2   12-SEPT-1999

7 lignes sélectionnées.
```

Ce dernier exemple compte toutes les identifications produits différentes contenues dans la table COMMANDES_TBL.

```
SELECT COUNT(DISTINCT(ID_PROD))
FROM COMMANDES_TBL;
COUNT(DISTINCT(ID_PROD))
------------------------
                       6
```

L'ID_PROD possède deux entrées dans la table, ce qui limite à 6 le nombre de valeurs différentes.

> Puisque la fonction COUNT effectue le comptage des lignes, les types de données n'ont pas d'importance. Les lignes peuvent contenir des colonnes avec tout type de données.

### La fonction SUM

La fonction SUM sert à retourner le total des valeurs d'une colonne pour un groupe de lignes. Elle peut également être utilisée avec DISTINCT. Dans ce cas, seules les lignes différentes sont totalisées, ce qui ne présente pas grand intérêt. En effet, votre total n'est pas juste, car des lignes de données ont été omises dans le calcul.

Voici la syntaxe de la fonction SUM :

```
SUM ([ DISTINCT ] NOM_COLONNE)
```

> Pour utiliser la fonction SUM, la valeur d'un argument doit être numérique. Cette fonction ne peut pas être utilisée sur des colonnes contenant des données autres que numériques, comme des caractères ou des dates.

| Exemple | Signification |
| --- | --- |
| SELECT SUM(SALAIRE) FROM EMPLOYES_PAIE_TBL | Totalise les salaires |
| SELECT SUM(DISTINCT SALAIRE) FROM EMPLOYES_PAIE_TBL | Totalise les salaires différents |

La *somme*, ou montant total de tous les prix, est issue de la table PRODUITS_TBL.

```
SELECT SUM(PRIX)
FROM PRODUITS_TBL;
 SUM(PRIX)
----------
    828.30
```

# Synthèse des résultats des requêtes

## La fonction AVG

La fonction AVG s'emploie pour calculer la moyenne d'un groupe de lignes. Associée à la commande DISTINCT, la fonction AVG retourne la moyenne des lignes différentes. Voici la syntaxe de cette fonction :

```
AVG ([ DISTINCT ] NOM_COLONNE)
```

> **Pour que la fonction AVG fonctionne, la valeur d'un argument doit être numérique.**

| Exemple | Signification |
|---|---|
| SELECT AVG(SALAIRE) FROM EMPLOYES_PAIE_TBL | Retourne le salaire moyen de tous les enregistrements |
| SELECT AVG(DISTINCT SALAIRE) FROM EMPLOYES_PAIE_TBL | Retourne la moyenne des salaires différents |

Dans l'exemple suivant, la valeur moyenne de tous les champs de la colonne PRIX de la table PRODUITS_TBL a été extraite.

```
SELECT AVG(PRIX)
FROM PRODUITS_TBL;
 AVG(PRIX)
 ----------
     75.30
```

> **Dans certaines implémentations, les résultats de votre requête peuvent être tronqués en fonction de la précision du type de données.**

Le prochain exemple utilise deux fonctions d'agrégation dans la même requête. Comme certains employés perçoivent un salaire horaire et d'autres un salaire mensuel, votre objectif est d'extraire la valeur moyenne des colonnes COEF_PAIE et SALAIRE.

```
SELECT AVG(COEF_PAIE), AVG(SALAIRE)
FROM EMPLOYES_PAIE_TBL;
AVG(COEF_PAIE) AVG(SALAIRE)
-------------- ------------
    13.5833333        15800
```

## La fonction MAX

La fonction MAX s'emploie pour retourner la valeur maximale parmi des champs d'une colonne pour un groupe de lignes. Les valeurs NULL sont ici ignorées. La commande DISTINCT est optionnelle. Toutefois, comme la valeur maximale de toutes les lignes reste identique même si on n'analyse que les valeurs différentes, il est inutile de faire appel à DISTINCT.

```
MAX([ DISTINCT ] NOM_COLONNE)
```

| Exemple | Signification |
| --- | --- |
| SELECT MAX(SALAIRE)<br>FROM EMPLOYES_PAIE_TBL | Retourne le salaire le plus élevé |
| SELECT MAX(DISTINCT SALAIRE)<br>FROM EMPLOYES_PAIE_TBL | Retourne le salaire le plus élevé en se basant sur les salaires différents |

L'exemple suivant retourne la valeur maximale de la colonne PRIX de la table PRODUITS_TBL :

```
SELECT MAX(PRIX)
FROM PRODUITS_TBL;
 MAX(PRIX)
----------
    358.80
```

## La fonction MIN

La fonction MIN retourne la valeur minimale d'une colonne dans un groupe de lignes. Les valeurs NULL sont ici ignorées. La commande DISTINCT est optionnelle. Toutefois, comme la valeur minimale de toutes les lignes reste identique même si on n'analyse que les valeurs différentes, il est inutile de faire appel à DISTINCT.

```
MIN([ DISTINCT ] NOM_COLONNE)
```

| Exemple | Signification |
| --- | --- |
| SELECT MIN(SALAIRE) FROM EMPLOYES_PAIE_TBL | Retourne le salaire le plus bas |
| SELECT MIN(DISTINCT SALAIRE) FROM EMPLOYES_PAIE_TBL | Retourne le salaire le plus bas en se basant sur les salaires différents |

L'exemple qui suit retourne la valeur minimale de la colonne PRIX de la table PRODUITS_TBL :

```
SELECT MIN(PRIX)
FROM PRODUITS_TBL;
 MIN(PRIX)
----------------
     6.50
```

> Il est important de garder à l'esprit qu'en utilisant des fonctions d'agrégation avec la commande DISTINCT, votre requête est susceptible de ne pas retourner les résultats souhaités. Les fonctions d'agrégation ont pour objectif de retourner des données synthétisées sur la base de toutes les lignes de données de la table.

Le dernier exemple combine des fonctions d'agrégation avec des opérateurs arithmétiques :

```
SELECT COUNT(NUM_CDE), SUM(QTE),
       SUM(QTE) / COUNT(NUM_CDE) QTE_MOY
FROM COMMANDES_TBL;
COUNT(NUM_CDE)    SUM(QTE)        QTE_MOY
--------------  -----------    ----------
             7          160     22.857143
```

Vous venez de réaliser un décompte de tous les numéros de commandes, calculer la somme de toutes les quantités commandées et, en divisant ces deux chiffres, vous avez obtenu par dérivation le nombre moyen de produits par commande. Vous avez aussi créé un alias de colonne nommé QTE_MOY pour accueillir le résultat de la moyenne.

# Chapitre 10

# Trier et regrouper des données

### Au sommaire de ce chapitre

- Regroupement des données
- La clause GROUP BY
- GROUP BY ou ORDER BY ?
- La clause HAVING

Vous avez appris à interroger une base de données et à récupérer des données de manière organisée. Vous avez également appris à trier des données. Dans ce chapitre, vous allez découvrir comment obtenir une meilleure lisibilité des données en les répartissant par petits groupes.

## Regroupement des données

Le regroupement de données est un processus qui consiste à combiner dans un ordre logique des lignes de données dont une ou plusieurs colonnes prennent des valeurs identiques. Par exemple, dans une base de données des employés : un certain nombre d'employés vivent dans des villes différentes, tandis que d'autres habitent la même ville. Exécutez une requête qui vous apportera des informations par ville. En regroupant ces informations par ville, vous créez un état de synthèse.

Supposons que vous souhaitiez calculer le salaire moyen payé par employé et par ville. Pour ce faire, vous appliquez la fonction d'agrégation AVG à la colonne SALAIRE, comme nous l'avons vu dans le chapitre précédent, puis vous employez la clause GROUP BY pour regrouper les résultats par ville.

Le regroupement des données s'accomplit grâce à la clause GROUP BY d'une instruction (requête) SELECT. Dans le chapitre précédent, vous avez appris à exploiter quelques fonctions d'agrégation. Dans celui-ci, vous verrez comment celles-ci sont employées avec la clause GROUP BY pour un affichage plus parlant des résultats.

## La clause GROUP BY

La clause GROUP BY s'emploie avec l'instruction SELECT pour classer des données identiques par groupe. Dans une instruction SELECT, la clause GROUP BY vient après la clause WHERE et précède la clause ORDER BY.

Voici dans quel ordre se place la clause GROUP BY dans une requête :

```
SELECT
FROM
WHERE
GROUP BY
ORDER BY
```

La clause GROUP BY doit suivre les conditions de la clause WHERE et doit précéder la clause ORDER BY s'il y en a une.

Voici la syntaxe de l'instruction SELECT comprenant une clause GROUP BY :

```
SELECT COLONNE1, COLONNE2
FROM TABLE1, TABLE2
WHERE CONDITIONS
GROUP BY COLONNE1, COLONNE2
ORDER BY COLONNE1, COLONNE2
```

Dans les prochaines sections, nous allons donner des exemples et expliquer l'utilisation de la clause GROUP BY dans un large éventail de situations.

### Regrouper des données sélectionnées

Le regroupement des données est un processus simple. Les colonnes sélectionnées (c'est-à-dire la liste des colonnes qui suit le mot clé SELECT dans une requête) représentent celles susceptibles d'être référencées dans une clause GROUP BY. Si une colonne ne se trouve pas dans l'instruction SELECT, elle ne peut pas être concernée par la clause GROUP BY. En y réfléchissant, cela est logique. En effet, comment est-il possible de regrouper des données dans un état si elles ne doivent pas s'afficher ?

## SQL

Si le nom de la colonne a été qualifié, son qualificatif doit apparaître dans la clause GROUP BY. La colonne peut aussi être représentée par un nombre, ce que nous verrons plus avant dans ce chapitre. Lors du regroupement des données, l'ordre des colonnes regroupées ne doit pas obligatoirement correspondre à l'ordre des colonnes de la clause GROUP BY.

### Fonctions de regroupement

Les fonctions de regroupement types incluent les fonctions AVG, MAX, MIN, SUM et COUNT. Ce sont les fonctions d'agrégation traitées dans le Chapitre 9. Celles-ci étaient utilisées avec des valeurs uniques. A présent, vous allez les employer avec des groupes de données.

### Créer des groupes et utiliser les fonctions d'agrégation

L'instruction SELECT est soumise à des conditions qui doivent être remplies pour que la clause GROUP BY s'applique. En particulier, toute colonne sélectionnée doit apparaître dans la clause GROUP BY, sauf s'il s'agit d'une valeur agrégée. Les colonnes de la clause GROUP BY ne doivent pas nécessairement être placées dans le même ordre que celui de l'instruction SELECT. Si les colonnes de l'instruction SELECT sont qualifiées, leurs qualificatifs doivent alors être employés dans la clause GROUP BY. Voici quelques exemples de syntaxe de la clause GROUP BY :

```
SELECT ID_EMP, VILLE
FROM EMPLOYES_TBL
GROUP BY VILLE, ID_EMP;
```

Cette instruction SQL sélectionne les champs ID_EMP et VILLE dans la table EMPLOYES_TBL et regroupe les données par VILLE, puis par ID_EMP.

# Trier et regrouper des données

> Observez l'ordre des colonnes sélectionnées par rapport à celui de la clause GROUP BY.

```
SELECT ID_EMP, SUM(SALAIRE)
FROM EMPLOYES_PAIE_TBL
GROUP BY SALAIRE, ID_EMP;
```

Cette instruction retourne l'ID_EMP et le total des groupes de salaire ; par ailleurs, elle regroupe par salaire, puis par numéro d'identification des employés.

```
SELECT SUM(SALAIRE)
FROM EMPLOYES_PAIE_TBL;
```

Cette instruction retourne le total de tous les salaires de la table EMPLOYES_PAIE_TBL.

```
SELECT SUM(SALARIRE)
FROM EMPLOYES_PAIE_TBL
GROUP BY SALAIRE;
```

Cette instruction retourne les totaux des groupes de salaires différents.

Les prochains exemples s'appuient sur de véritables données. Dans ce premier exemple, vous remarquerez que la table EMPLOYES_TBL contient cinq villes différentes.

```
SELECT VILLE
FROM EMPLOYES_TBL;
VILLE
-------------
CRONENBOURG
PARIS
MONTPELLIER
PARIS
PARIS
PARIS
```

157

```
ALES
STRASBOURG

8 lignes sélectionnées.
```

Dans le prochain exemple, sélectionnez le champ VILLE et calculez le total des enregistrements pour chaque ville. Vous voyez apparaître un calcul pour chacune de ces cinq villes, car vous utilisez la clause GROUP BY.

```
SELECT VILLE, COUNT(*)
FROM EMPLOYES_TBL
GROUP BY VILLE;
VILLE             COUNT(*)
--------------    --------
CRONENBOURG            1
PARIS                  4
MONTPELLIER            1
ALES                   1
STRASBOURG             1

5 lignes sélectionnées.
```

L'exemple suivant illustre une requête adressée à une table temporaire créée sur la base des tables EMPLOYES_TBL et EMPLOYES_PAIE_TBL. Vous apprendrez bientôt comment jointurer deux tables.

```
SELECT *
FROM EMP_PAIE_TMP;
VILLE                   NOM              PRENOM
COEF_PAIE    SALAIRE
--------------------  ------------   -------------
-----------  ---------
ALES                    BALCONNET
CHRISTINE               24000
PARIS                   SUGIER
KEVIN                   14000
MONTPELLIER             STEPANIAN
KARINE                  18000
PARIS                   CHASSEUR
DAVID                   12000
```

## Trier et regrouper des données

```
PARIS                  CHRISTOPHE       SYLVIE
11
PARIS                  LEBIHEN          MAUD
15
```

6 lignes sélectionnées.

Dans le prochain exemple, vous extrayez le coefficient de paie et le salaire moyens pour chaque ville différente à l'aide de la fonction d'agrégation AVG. ALES et MONTPELLIER ne possèdent pas de coefficient de paie, car les employés de ces villes ne sont pas payés à l'heure.

```
SELECT VILLE, AVG(COEF_PAIE), AVG(SALAIRE)
FROM EMP_PAIE_TMP
GROUP BY VILLE;
VILLE            AVG(COEF_PAIE)      AVG(SALAIRE)
-----------      ----------------    ------------

ALES                                     24000
MONTPELLIER                              18000
PARIS                    13              13000
```

3 lignes sélectionnées.

Dans le prochain exemple, vous combinerez plusieurs composants d'une requête pour retourner des données regroupées. Vous souhaitez toujours obtenir le coefficient de paie et le salaire moyens, mais uniquement pour PARIS et MONTPELLIER. Vous regroupez les données par VILLE, mais vous n'avez pas le choix, car des fonctions d'agrégation ont été utilisées sur les autres colonnes. Enfin, vous souhaitez classer l'état en fonction de la colonne 2, puis 3, qui représentent le coefficient de paie moyen, puis le salaire moyen. Observez l'instruction suivante et le résultat.

```
SELECT VILLE, AVG(COEF_PAIE), AVG(SALAIRE)
FROM EMP_PAIE_TMP
WHERE VILLE IN ('PARIS','MONTPELLIER')
GROUP BY VILLE
ORDER BY 2,3;
```

```
VILLE           AVG(COEF_PAIE)       AVG(SALAIRE)
-----------     ------------------   ---------------
PARIS                       13             13000
MONTPELLIER                                18000
```

Le tri fait apparaître en premier lieu les champs ne comportant pas de valeurs NULL. Toutefois, l'enregistrement correspondant à PARIS apparaît en premier. ALES n'a pas été sélectionné, mais si cela avait été le cas, son enregistrement serait apparu avant celui de MONTPELLIER, car le salaire moyen d'ALES est de 24000 (le second tri de la clause ORDER BY portait sur le salaire moyen).

Le dernier exemple de cette section illustre l'utilisation des fonctions d'agrégation MAX et MIN avec la clause GROUP BY.

```
SELECT VILLE, MAX(COEF_PAIE), MIN(SALAIRE)
FROM EMP_PAIE_TMP
GROUP BY VILLE;
VILLE           MAX(COEF_PAIE)     MIN(SALAIRE)
-----------     ----------------   -------------
ALES                                      24000
PARIS                       15            12000
MONTPELLIER                               18000

3 lignes sélectionnées.
```

### Représenter les noms de colonnes par des numéros

Contrairement à la clause ORDER BY, la clause GROUP BY ne peut pas être classée selon un nombre entier qui représenterait le nom d'une colonne, sauf avec l'opérateur UNION et des noms de colonnes différents. L'exemple suivant illustre des noms de colonnes représentés par des chiffres.

```
SELECT ID_EMP, SUM(SALAIRE)
FROM EMPLOYES_PAIE_TBL
UNION
SELECT ID_EMP, SUM(COEF_PAIE)
FROM EMPLOYES_PAIE_TBL
GROUP BY 2, 1;
```

Trier et regrouper des données

L'instruction SQL retourne le numéro d'identification employé et les totaux des groupes de salaires. Lorsque vous utilisez l'opérateur UNION, les résultats des deux instructions SELECT fusionnent en un seul jeu de résultat. La clause GROUP BY s'exécute sur tout le jeu de résultats. L'ordre du regroupement est 2, qui représente le salaire, et 1 qui représente le champ ID_EMP.

## GROUP BY ou ORDER BY ?

La clause GROUP BY fonctionne de la même manière que la clause ORDER BY, car toutes deux permettent de trier des données. La clause ORDER BY est dédiée de manière spécifique aux tris des données tandis que la clause GROUP BY trie les données afin de les regrouper correctement.

La clause GROUP BY, pour des opérations de tri, fonctionne un peu différemment et comporte certains inconvénients :

- Toutes les colonnes sélectionnées n'ayant pas été agrégées doivent être répertoriées dans la clause GROUP BY.

- Après le mot clé SELECT, les nombres entiers ne peuvent pas être utilisés pour désigner des colonnes, exactement comme pour la clause ORDER BY.

- A moins d'utiliser des fonctions d'agrégation, la clause GROUP BY n'est, en règle générale, pas nécessaire.

Voici un exemple d'utilisation de la clause GROUP BY en remplacement de la clause ORDER BY pour effectuer des opérations de tri :

```
SELECT NOM, PRENOM, VILLE
FROM EMPLOYES_TBL
GROUP BY NOM;
SELECT NOM, PRENOM, VILLE
                    *
$$$ERROR at ligne 1:
ORA-00979: not a GROUP BY expression
```

# SQL

Dans cet exemple, le serveur de base de données a émis un message d'erreur indiquant que le champ NOM n'est pas une expression de la clause GROUP BY. Nous avons déjà précisé que toutes les colonnes et expressions de l'instruction SELECT doivent être citées dans la clause GROUP BY, à l'exception des colonnes agrégées, c'est-à-dire les colonnes ciblées par une fonction d'agrégation.

Dans le prochain exemple, ce problème est résolu par l'ajout de toutes les expressions de l'instruction SELECT à la clause GROUP BY :

```
SELECT NOM, PRENOM, VILLE
FROM EMPLOYES_TBL
GROUP BY NOM, PRENOM, VILLE;
NOM            PRENOM           VILLE
----------     -------------    --------
DESMARTIN      JEAN             CRONENBOURG
STEPANIAN      KARINE           MONTPELLIER
SUGIER         KEVIN            PARIS
CHASSEUR       DAVID            PARIS
CHRISTOPHE     SYLVIE           PARIS
LEBIHEN        MAUD             PARIS
BALCONNET      CHRISTINE        ALES
KLEIN          CHARLES          STRASBOURG

8 lignes sélectionnées.
```

Dans cet exemple, les mêmes colonnes sont sélectionnées à partir de la même table, mais dans la clause GROUP BY, toutes les colonnes sont répertoriées dans l'ordre d'apparition qui suit le mot clé SELECT. Les résultats sont classés d'abord par NOM, puis par PRENOM et enfin par VILLE. Il aurait été possible de les obtenir plus simplement en utilisant la clause ORDER BY. Toutefois, il est plus aisé de comprendre le fonctionnement de la clause GROUP BY en visualisant d'abord la manière dont les données sont triées avant d'être regroupées.

Trier et regrouper des données

Le prochain exemple illustre une instruction SELECT à partir de la table EMPLOYES_TBL et utilise la clause GROUP_BY pour effectuer un classement par ville.

```
SELECT VILLE, NOM
FROM EMPLOYES_TBL
GROUP BY VILLE, NOM;
VILLE            NOM
-----------      --------
ALES             BALCONNET
CRONENBOURG      DESMARTIN
MONTPELLIER      STEPANIAN
PARIS            CHASSEUR
PARIS            CHRISTOPHE
PARIS            LEBIHEN
PARIS            SUGIER
STRASBOURG       KLEIN

8 lignes sélectionnées.
```

Notez l'ordre des données de ce résultat ainsi que le champ NOM des personnes correspondant à chaque champ VILLE.

A présent, tous les enregistrements des employés de la table EMPLOYES_TBL sont comptés et les résultats sont groupés par VILLE, mais classés d'abord en fonction du nombre d'employés par ville.

```
SELECT VILLE, COUNT(*)
FROM EMPLOYES_TBL
GROUP BY VILLE
ORDER BY 2,1;
VILLE            COUNT(*)
-----------      --------
ALES                    1
MONTPELLIER             1
PARIS                   4
```

Observez l'ordre de ces résultats. Ils ont d'abord été triés en fonction du nombre d'employés par ville (de 1 à 4), puis par ville.

Le total des deux premières villes est égal à 1. Comme le résultat des deux premiers calculs est identique et que cela correspond à la première expression de la clause ORDER BY, le classement par ville intervient par la suite ; ALES est placée avant MONTPELLIER.

Bien que les clauses GROUP BY et ORDER BY remplissent les mêmes fonctions, il existe cependant une différence capitale. La clause GROUP BY sert à regrouper sur une même valeur de champ, tandis que la clause ORDER BY est uniquement employée pour classer les données selon un ordre précis. Elles peuvent être utilisées toutes deux dans la même instruction SELECT, mais doivent se plier à un ordre spécifique : la clause GROUP BY est toujours placée avant la clause ORDER BY.

> La clause GROUP BY peut être employée dans une instruction CREATE VIEW, mais pas la clause ORDER BY.

*Voir Chapitre 20, pour plus d'informations sur l'instruction CREATE VIEW.*

## La clause HAVING

Dans une instruction SELECT, la clause HAVING indique à la clause GROUP BY le groupe à inclure dans le résultat. Elle est à la clause GROUP BY ce que la clause WHERE est à SELECT. En d'autres termes, la clause WHERE sert à placer des conditions sur des colonnes sélectionnées, tandis que la clause HAVING place des conditions sur des groupes générés par la clause GROUP BY.

Voici la place de la clause HAVING dans une requête :

```
SELECT
FROM
WHERE
GROUP BY
HAVING
ORDER BY
```

# Trier et regrouper des données

Elle doit suivre la clause GROUP BY et précéder la clause ORDER BY le cas échéant.

Voici la syntaxe d'une instruction SELECT comprenant une clause HAVING :

```
SELECT COLONNE1, COLONNE2
FROM TABLE1, TABLE2
WHERE CONDITIONS
GROUP BY COLONNE1, COLONNE2
HAVING CONDITIONS
ORDER BY COLONNE1, COLONNE2
```

Dans le prochain exemple, vous sélectionnerez le coefficient de paie et le salaire moyens de toutes les villes, hormis ALES. Vous regrouperez le résultat par VILLE, mais ne souhaitez afficher que les groupes (ou villes) dont le salaire moyen est supérieur à 12 000 francs. Vous trierez les résultats en fonction du salaire moyen par ville.

```
SELECT VILLE, AVG(COEF_PAIE), AVG(SALAIRE)
FROM EMPLOYES_PAIE_TMP
WHERE VILLE <> 'ALES'
GROUP BY VILLE
HAVING AVG(SALAIRE) > 12000
ORDER BY 3;
VILLE            AVG(COEF_PAIE) AVG(SALAIRE)
-----------      -------------- ------------
MONTPELLIER                            18000
PARIS                                  13000

2 lignes sélectionnées.
```

Pourquoi la requête n'a-t-elle retourné que deux lignes ?

- La ville d'ALES a été éliminée par la clause WHERE.

- PARIS apparaît dans le résultat, car le salaire moyen y est de 13 000 francs exactement, ce qui est supérieur à 12 000.

# Chapitre 11

# Agencement des données

### Au sommaire de ce chapitre

- Fonctions de caractères ANSI
- Principales fonctions de caractères
- Diverses fonctions de caractères
- Fonctions mathématiques
- Fonctions de conversion
- Combinaison de fonctions de caractères

Au cours de ce chapitre, vous apprendrez à exploiter un large éventail de fonctions qui permettent d'agencer les résultats retournés par vos requêtes. Certaines sont des fonctions ANSI standards et d'autres se basent sur le standard pour constituer des variantes que l'on retrouve dans certaines implémentations parmi les plus courantes.

# Fonctions de caractères ANSI

Les *fonctions de caractères* servent à représenter des chaînes dans des formats SQL différents de leur format de stockage dans les tables. La première partie de ce chapitre présente les concepts associés aux fonctions de caractères selon les prescriptions de l'ANSI. La seconde partie donne des exemples en faisant appel à des fonctions spécifiques aux différentes implémentations SQL. Voici les fonctions ANSI abordées dans ce chapitre : la concaténation, les sous-chaînes, TRANSLATE, REPLACE, UPPER et LOWER.

## Concaténation

La *concaténation* est le processus qui combine deux chaînes distinctes en une chaîne unique. Vous pouvez, par exemple, concaténer le prénom et le nom d'une personne en une chaîne formant le nom complet.

JEAN concaténé à DUPONT = JEAN DUPONT

## Sous-chaîne

Le concept de sous-chaîne est la capacité à extraire une partie d'une chaîne. Par exemple, les valeurs suivantes sont des sous-chaînes de DUPONT :

D    DUPO    DU    ON    UPO    . . .

## TRANSLATE

La fonction TRANSLATE sert à convertir une chaîne, caractère par caractère, en une autre chaîne. La fonction TRANSLATE prend trois arguments : la chaîne à convertir, la liste des caractères à convertir et la liste de caractères de substitution. Vous trouverez des exemples plus avant dans ce chapitre.

# Principales fonctions de caractères

Les *fonctions de caractères* servent principalement à comparer, joindre, rechercher et extraire un segment de chaîne ou une valeur de colonne. Plusieurs fonctions de caractères sont mises à la disposition du programmeur SQL.

Les prochaines sections illustrent l'application des concepts ANSI dans certaines des implémentations prédominantes de SQL, comme Oracle, Sybase, SQLBase, Informix et SQL Server.

> **Les concepts ANSI traités dans cet ouvrage ne sont que des concepts. Les standards délivrés par l'ANSI ne sont que des lignes de conduite pour la mise en œuvre du langage SQL dans une base de données relationnelle. Cela étant, rappelez-vous que les fonctions spécifiques traitées dans ce chapitre ne sont pas nécessairement celles que vous utiliserez dans votre implémentation. Les concepts sont identiques, ainsi que la manière dont marchent les fonctions, mais leurs noms et syntaxes peuvent varier.**

### Concaténation

La concaténation, à l'instar de la majorité des autres fonctions, est représentée de manière légèrement différente selon l'implémentation. Voici des exemples de l'utilisation de la concaténation sous Oracle et SQL Server.

---

**Oracle**

SELECT 'DU' || 'PONT' retourne DUPONT

---

**SQL Server**

SELECT 'DU' + 'PONT' retourne DUPONT

Voici la syntaxe sous Oracle :

```
NOM_COLONNE || [ '' || ] NOM_COLONNE [ NOM_COLONNE ]
```

Voici la syntaxe sous SQL Server :

```
NOM_COLONNE + [ '' + ] NOM_COLONNE [ NOM_COLONNE ]
```

| Exemple | Signification |
|---|---|
| SELECT CODE_POSTAL + VILLE FROM EMPLOYES_TBL; | Cette instruction SQL Server concatène les valeurs de CODE_POSTAL et VILLE en une seule valeur |
| SELECT CODE_POSTAL ||' - '|| VILLE FROM EMPLOYES_TBL; | Cette instruction Oracle concatène les valeurs de CODE_POSTAL et VILLE en une seule valeur et place un trait d'union entre les deux valeurs |
| SELECT CODE_POSTAL + ' ' + VILLE FROM EMPLOYES_TBL; | Cette instruction SQL Server concatène les valeurs de CODE_POSTAL et VILLE en une seule valeur et place un espace entre les deux valeurs. |

Exemple :

```
SELECT NOM || ', ' || PRENOM NOM COMPLET
FROM EMPLOYES_TBL;

NOM COMPLET
-------------------
DESMARTIN, JEAN
SUGIER, KEVIN
STEPANIAN, KARINE
CHASSEUR, DAVID
CHRISTOPHE, SYLVIE
LEBIHEN, MAUD
BALCONNET, SYLVIE
KLEIN, CHARLES

8 lignes sélectionnées.
```

# Agencement des données

> Notez l'utilisation des guillemets simples et de la virgule dans l'instruction SQL précédente. La plupart des caractères et symboles ne sont autorisés que s'ils sont encadrés de guillemets simples. Certaines implémentations utilisent les guillemets doubles pour les chaînes littérales.

## TRANSLATE

La fonction TRANSLATE recherche une chaîne de caractères et vérifie la présence d'un caractère spécifique, en note la position, recherche la chaîne de substitution correspondante, puis remplace le caractère par la nouvelle valeur. En voici la syntaxe :

```
TRANSLATE(JEU DE CARACTERES, VALEUR1, VALEUR2)
```

| Exemple | Signification |
| --- | --- |
| SELECT TRANSLATE (VILLE,'RIS','ABC' FROM EMPLOYES_TBL); | Cette instruction substitue chaque occurrence de R par A, de I par B et de S par C. |

L'exemple suivant illustre l'utilisation de TRANSLATE sur des données réelles :

```
SELECT VILLE, TRANSLATE(VILLE,'STR','ABC')
FROM EMPLOYES_TBL;

VILLE          TRANSLATE(VILLE)
-----------    ----------------
CRONENBOURG    CCONENBOUCG
PARIS          PACIA
MONTPELLIER    MONBPELLIEC
PARIS          PACIA
PARIS          PACIA
PARIS          PACIA
ALES           ALEA
STRASBOURG     ABCAABOUCG

8 lignes sélectionnées
```

# SQL

Notez que dans cet exemple, toutes les occurrences de R ont été remplacées par A, I par B et S par C. Dans la ville STRABSOURG, STR a été remplacé par ABC et dans ALES, S a été remplacé par A.

## REPLACE

La fonction REPLACE sert à remplacer chaque occurrence d'un ou de plusieurs caractères par un ou des caractères spécifiques. Cette fonction s'utilise de manière comparable à la fonction TRANSLATE, mais seul un caractère ou une chaîne spécifique est remplacé au sein d'une autre chaîne. En voici la syntaxe :

```
REPLACE('VALEUR1', 'VALEUR2', [ NULL ] 'VALEUR')
```

| Exemple | Signification |
|---|---|
| SELECT REPLACE(PRENOM, 'T', 'B') FROM EMPLOYES_TBL | Cette instruction retourne tous les prénoms et modifie toute occurrence de T en B |

```
SELECT VILLE, REPLACE(VILLE,'I','Z')
FROM EMPLOYES_TBL;

VILLE           TRANSLATE(VILLE)
-----------     ----------------
CRONENBOURG     CRONENBOURG
PARIS           PARZS
MONTPELLIER     MONTPELLZER
PARIS           PARZS
PARIS           PARZS
PARIS           PARZS
ALES            ALES
STRASBOURG      STRASBOURG

8 lignes sélectionnées.
```

## UPPER

Les implémentations offrent en général des fonctions de contrôle de la casse des données. La fonction UPPER sert à convertir les lettres minuscules d'une chaîne en lettres capitales.

En voici la syntaxe :

```
UPPER(chaîne de caractères)
```

| Exemple | Signification |
|---|---|
| SELECT UPPER(NOM) FROM EMPLOYES_TBL; | Cette instruction SQL convertit tous les caractères de la colonne NOM en lettres capitales : |

```
SELECT UPPER(VILLE)
FROM EMPLOYES_TBL;

UPPER(VILLE)
-------------
CRONENBOURG
PARIS
MONTPELLIER
PARIS
PARIS
PARIS
ALES
STRASBOURG

8 lignes sélectionnées.
```

> Si, comme dans ce livre, vous avez saisi vos enregistrements de base de données en lettres capitales, vous ne verrez rien se passer lorsque vous testerez cette fonction. Pour en vérifier le fonctionnement, basculez de la fonction LOWER à la fonction UPPER.

# SQL

## LOWER

A l'opposé de la fonction UPPER, la fonction LOWER sert à convertir en minuscules, les lettres capitales d'une chaîne spécifiée.

Voici sa syntaxe :

```
LOWER(chaîne de caractères)
```

| Exemple | Signification |
|---|---|
| SELECT LOWER(NOM) FROM EMPLOYES_TBL; | Cette instruction SQL convertit tous les caractères de la colonne NOM en lettres minuscules |

```
SELECT LOWER(VILLE)
FROM EMPLOYES_TBL;

LOWER(VILLE)
------------
cronenbourg
paris
montpellier
paris
paris
paris
ales
strasbourg

8 lignes sélectionnées.
```

## SUBSTR

L'extraction d'une sous-chaîne de caractères d'une chaîne complète est une fonction répandue parmi les implémentations SQL, bien que le nom de la fonction puisse varier, comme le démontrent les exemples Oracle et SQL Server suivants.

# Agencement des données

Voici la syntaxe sous Oracle :

```
SUBSTR(NOM DE COLONNE, POSITION DE DEPART,
LONGUEUR)
```

Voici la syntaxe sous SQL Server :

```
SUBSTRING(NOM DE COLONNE, POSITION DE DEPART,
LONGUEUR)
```

La seule différence entre les deux implémentations se situe dans la manière d'orthographier le nom de la fonction.

| Exemple | Signification |
|---|---|
| SELECT SUBSTRING(ID_EMP,1,3) FROM EMPLOYES_TBL | Cette instruction SQL retourne les trois premiers caractères de ID_EMP |
| SELECT SUBSTRING(ID_EMP,4,2) FROM EMPLOYES_TBL | Cette instruction SQL retourne les quatrième et cinquième caractères de ID_EMP |
| SELECT SUBSTRING(ID_EMP,6,4) FROM EMPLOYES_TBL | Cette instruction SQL retourne les caractères du sixième au neuvième de ID_EMP |

Voici un exemple faisant appel à Microsoft SQL Server :

```
SELECT ID_EMP, SUBSTRING(ID_EMP,1,3) SUB
FROM EMPLOYES_TBL;

ID_EMP      SUB
---------   ---
442346889   442
313268956   313
213764555   213
313782439   313
220984332   220
443679012   443
311549902   311
313658965   313

8 lignes affectées.
```

## SQL

Voici le même exemple faisant sous Oracle8 :

```
SELECT ID_EMP, SUBSTR(ID_EMP,1,3) SUB
FROM EMPLOYES_TBL;

ID_EMP      SUB
---------   ---
442346889   442
313268956   313
213764555   213
313782439   313
220984332   220
443679012   443
311549902   311
313658965   313
```

8 lignes sélectionnées.

> **Notez la différence entre les deux résultats. Le premier exemple retourne "8 lignes affectées" et le second "8 lignes sélectionnées". Voici le genre de différence que vous rencontrerez entre les implémentations, sans compter que toutes les implémentations SQL ne sont pas traduites en français.**

### INSTR

La fonction INSTR est une variante de la fonction POSITION. Elle sert à rechercher une chaîne de caractères dans un jeu de caractères spécifique et à en indiquer la position. En voici la syntaxe :

```
INSTR(NOM DE COLONNE, 'JEU',
[ POSITION DE DEPART [ , OCCURRENCE ] ]);
```

| Exemple | Signification |
|---|---|
| SELECT INSTR(VILLE,'T',1,1) FROM EMPLOYES_TBL; | Cette instruction SQL retourne la position de la première occurrence de la lettre T dans chaque nom de ville de la table EMPLOYES_TBL |

```
SELECT DESC_PROD,
       INSTR(DESC_PROD,'A',1,1)
FROM PRODUITS_TBL;

DESC_PROD                    INSTR(DESC_PROD,'A',1,1)
---------------------------  ------------------------
COSTUME SORCIERE                                    0
POUPEE PLASTIQUE 18 CM                             10
FAUSSES DENTS PARAFFINE                             2
LAMPION                                             2
COSTUMES ASSORTIS                                  10
POP CORN CARAMEL                                   11
BONBONS POTIRON                                     0
ARAIGNEE PLASTIQUE                                  1
ASSORTIMENT DE MASQUES                              1
CHAINE AVEC CLE                                     3
ETAGERE CHENE                                       3
```

11 lignes sélectionnées.

Il est à noter que la valeur 0 est retournée pour la position si le caractère recherché ne se trouve pas dans la chaîne.

### LTRIM

La fonction LTRIM représente un autre moyen d'extraire une partie d'une chaîne. Elle appartient à la même famille de fonctions que SUBSTRING. LTRIM sert à éliminer les caractères situés à gauche de la chaîne. En voici la syntaxe :

```
LTRIM(CHAINE DE CARACTERES [ ,'JEU' ])
```

| Exemple | Signification |
| --- | --- |
| SELECT LTRIM(PRENOM,'SYL') FROM EMPLOYES_TBL WHERE PRENOM = 'SYLVIE'; | Cette instruction SQL élimine les caractères SYL situés à gauche de tous les prénoms SYLVIE |

```
SELECT POSTE, LTRIM(POSTE,'COM')
FROM EMPLOYES_PAIE_TBL;
```

```
 POSTE               LTRIM(POSTE,'COM')
 ------------------  ------------------
 MARKETING           MARKETING
 CHEF EQUIPE         HEF EQUIPE
 DIRECTEUR VENTES    DIRECTEUR VENTES
 COMMERCIAL          MERCIAL
 COMMERCIAL          MERCIAL
 COMMERCIAL          MERCIAL
 EXPEDITEUR          EXPEDITEUR
 EXPEDITEUR          EXPEDITEUR

 8 lignes sélectionnées.
```

Le C de CHEF D'EQUIPE a été éliminé, même si CHEF D'EQUIPE ne contient pas la chaîne COM. Les caractères recherchés doivent apparaître dans le même ordre que dans la chaîne de recherche et doivent se trouver à l'extrême gauche de la chaîne. Autrement dit, LTRIM élimine tous les caractères situés à gauche de la dernière occurrence dans la chaîne de recherche.

### RTRIM

A l'instar de LTRIM, la fonction RTRIM sert à éliminer des caractères, mais à droite de la chaîne spécifiée. En voici la syntaxe :

```
RTRIM(CHAINE DE CARACTERES [ ,'JEU' ])
```

| Exemple | Signification |
|---------|---------------|
| SELECT RTRIM(PRENOM, 'INE') FROM EMPLOYES_TBL WHERE PRENOM ='KARINE'; | Cette instruction SQL retourne le premier prénom KARINE et en élimine les lettres INE pour donner le résultat KAR |

```
SELECT POSTE, RTRIM(POSTE,'EUR')
FROM EMPLOYES_PAIE_TBL;

POSTE               RTRIM(POSTE,'EUR')
------------------  ------------------
MARKETING           MARKETING
CHEF EQUIPE         CHEF EQUIPE
```

# Agencement des données

```
DIRECTEUR VENTES  DIRECTEUR VENTES
COMMERCIAL        COMMERCIAL
COMMERCIAL        COMMERCIAL
COMMERCIAL        COMMERCIAL
EXPEDITEUR        EXPEDIT
EXPEDITEUR        EXPEDIT

8 lignes sélectionnées.
```

La chaîne EUR a été éliminée à droite des chaînes appropriées.

## DECODE

La fonction DECODE n'est pas un standard ANSI, tout au moins au moment d'écrire ce livre, mais son utilisation mérite que l'on en parle. Elle est employée dans SQLBase et Oracle, voire dans d'autres implémentations. DECODE sert à rechercher une chaîne dans une valeur ou une chaîne et, si cette chaîne est retrouvée, à la remplacer par une autre chaîne dans le résultat de la requête.

En voici la syntaxe :

```
DECODE(NOM_COLONNE, 'RECHERCHE1', 'RESULTAT1',
[ 'RECHERCHE2', 'RESULTAT2' , 'VALEUR PAR DEFAUT' ])
```

| Exemple | Signification |
| --- | --- |
| SELECT DECODE(NOM, 'CHASSEUR', 'LAPIN', 'AUTRE') FROM EMPLOYES_TBL; | Cette requête s'adresse à tous les noms de la table EMPLOYES_TBL. Si la requête localise un champ contenant le mot CHASSEUR, elle le remplace par LAPIN. Tous les autres contenus du champ NOM sont remplacés par AUTRE, qui est la valeur par défaut. |

Dans l'exemple suivant, DECODE intervient sur les valeurs de VILLE dans EMPLOYES_TBL :

```
SELECT VILLE,
       DECODE(VILLE, 'STRASBOURG', 'STRAS',
                     'MONTPELLIER', 'MONT', 'AUTRE')
```

```
FROM EMPLOYES_TBL;

PAYS            DECODE
-----------     ------
CRONENBOURG     AUTRE
PARIS           AUTRE
MONTPELLIER     MONT
PARIS           AUTRE
PARIS           AUTRE
PARIS           AUTRE
ALES            AUTRE
STRASBOURG      STRAS

8 lignes sélectionnées.
```

Dans ce résultat, STRASBOURG devient STRAS, MONTPELLIER devient MONT et toutes les autres villes sont remplacées par AUTRE.

## Diverses fonctions de caractères

Les prochaines sections décrivent quelques autres fonctions de caractères intéressantes que l'on retrouve dans un grand nombre d'implémentations.

### Trouver la longueur d'une valeur

La fonction LENGTH est couramment exploitée pour trouver la longueur d'une chaîne, d'un nombre, d'une date ou d'une expression en octets. En voici la syntaxe :

```
LENGTH(CHAINE DE CARACTERES)
```

| Exemple | Signification |
|---|---|
| SELECT LENGTH(NOM) FROM EMPLOYES_TBL; | Cette instruction SQL retourne la longueur du nom de chaque employé |

## Agencement des données

```
SELECT DESC_PROD, LENGTH(DESC_PROD)
FROM PRODUITS_TBL;

DESC_PROD                LENGTH(DESC_PROD)
-----------------------  -----------------
COSTUME SORCIERE                        16
POUPEE PLASTIQUE 18 CM                  22
FAUSSES DENTS PARAFFINE                 23
LAMPION                                  7
COSTUMES ASSORTIS                       17
POP CORN CARAMEL                        16
BONBONS POTIRON                         15
ARAIGNEE PLASTIQUE                      18
ASSORTIMENT DE MASQUES                  22
ETAGERE CHENE                           13
CHAINE AVEC CLE                         15
```

11 lignes sélectionnées.

### NVL (valeur NULL)

La fonction NVL sert à récupérer les valeurs NULL d'une colonne pour les remplacer par une expression donnée. Bien qu'il soit possible de l'associer à la plupart des types de données, la valeur retournée et sa valeur de substitution doivent être du même type. Voici sa syntaxe :

```
NVL('VALEUR', 'SUBSTITUTION')
```

| Exemple | Signification |
|---|---|
| SELECT NVL(SALAIRE, '00000') FROM EMPLOYES_PAIE_TBL; | Cette instruction SQL retrouve les valeurs NULL et les remplace par 00000. |

```
SELECT PAGER, NVL(PAGER,9999999999)
FROM EMPLOYES_TBL;

PAGER        NVL(PAGER,
----------   ----------
```

# SQL

```
           9999999999
           9999999999
0875709980 0875709980
0887345678 0887345678
           9999999999
           9999999999
           9999999999
           9999999999
```

8 lignes sélectionnées.

Seules les valeurs NULL ont été représentées par 9999999999.

## LPAD

LPAD (*left pad*, remplissage à gauche) sert à ajouter des caractères ou des espaces à gauche de la chaîne. En voici la syntaxe :

```
LPAD(JEU DE CARACTERES)
```

L'exemple suivant insère des points à gauche de la description de chaque produit, pour obtenir un total de 30 caractères.

```
SELECT LPAD(DESC_PROD,30,'.') PRODUIT
FROM PRODUITS_TBL;

PRODUIT
------------------------------
..............COSTUME SORCIERE
........POUPEE PLASTIQUE 18 CM
.......FAUSSES DENTS PARAFFINE
......................LAMPION
.............COSTUMES ASSORTIS
...............POP CORN CARAMEL
................BONBONS POTIRON
.............ARAIGNEE PLASTIQUE
........ASSORTIMENT DE MASQUES
.................ETAGERE CHENE
...............CHAINE AVEC CLE
```

11 lignes sélectionnées.

## Agencement des données

### RPAD

RPAD (*right pad*, remplissage à droite) sert à ajouter des caractères ou des espaces à droite de la chaîne. En voici la syntaxe :

```
RPAD(JEU DE CARACTERES)
```

L'exemple suivant insère des points à droite de la description de chaque produit pour totaliser 30 caractères.

```
SELECT RPAD(DESC_PROD,30,'.') PRODUIT
FROM PRODUITS_TBL;

PRODUIT
------------------------------
COSTUME SORCIERE..............
POUPEE PLASTIQUE 18 CM........
FAUSSES DENTS PARAFFINE.......
LAMPION.......................
COSTUMES ASSORTIS.............
POP CORN CARAMEL..............
BONBONS POTIRON...............
ARAIGNEE PLASTIQUE............
ASSORTIMENT DE MASQUES........
ETAGERE CHENE.................
CHAINE AVEC CLE...............

11 lignes sélectionnées.
```

### ASCII

La fonction ASCII sert à retourner la représentation ASCII (*American Standard Code for Information Interchange*) du caractère situé à l'extrême gauche d'une chaîne. Voici la syntaxe correspondante :

```
ASCII(JEU DE CARACTERES)
```

# SQL

Exemples :

| |
|---|
| ASCII('A') retourne 65 |
| ASCII('B') retourne 66 |
| ASCII('C') retourne 67 |

## Fonctions mathématiques

Les *fonctions mathématiques* sont relativement standards entre les différentes implémentations. Il s'agit des fonctions qui permettent de manipuler des valeurs numériques dans une base de données en fonction des règles de calcul mathématiques.

Voici les fonctions les plus courantes :

| | |
|---|---|
| Value absolue | (ABS) |
| Arrondi | (ROUND) |
| Racine carrée | (SQRT) |
| Valeurs signées | (SIGN) |
| Puissance | (POWER) |
| Valeurs plafond et plancher | (CEIL, FLOOR) |
| Valeurs exponentielles SIN, COS, TAN | (EXP) |

La syntaxe de la plupart des fonctions mathématiques est la suivante :

```
FONCTION(EXPRESSION)
```

# Fonctions de conversion

Les *fonctions de conversion* servent à convertir un type de données en un autre. Par exemple, vous aurez certainement besoin de convertir des données caractères en données numériques pour effectuer des calculs. Les fonctions et les calculs mathématiques ne sont pas autorisés sur des données au format caractère.

Voici les principaux types de conversions de données :

- Caractère en numérique ;
- Numérique en caractère ;
- Caractère en date ;
- Date en caractère.

Les deux premiers types de conversion sont traités dans ce chapitre.

*Pour plus d'informations sur les autres types de conversion, voir Chapitre 12.*

> **Certaines implémentations convertissent implicitement les types de données lorsque c'est nécessaire.**

## Convertir des chaînes de caractères en nombres

Il existe deux différences entre les types de données numériques et de chaînes de caractères :

1. Les expressions et les fonctions mathématiques peuvent être utilisées avec des valeurs numériques.
2. Les valeurs numériques sont alignées à droite, alors que les chaînes de caractères ont un alignement à gauche dans les résultats retournés.

Lorsqu'une chaîne de caractères est convertie en valeur numérique, cette dernière prend les deux attributs que nous venons de mentionner.

Certaines implémentations ne disposent pas des fonctions qui permettent de convertir des chaînes de caractères en nombres. Consultez la documentation de votre implémentation pour connaître la syntaxe et les règles de conversion.

> Les caractères d'une chaîne à convertir en valeur numérique doivent généralement se situer entre 0 et 9. Les symboles plus (+) et moins (-) ainsi que le point (.), servent à représenter des nombres positifs, négatifs ou décimaux. Par exemple, la chaîne SYLVIE ne peut pas être convertie en nombre, alors qu'un numéro de sécurité sociale peut être stocké sous la forme d'une chaîne de caractères et converti en valeur numérique *via* une fonction de conversion.

Voici un exemple de conversion numérique avec la fonction de conversion d'Oracle :

```
SELECT ID_EMP, TO_NUMBER(ID_EMP)
FROM EMPLOYES_TBL;

ID_EMP           TO_NUMBER(ID_EMP)
---------        -----------------
442346889                442346889
313268956                313268956
213764555                213764555
313782439                313782439
220984332                220984332
443679012                443679012
311549902                311549902
313658965                313658965

8 lignes sélectionnées.
```

L'identification des employés est alignée à droite après conversion.

## Agencement des données

> **La justification des données est le moyen le plus simple d'identifier le type de données d'une colonne.**

### Convertir des nombres en chaînes

La conversion de valeurs numériques en chaînes de caractères fonctionne précisément à l'inverse de la conversion de caractères en nombres.

Voici un exemple de conversion d'une valeur numérique en une chaîne de caractères *via* une fonction de conversion Transact-SQL pour Microsoft SQL Server :

```
SELECT PAIE = COEF_PAIE, NOUVELLE_PAIE =
STR(COEF_PAIE)
FROM EMPLOYES_PAIE_TBL
WHERE COEF_PAIE IS NOT NULL;

PAIE              NOUVELLE_PAIE
--------------    -------------
      17.5        17.5
      14.75       14.75
      18.25       18.25
      12.8        12.8
      11          11
      15          15

6 lignes affectées.
```

Voici un exemple utilisant une fonction de conversion Oracle :

```
SELECT COEF_PAIE, TO_CHAR(COEF_PAIE)
FROM EMPLOYES_PAIE_TBL
WHERE COEF_PAIE IS NOT NULL;

 COEF_PAIE        TO_CHAR(COEF_PAIE)
--------------    ------------------
      17.5        17.5
      14.75       14.75
```

```
   18.25           18.25
   12.8            12.8
      11              11
      15              15
```

6 lignes sélectionnées.

## Combinaison de fonctions de caractères

La plupart des fonctions peuvent faire l'objet de combinaisons en une seule instruction SQL et d'ailleurs, ce langage resterait fort limité dans le cas contraire. Les exemples suivants montrent comment combiner certaines fonctions dans une même requête :

```
SELECT NOM || ', ' || PRENOM NOM,
       SUBSTR(ID_EMP,1,3) || '-' ||
       SUBSTR(ID_EMP,4,2) || '-' ||
       SUBSTR(ID_EMP,6,4) ID_EMP
FROM EMPLOYES_TBL;

NOM                 ID_EMP
------------------  -----------
DESMARTIN, JEAN     442-346-889
SUGIER, KEVIN       313-268-956
STEPANIAN, KARINE   213-764-555
CHASSEUR, DAVID     313-782-439
CHRISTOPHE, SYLVIE  220-984-332
LEBIHEN, MAUD       443-679-012
BALCONNET, SYLVIE   311-549-902
KLEIN, CHARLES      313-658-965
```

8 lignes sélectionnées.

Cet exemple combine deux fonctions dans la requête (la concaténation et la sous-chaîne). En divisant la colonne ID_EMP en trois parties séparées par des tirets, vous en simplifiez la lecture.

```
SELECT SUM(LENGTH(NOM) +  LENGTH(PRENOM)) TOTAL
FROM EMPLOYES_TBL;
```

## Agencement des données

```
    TOTAL
----------
       106
```

1 ligne sélectionnée.

Cet exemple fait appel à la fonction LENGTH et à l'opérateur arithmétique (+) pour additionner la longueur du prénom à celle du nom dans chaque colonne. La fonction SUM trouve alors le total de la longueur de tous les prénoms et noms.

> **Lorsque dans une instruction SQL, vous imbriquez des fonctions dans des fonctions, rappelez-vous que la fonction située le plus à l'intérieur est résolue en premier, suivie d'une fonction après l'autre vers l'extérieur.**

# Chapitre 12

# Dates et heures

### Au sommaire de ce chapitre

- Comprendre les dates et les heures
- Fonctions de dates
- Conversions de dates

Ce chapitre vous fait comprendre la nature des dates et des heures dans le langage SQL. Vous y découvrirez les détails du type de données DATETIME et vous verrez comment certaines implémentations exploitent les dates. Par ailleurs, vous pourrez apprendre les modes de fonctionnement les plus courants des dates et des heures et à extraire ces données dans le format souhaité.

SQL

> Comme vous le savez désormais, il existe de nombreuses implémentations du langage SQL. Ce livre décrit le standard ANSI, mais également les fonctions, commandes et opérateurs les plus courants, même s'ils ne sont pas standards. Les exemples proviennent d'Oracle. Même dans cette implémentation, il est possible de stocker les dates dans plusieurs formats différents. Vérifiez la documentation de votre implémentation pour de plus amples informations sur le stockage des dates. Quel que soit le mode de stockage utilisé par votre implémentation, celle-ci comporte nécessairement des fonctions de conversion.

## Comprendre les dates et les heures

Chaque implémentation possède un format de stockage par défaut de la date et de l'heure. Comme pour les autres types de données, celui-ci peut varier. Les prochaines sections commencent par étudier le format standard du type de données DATETIME dans les implémentations SQL les plus courantes et notamment Oracle, Sybase et Microsoft SQL Server.

### Types de données standards de date et d'heure

Il existe trois standards SQL de types de données de date et d'heure (DATETIME) :

| Type de données | Utilisation |
| --- | --- |
| DATE | Stocke des valeurs littérales de date |
| TIME | Stocke des valeurs littérales d'heure |
| TIMESTAMP | Stocke des valeurs littérales de date et d'heure |

## Dates et heures

Format et plages de valeurs valides pour chaque type de données :

**DATE**

Format : AAAA-MM-JJ

Plage : 0001-01-01 à 9999-12-31

**TIME**

Format : HH:MI:SS.nn...

Plage : 00:00:00... à 23:59:61.999...

**TIMESTAMP**

Format : AAAA-MM-JJ HH:MI:SS.nn...

Plage : 0001-01-01 00:00:00... à 9999-12-31 23:59:61.999...

### Eléments DATETIME

Les éléments DATETIME sont des éléments de date et d'heure inclus dans la définition de DATETIME. La liste qui suit présente les éléments contraints à DATETIME et la plage des valeurs valides de chaque élément :

```
YEAR   (année)      0001 à 9999
MONTH  (mois)       01 à 12
DAY    (jour)       01 à 31
HOUR   (heure)      00 à 23
MINUTE (minute)     00 à 59
SECOND (seconde)    00.000... à 61.999...
```

Il est possible de représenter les secondes en valeurs avec décimales, ce qui permet d'exprimer les dixièmes, les centièmes, les milliers de seconde, et ainsi de suite. Chacun de ces éléments est explicite, à l'exception du dernier. Ces éléments s'articulent autour d'un jour de référence. Vous objecterez peut-être qu'une minute peut compter plus de 60 secondes. Selon le standard ANSI, les 61.999 secondes sont dues à l'éventualité de l'insertion ou de l'omission d'une seconde dans une minute, ce qui en soi reste rare. Reportez-vous à votre implémentation pour connaître les valeurs autorisées ; en effet, les modes de stockage de la date et de l'heure varient fortement d'une implémentation à l'autre.

### Types de données selon les implémentations

Comme pour les autres types de données, chaque implémentation apporte ses propres représentation et syntaxe. Dans cette section, nous examinerons comment trois produits du marché ont été implémentés en matière de date et d'heure : Oracle, Sybase et SQLBase).

| Produit | Type de données | Utilisation |
|---|---|---|
| Oracle | DATE | Stocke à la fois des informations de date et d'heure |
| Sybase | DATETIME | Stocke à la fois des informations de date et d'heure |
|  | SMALLDATETIME | Stocke à la fois des informations de date et d'heure, mais prévoit une plage de dates moins étendue que DATETIME |
| SQLBase | DATETIME | Stocke à la fois des informations de date et d'heure |
|  | TIMESTAMP | Stocke à la fois des informations de date et d'heure |
|  | DATE | Stocke une valeur de date |
|  | TIME | Stocke une valeur d'heure |

# Dates et heures

> Chaque implémentation possède son ou ses propres types de données pour les informations de date et d'heure. Toutefois, la plupart des implémentations se tiennent au standard ANSI dans la mesure où tous les éléments de date et d'heure sont inclus dans les types de données qui leur sont associés. C'est le mode de stockage interne des dates qui dépend des implémentations.

## Fonctions de date

SQL comporte des fonctions de date qui dépendent des options propres à chaque implémentation. Les *fonctions de date* sont comparables aux fonctions de traitement des chaînes de texte et servent à manipuler la représentation des informations de date et d'heure. Ces fonctions sont souvent des méthodes qui permettent de récupérer des dates et des heures dans un format parlant, de comparer entre elles des valeurs de date et d'heure, de calculer des intervalles, etc.

### La date en cours

Vous vous êtes sans doute déjà demandé comment récupérer la date en cours dans la base de données. Ce besoin découle de situations différentes mais, en règle générale, on récupère la date pour la comparer à une date existant par ailleurs ou pour retourner la date en cours afin de temporiser un enregistrement.

La date en cours est stockée dans l'ordinateur qui héberge la base de données ; c'est ce que l'on nomme *date système*. La base de données, qui s'interface avec un système d'exploitation donné, possède la faculté de récupérer la date système à des fins internes ou pour résoudre des requêtes.

Examinons quelques méthodes qui permettent de récupérer la date système avec des commandes provenant de deux implémentations différentes.

Sybase utilise la fonction GETDATE() pour retourner la date système. Voici comment l'inclure dans une requête. La date retournée correspond à celle du réveillon 1999 :

```
SELECT GETDATE()
Dec 31, 1999
```

> La plupart des options présentées dans ce livre comme appartenant à Sybase ou à Microsoft fonctionnent pour les deux implémentations dans la mesure où toutes deux utilisent SQL Server comme serveur de base de données. Ces deux implémentations utilisent également une extension du standard SQL connu sous l'appellation Transact-SQL.

Oracle fait appel à une *pseudo-colonne* intitulée SYSDATE pour y stocker la date en cours. Ce champ se comporte comme les autres champs d'une table et il est possible de le sélectionner dans n'importe quelle table de la base, même s'il n'appartient réellement à aucune définition de table.

Sous Oracle, l'instruction suivante retourne une date comme si l'on était le jour du réveillon 1999 :

```
SELECT SYSDATE FROM NOM_TABLE
31-DEC-99
```

### Fuseaux horaires

En matière d'informations de date et d'heure, il peut être important de pouvoir tenir compte des fuseaux horaires. Par exemple, lorsqu'il est 18 heures au centre des Etats-Unis, l'heure est différente en Australie alors que la fenêtre temporelle est la même.

# Dates et heures

Par ailleurs, le passage à l'heure d'été, puis à l'heure d'hiver nous oblige à réajuster nos horloges deux fois par an. Si les fuseaux horaires ont de l'importance pour la maintenance de votre base de données, vous devrez en tenir compte dans vos conversions d'heure et ce, dans la mesure où la fonctionnalité existe dans votre implémentation SQL.

Voici quelques fuseaux horaires et leurs abréviations :

| Abréviation | Signification | Définition |
|---|---|---|
| AST, ADT | Atlantic standard, daylight time | Heure Centre-Atlantique (GMT - 2:00) |
| CST, CDT | Central standard, daylight time | Heure Centre USA-Canada (GMT - 6:00) |
| EST, EDT | Eastern standard, daylight time | Heure Est USA-Canada (GMT - 5:00) |
| GMT | Greenwich mean time | Heure de Greenwich (GMT) |
| HST, HDT | Alaska/Hawaii standard, daylight time | Heure Alaska (GMT - 9:00) |
| MST, MDT | Mountain standard, daylight time | Heure Montagnes USA_Canada (GMT - 7:00) |
| PST, PDT | Pacific standard, daylight time | Heure Pacifique USA_Canada (GMT - 8:00) |

> **Seules certaines implémentations intègrent des fonctions qui permettent de gérer plusieurs fuseaux horaires. Vérifiez bien ce que propose votre implémentation et identifiez clairement les besoins de votre base de données.**

## Ajouter des heures aux dates

Les jours, les mois et autres valeurs temporelles peuvent être ajoutés aux dates à des fins de comparaison ou pour servir de critères au sein de la clause WHERE d'une requête.

Les intervalles permettent d'ajouter des périodes à des valeurs DATETIME. Dans le standard SQL, les intervalles servent à manipuler les valeurs DATETIME comme dans l'exemple suivant :

```
DATE '1999-12-31' + INTERVAL '1' DAY
'2000-01-01'
DATE '1999-12-31' + INTERVAL '1' MONTH
'2000-01-31'
```

Voici un exemple qui fait appel à la fonction SQL Server DATEADD :

```
SELECT DATEADD(MONTH, 1, DATE_EMBAUCHE)
FROM EMPLOYES_PAIE_TBL
DATE_EMBAUCHE  ADD_MONTH
-------------  ---------
23-MAI-89      23-JUN-89
17-JUN-90      17-JUL-90
14-AOU-94      14-SEP-94
28-JUN-97      28-JUL-97
22-JUL-96      22-AOU-96
14-JAN-91      14-FEV-91

6 lignes affectées.
```

Le prochain exemple utilise la fonction Oracle ADD_MONTHS :

```
SELECT DATE_EMBAUCHE, ADD_MONTHS(DATE_EMBAUCHE,1)
FROM EMPLOYES_PAIE_TBL;
DATE_EMBAUCHE  ADD_MONTH
-------------  ---------
23-MAI-89      23-JUN-89
17-JUN-90      17-JUL-90
14-AOU-94      14-SEP-94
```

```
28-JUN-97    28-JUL-97
22-JUL-96    22-AOU-96
14-JAN-91    14-FEV-91
```

6 lignes sélectionnées.

Voici comment ajouter un jour à une date sous Oracle :

```
SELECT DATE_EMBAUCHE, DATE_EMBAUCHE + 1
FROM EMPLOYES_PAIE_TBL
WHERE ID_EMP = '311549902';
DATE_EMBAUCHE DATE_EMBAUCHE
------------- -------------
23-MAI-89     24-MAI-89
```

1 ligne sélectionnée.

Remarquez que ces exemples issus de SQL Server et Oracle dérivent leurs résultats en utilisant les mêmes concepts que ceux du standard SQL, tout en adoptant une syntaxe différente de celle que présentent les exemples ANSI.

## Comparer des dates et des périodes

OVERLAP est un opérateur conditionnel SQL standard particulièrement intéressant pour les valeurs DATETIME. En effet, il permet de comparer deux périodes et de retourner une valeur booléenne TRUE ou FALSE en fonction du chevauchement des deux périodes. La comparaison suivante retourne la valeur TRUE.

```
(TIME '01:00:00' , TIME '05:59:00')
OVERLAPS
(TIME '05:00:00' , TIME '07:00:00')
```

Celle-ci retourne la valeur FALSE :

```
(TIME '01:00:00' , TIME '05:59:00')
OVERLAPS
(TIME '06:00:00' , TIME '07:00:00')
```

## SQL

### Diverses fonctions de date

La liste suivante présente un certain nombre de fonctions de date intéressantes à connaître et que l'on trouve dans les implémentations SQL Server et Oracle.

| SQL SERVER | |
|---|---|
| DATEPART | Retourne la valeur entière de la partie de date déclarée par DATEPART |
| DATENAME | Retourne la valeur textuelle de la partie de date déclarée par DATEPART |
| GETDATE() | Retourne la date système |
| DATEDIFF | Retourne la différence entre deux dates pour la partie de date spécifiée, à savoir les jours, les minutes et les secondes |

| ORACLE | |
|---|---|
| NEXT_DAY | Retourne le jour suivant de la semaine par rapport à une date spécifiée (par exemple, VENDREDI) |
| MONTHS_BETWEEN | Retourne le nombre de mois entre deux dates spécifiées |

## Conversions de dates

Il existe plusieurs bonnes raisons de procéder à des conversions de date. Une conversion permet essentiellement de modifier le type de données défini en tant que valeur DATETIME ou dans tout autre type de données valide d'une implémentation donnée.

Voici à quoi servent les conversions de date :

- comparer des valeurs de date de types de données différents ;
- formater une date sous forme de chaîne de caractères ;
- appliquer un format de date à une chaîne de caractères.

## Dates et heures

L'opérateur ANSI CAST permet de convertir des types de données date en d'autres types de données. En voici la syntaxe :

```
CAST ( EXPRESSION AS NOUVEAU_TYPE_DONNEES )
```

Dans les prochaines sous-sections, vous trouverez quelques exemples spécifiques correspondant à la syntaxe de différentes implémentations et notamment :

- la représentation des parties d'une valeur DATETIME ;
- la conversion de dates en chaînes de caractères ;
- la conversion de chaînes de caractères en dates.

### Images de dates

Une *image de date* est composée d'éléments de mise en forme qui permettent d'extraire de la base de données des informations de date et d'heure dans le format voulu. Certaines images de date et d'heure n'existent pas dans toutes les implémentations SQL.

Si vous n'exploitez pas les images de date et/ou l'une ou l'autre fonction de conversion, les informations de date et d'heure d'une base de données se présentent dans un format par défaut tel que :

```
1999-12-31
31-DEC-99
1999-12-31 23:59:01.11
...
```

Mais comment procéder pour améliorer la lisibilité de l'information ? Convertissez la date au format DATETIME en chaîne de caractères :

```
31 décembre 1997
```

# SQL

Chaque implémentation prévoit une fonction spécifique à cette conversion, comme l'illustrent les prochaines sections.

| Images de date de Sybase | |
|---|---|
| yy | année |
| qq | trimestre |
| mm | mois |
| dy | jours de l'année |
| wk | semaine |
| dw | jour de la semaine |
| hh | heure |
| mi | minute |
| ss | seconde |
| ms | milliseconde |

| Images de date Oracle | |
|---|---|
| AD | *anno Domini* |
| AM | *ante meridiem* |
| BC | avant J.C. |
| CC | siècle |
| D | numéro de jour dans la semaine |
| DD | numéro de jour dans le mois |
| DDD | Numéro de jour dans l'année |

# Dates et heures

**Images de date Oracle** *(suite)*

| | |
|---|---|
| DAY | jour épelé en toutes lettres (LUNDI) |
| Day | jour épelé en toutes lettres (Lundi) |
| day | jour épelé en toutes lettres (lundi) |
| DY | abréviation à trois lettres du jour (LUN) |
| Dy | abréviation à trois lettres du jour (Lun) |
| dy | abréviation à trois lettres du jour (lun) |
| HH | heure du jour |
| HH12 | heure du jour sur 12 heures |
| HH24 | heure du jour sur 24 heures |
| J | calendrier julien depuis 12-31-4713 avant J.C. |
| MI | minute dans l'heure |
| MM | numéro du mois |
| MON | abréviation à trois lettres du mois (JAN) |
| Mon | abréviation à trois lettres du mois (Jan) |
| mon | abréviation à trois lettres du mois (jan) |
| MONTH | le mois en toutes lettres (JANVIER) |
| Month | le mois en toutes lettres (Janvier) |
| month | le mois en toutes lettres (janvier) |
| PM | *post meridiem* |
| Q | numéro du trimestre |

## SQL

**Images de date Oracle** *(suite)*

| | |
|---|---|
| RM | numéro du mois en chiffres romains |
| RR | année à deux chiffres |
| SS | seconde dans la minute |
| SSSSS | secondes écoulées depuis minuit |
| SYYYY | année signée ; exemple : av. J.C. 500 = -500 |
| W | numéro de la semaine dans le mois |
| WW | numéro de la semaine dans l'année |
| Y | dernier chiffre de l'année |
| YY | les deux derniers chiffres de l'année |
| YYY | les trois derniers chiffres de l'année |
| YYYY | l'année à quatre chiffres |
| YEAR | l'année en toutes lettres (DEUX MILLE) |
| Year | l'année en toutes lettres (Deux mille) |
| year | l'année en toutes lettres (deux mille) |

### Convertir des dates en chaînes de caractères

Les valeurs DATETIME sont converties en chaînes de caractères pour en modifier la présentation dans le résultat d'une requête. A cette fin, on emploie une fonction de conversion. Parmi les deux prochains exemples, le premier utilise SQL Server pour convertir des données de date et d'heure en chaîne de caractères selon les termes de la requête :

```
SELECT DATE_EMBAUCHE = DATENAME(MONTH,
DATE_EMBAUCHE)
FROM EMPLOYES_PAIE_TBL
```

# Dates et heures

```
DATE_EMBAUCHE
-------------
Mai
Juin
Août
Juin
Juillet
Janvier

6 lignes sélectionnées.
```

Voici une conversion de date sous Oracle utilisant la fonction TO_CHAR :

```
SELECT DATE_EMBAUCHE, TO_CHAR(DATE_EMBAUCHE,'dd
month yyyy') EMBAUCHE
FROM EMPLOYES_PAIE_TBL;
DATE_EMBAUCHE        EMBAUCHE
------       ------------------------
23-MAI-89           23 mai 1989
17-JUN-90           17 juin 1990
14-AOU-94           14 août 1994
28-JUN-97           28 juin 1997
22-JUL-96           22 juillet 1996
14-JAN-91           14 janvier 1991

6 lignes sélectionnées.
```

## Convertir des chaînes de caractères en dates

L'exemple qui suit illustre une méthode issue d'une implémentation pour convertir une chaîne de caractères en format de date. Une fois la conversion terminée, les données peuvent être stockées dans une colonne prenant le type de données DATETIME.

```
SELECT TO_DATE('01 JANVIER 1998','DD MONTH YYYY')
FROM EMPLOYES_PAIE_TBL;
TO_DATE('
---------
01 JANVIER 1998
01 JANVIER 1998
```

```
01 JANVIER 1998
01 JANVIER 1998
01 JANVIER 1998
01 JANVIER 1998

6 lignes sélectionnées.
```

Vous vous demandez peut-être pourquoi six lignes ont été retournées par cette requête alors qu'une seule valeur de date avait été déclarée dans l'instruction. En fait, la conversion de la chaîne littérale a été sélectionnée dans la table EMPLOYES_PAIE_TBL qui possède six lignes de données. Par conséquent, la conversion de la chaîne littérale a été sélectionnée pour chaque enregistrement de la table.

# Chapitre 13

# Requêtes de jointure de tables

## Au sommaire de ce chapitre

- Sélection des données dans plusieurs tables
- Types de jointures
- A propos des jointures

Toutes les requêtes exécutées jusqu'à présent se contentaient d'interroger une seule table. Au cours de ce chapitre, vous allez apprendre à joindre des tables de manière à extraire des données de plusieurs tables.

## Sélection des données dans plusieurs tables

Une des fonctionnalités les plus puissantes du langage SQL réside dans la capacité à sélectionner des données dans plusieurs tables. Sans elle, l'ensemble du concept de base de données relationnelle serait pure abstraction. Les requêtes adressées à une seule table sont parfois informatives, mais dans la réalité, les requêtes les plus parlantes s'avèrent être celles dont les données sont issues de plusieurs tables.

Comme vous l'avez constaté dans le chapitre concernant la normalisation des données, une base de données relationnelle est divisée en tables de petite taille plus faciles à gérer dans un but de simplification des tâches d'administration dans leur ensemble. Tandis que les tables se divisent en tables plus petites, les tables liées sont générées à l'aide de colonnes communes contenant les *clés primaires*. Ces dernières s'utilisent pour joindre des tables liées.

Une *jointure* combine deux ou plusieurs tables afin d'en extraire des données.

Mais pourquoi normaliser les tables si, au final, il est nécessaire de rejoindre les tables pour extraire les données souhaitées ? Il est rare de sélectionner toutes les données de toutes les tables, c'est pourquoi il est préférable d'effectuer une sélection en fonction des besoins propres à chaque requête. Les performances peuvent souffrir de la normalisation de la base de données, mais le codage et la maintenance dans leur ensemble s'en trouvent simplifiés.

## Types de jointures

Bien que les manières de joindre des tables dépendent du type d'implémentation, nous allons nous concentrer dans ce chapitre sur les jointures les plus courantes :

```
EQUIJOIN (jointure d'égalité)
NATURAL JOIN (jointure naturelle)
NON-EQUIJOIN (jointure de non égalité)
```

# Requêtes de jointure de tables

```
OUTER JOIN (jointures externe)
SELF JOIN (jointure réflexive)
```

## Emplacements des composants d'une condition de jointure

Dans les précédents chapitres, vous avez pu remarquer que l'instruction SELECT et la clause FROM sont toutes deux des éléments obligatoires d'une instruction SQL ; la clause WHERE est un élément obligatoire de la jointure de tables. Les tables à joindre sont répertoriées dans la clause FROM et la jointure s'accomplit dans la clause WHERE. Pour joindre des tables, il est possible d'utiliser divers opérateurs tels que =, <, >, <>, <=, >=, !=, BETWEEN, LIKE et NOT. Toutefois, l'opérateur le plus utilisé reste le signe égal.

## Jointures d'égalité

La jointure la plus utilisée et la plus importante est sans doute EQUIJOIN (jointure d'égalité), également appelée INNER JOIN (jointure interne). EQUIJOIN sert à joindre deux tables à l'aide d'une colonne commune qui est habituellement la clé primaire.

Voici la syntaxe correspondant à la jointure EQUIJOIN :

```
SELECT TABLE1.COLONNE1, TABLE2.COLONNE2...
FROM TABLE1, TABLE2 [, TABLE3 ]
WHERE TABLE1.NOM_COLONNE = TABLE2.NOM_COLONNE
[ AND TABLE1.NOM_COLONNE = TABLE3.NOM_COLONNE ]
```

> **Prenez des notes sur les exemples d'instructions SQL. Pour améliorer la lisibilité, on utilise l'indentation. L'indentation n'est pas obligatoire, mais est recommandée.**

Observez les exemples suivants :

```
SELECT EMPLOYES_TBL.ID_EMP,
       EMPLOYES_PAIE_TBL.DATE_EMBAUCHE
```

```
FROM EMPLOYES_TBL,
     EMPLOYES_PAIE_TBL
WHERE EMPLOYES_TBL.ID_EMP =
EMPLOYES_PAIE_TBL.ID_EMP;
```

L'instruction SQL retourne le numéro d'identification de l'employé et sa date d'embauche. Le numéro d'identification de l'employé est sélectionné dans la table EMPLOYE_TBL (même si ce champ existe dans les deux tables, vous devez en spécifier une), tandis que la date d'embauche est sélectionnée dans la table EMPLOYES_PAIE _TBL. Dans la mesure où le numéro d'identification de l'employé existe dans les deux tables, il est nécessaire de justifier les deux colonnes par le nom de la table. Ce faisant, vous indiquez au serveur de base de données où chercher l'information.

Les données de l'exemple suivant sont sélectionnées dans les tables EMPLOYES_TBL et EMPLOYES_PAIE_TBL, car elles contiennent toutes deux des données recherchées. Une jointure d'égalité est utilisée.

```
SELECT EMPLOYES_TBL.ID_EMP, EMPLOYES_TBL.NOM,
       EMPLOYES_PAIE_TBL.POSTE
FROM EMPLOYES_TBL, EMPLOYES_PAIE_TBL
WHERE EMPLOYES_TBL.ID_EMP =
EMPLOYES_PAIE_TBL.ID_EMP;
ID_EMP     NOM        POSTE
--------   --------   ---------------
311549902  BALCONNET  MARKETING
442346889  DESMARTIN  CHEF EQUIPE
213764555  STEPANIAN  DIRECTEUR VENTES
313782439  CHASSEUR   COMMERCIAL
220984332  CHRISTOPHE EXPEDITEUR
443679012  LEBIHEN    EXPEDITEUR

6 lignes sélectionnées.
```

Vous remarquerez que, dans l'instruction SELECT, chaque colonne est précédée du nom de la table concernée de manière à l'identifier. C'est ce que l'on appelle *qualifier des colonnes dans une requête*.

# Requêtes de jointure de tables

La qualification de colonnes n'est nécessaire que pour les colonnes qui existent dans plusieurs tables référencées par une requête. D'habitude, on qualifie toutes les colonnes par souci de cohérence et pour éviter tout problème lors du débogage ou de la modification du code SQL.

## Jointures naturelles

Une jointure NATURAL JOIN équivaut presque à une jointure EQUI-JOIN, si ce n'est qu'elle permet d'éliminer les valeurs dupliquées dans les colonnes jointes. Il en va de même pour la condition JOIN, mais les colonnes sélectionnées diffèrent.

Voici la syntaxe correspondante :

```
SELECT TABLE1.*, TABLE2.NOM_COLONNE
       [ TABLE3.NOM_COLONNE ]
FROM TABLE1, TABLE2 [ TABLE3 ]
WHERE TABLE1.NOM_COLONNE = TABLE2.NOM_COLONNE
[ AND TABLE1.NOM_COLONNE = TABLE3.NOM_COLONNE ]
```

Observez l'exemple qui suit :

```
SELECT EMPLOYES_TBL.*, EMPLOYES_PAIE_TBL.SALAIRE
FROM EMPLOYES_TBL,
     EMPLOYES_PAIE_TBL
WHERE EMPLOYES_TBL.ID_EMP =
EMPLOYES_PAIE_TBL.ID_EMP;
```

L'instruction SQL retourne toutes les colonnes de la table EMPLOYES_TBL et toutes les valeurs du champ SALAIRE de la table EMPLOYES_PAIE_TBL. Le numéro d'identification de l'employé du champ ID_EMP existe dans les deux tables, mais n'est issu que de la table EMPLOYES_TBL, car les deux tables contiennent la même information et n'ont donc pas besoin d'être sélectionnées.

## SQL

Le prochain exemple sélectionne toutes les colonnes de la table EMPLOYES_TBL et seulement une colonne de la table EMPLOYES_PAIE_TBL. Rappelons que l'astérisque (*) représente toutes les colonnes de la table.

```
SELECT EMPLOYES_TBL.*, EMPLOYES_PAIE_TBL.POSTE
FROM EMPLOYES_TBL, EMPLOYES_PAIE_TBL
WHERE EMPLOYES_TBL.ID_EMP =
EMPLOYES_PAIE_TBL.ID_EMP;
ID_EMP      NOM        PRENOM
ADRESSE                       VILLE         CODE_POSTAL
---------  ---------- ---------
--------------------------  ------------  -----------
TEL          PAGER       POSTE
-----------  ----------  -----
311549902 BALCONNET  CHRISTINE 1 PLACE DU GAL DE
GAULLE ALES          30100 0433223322
MARKETING

442346889 DESMARTIN  JEAN       53 RUE SAINT
CHARLES      CRONENBOURG 67200
0388254012                CHEF EQUIPE

213764555 STEPANIAN  KARINE     480 BLD
GAMBETTA             MONTPELLIER 34000
0467025789 0875709980  DIRECTEUR VENTES

313782439 CHASSEUR   DAVID      39 RUE DES
VIOLETTES     PARIS        75003
0142568743 0887345678  COMMERCIAL

220984332 CHRISTOPHE SYLVIE     422 RUE
PRINCIPALE           PARIS        75011
01426589851               EXPEDITEUR

443679012 LEBIHEN    MAUD       31 AVE DU GAL DE
GAULLE  PARIS        75007 0142568452
EXPEDITEUR

6 lignes sélectionnées.
```

> Vous observerez que, dans l'exemple précédent, le résultat s'affiche avec un saut de ligne, car la longueur des lignes excède le nombre de caractères de la ligne.

## Utiliser les alias de table

Utiliser des *alias de table* équivaut à renommer une table dans une instruction SQL. Ce changement est temporaire. Le nom réel de la table ne change pas dans la base de données. Comme nous le verrons plus loin dans ce chapitre, le fait d'attribuer des alias est une condition nécessaire à la jointure réflexive SELF JOIN. Cette technique est le plus souvent utilisée pour réduire la saisie clavier, écourter l'instruction SQL et la rendre plus lisible. En outre, elle permet de limiter les fautes de frappe. Cela signifie également que les colonnes sélectionnées doivent être qualifiées à l'aide d'un alias. Voici quelques exemples d'alias de table et de leurs colonnes correspondantes.

```
SELECT E.ID_EMP, EP.SALAIRE, EP.DATE_EMBAUCHE,
E.NOM
FROM EMPLOYES_TBL E,
     EMPLOYES_PAIE_TBL EP
WHERE E.ID_EMP = EP.ID_EMP
AND EP.SALAIRE > 12000;
```

Dans cet exemple, on a attribué des alias aux tables concernées par l'instruction SQL. Le nom de la table EMPLOYES_TBL a été remplacé par E, celui de la table EMPLOYES_PAIE_TBL par EP. Ce choix est arbitraire. Le E a été choisi, car la table EMPLOYES_TBL commence par cette lettre. La table EMPLOYES_PAIE_TBL commence également par un E. Comme il est nécessaire de désigner chaque table différemment, ce sont les deux premières lettres des deux premiers mots de la table qui font office d'alias. Les colonnes sélectionnées ont été justifiées à l'aide des alias correspondants. Vous remarquerez que le champ SALAIRE est utilisé dans la clause WHERE et doit également être qualifié par l'alias de la table.

## SQL

### Jointures de non égalité

Les jointures de non égalité NON-EQUIJOIN joignent deux tables ou plus à partir d'une valeur de colonne spécifiée différente de la valeur de colonne spécifiée dans l'autre table. Voici la syntaxe de cette jointure :

```
FROM TABLE1, TABLE2 [, TABLE3 ]
WHERE TABLE1.NOM_COLONNE != TABLE2.NOM_COLONNE
[ AND TABLE1.NOM_COLONNE != TABLE2.NOM_COLONNE ]
```

En voici un exemple :

```
SELECT EMPLOYES_TBL.ID_EMP,
EMPLOYES_PAIE_TBL.DATE_EMBAUCHE
FROM EMPLOYES_TBL,
     EMPLOYES_PAIE_TBL
WHERE EMPLOYES_TBL.ID_EMP !=
EMPLOYES_PAIE_TBL.ID_EMP;
```

Cette instruction retourne le numéro d'identification des employés et les dates d'embauche de tous les employés qui ne possèdent pas d'enregistrement correspondant dans les deux tables. L'exemple suivant illustre une jointure de non égalité :

```
SELECT E.ID_EMP, E.NOM, EP.POSTE
FROM EMPLOYES_TBL E,
     EMPLOYES_PAIE_TBL EP
WHERE E.ID_EMP <> EP.ID_EMP;
ID_EMP      NOM          POSTE
---------   ----------   -------------
442346889   DESMARTIN    MARKETING
213764555   STEPANIAN    MARKETING
313782439   CHASSEUR     MARKETING
220984332   CHRISTOPHE   MARKETING
443679012   LEBIHEN      MARKETING
311549902   BALCONNET    CHEF EQUIPE
213764555   STEPANIAN    CHEF EQUIPE
313782439   CHASSEUR     CHEF EQUIPE
220984332   CHRISTOPHE   CHEF EQUIPE
443679012   LEBIHEN      CHEF EQUIPE
```

```
311549902 BALCONNET    DIRECTEUR VENTES
442346889 DESMARTIN    DIRECTEUR VENTES
313782439 CHASSEUR     DIRECTEUR VENTES
220984332 CHRISTOPHE   DIRECTEUR VENTES
443679012 LEBIHEN      DIRECTEUR VENTES
311549902 BALCONNET    COMMERCIAL
442346889 DESMARTIN    COMMERCIAL
213764555 STEPANIAN    COMMERCIAL
220984332 CHRISTOPHE   COMMERCIAL
443679012 LEBIHEN      COMMERCIAL
311549902 BALCONNET    EXPEDITEUR
442346889 DESMARTIN    EXPEDITEUR
213764555 STEPANIAN    EXPEDITEUR
313782439 CHASSEUR     EXPEDITEUR
443679012 LEBIHEN      EXPEDITEUR
311549902 BALCONNET    EXPEDITEUR
442346889 DESMARTIN    EXPEDITEUR
213764555 STEPANIAN    EXPEDITEUR
313782439 CHASSEUR     EXPEDITEUR
220984332 CHRISTOPHE   EXPEDITEUR

30 lignes sélectionnées.
```

Vous souhaitez certainement savoir pourquoi 30 lignes ont été extraites, alors qu'il n'existe que 6 lignes dans chaque table. Pour chaque enregistrement de la table EMPLOYES_TBL, il existe un enregistrement correspondant dans la table EMPLOYES_PAIE_TBL. Comme la non égalité a été testée dans la jointure des deux tables, chaque ligne de la première table est couplée à toutes les lignes de la seconde table, sauf pour sa propre ligne. Cela signifie que chacune des 6 lignes est couplée à 5 lignes non liées de la seconde table ; 6 × 5 lignes égalent 30 lignes au total.

Dans le test d'égalité de la section précédente, les six lignes de la première table étaient couplées avec seulement une ligne de la seconde table (chaque ligne avec sa ligne correspondante) ; six lignes multipliées par une ligne renvoient à un total de 6 lignes.

> Lors de l'utilisation de la jointure EQUIJOINS, il est possible d'obtenir un grand nombre de lignes de données sans intérêt. Vérifiez attentivement vos résultats.

### Jointures externes (OUTER JOIN)

Les jointures externes OUTER JOIN sont employées pour retourner toutes les lignes d'une table, même si celles-ci ne possèdent pas de correspondance dans la table jointe. Le signe (+) désigne une jointure OUTER JOIN dans une requête. Il est placé dans la clause WHERE à la fin du nom de la table qui ne possède pas de lignes de correspondance. Dans de nombreuses implémentations, la jointure externe OUTER JOIN s'éclate en plusieurs jointures appelées LEFT OUTER JOIN (jointure externe gauche), RIGHT OUTER JOIN (jointure externe droite) et FULL OUTER JOIN (jointure externe gauche-droite). Dans ce type d'implémentation, la jointure OUTER JOIN est optionnelle.

> Reportez-vous aux spécificités de votre implémentation pour connaître l'utilisation et la syntaxe exactes de la jointure OUTER JOIN. Le signe (+) est utilisé par la grande majorité des implémentations, mais ce n'est pas un standard.

Voici la syntaxe la plus courante :

```
FROM TABLE1
{RIGHT ¦ LEFT ¦ FULL} [OUTER] JOIN
ON TABLE2
```

La syntaxe sous Oracle est :

```
FROM TABLE1, TABLE2 [, TABLE3 ]
WHERE TABLE1.NOM_COLONNE[(+)] =
TABLE2.NOM_COLONNE[(+)]
[ AND TABLE1.NOM_COLONNE[(+)] =
TABLE3.NOM_COLONNE[(+)]]
```

# Requêtes de jointure de tables

> **La jointure OUTER JOIN ne s'utilise que d'un seul côté d'une condition de jointure. Toutefois, il est possible de l'utiliser avec plusieurs colonnes de la même table dans une condition de jointure.**

Les deux prochains exemples expliquent le concept de la jointure externe OUTER JOIN. Dans le premier exemple, la description du produit et la quantité commandée sont sélectionnées. Les deux valeurs sont issues de deux tables distinctes. Il est important de garder à l'esprit que chaque produit de la table COMMANDES _TBL ne possède pas obligatoirement d'enregistrement correspondant. On utilise une jointure classique d'égalité :

```
SELECT PR.DESC_PROD, CDE.QTE
FROM PRODUITS_TBL PR,
     COMMANDES_TBL CDE
WHERE PR.ID_PROD = CDE.ID_PROD;
DESC_PROD                           QTE
--------------------------------    ---
COSTUME SORCIERE                      1
POUPEE PLASTIQUE 18 CM               25
POUPEE PLASTIQUE 18 CM                2
LAMPION                              10
FAUSSES DENTS PARAFFINE              20
CHAINE AVEC CLE                       1

6 lignes sélectionnées.
```

Seules 6 lignes ont été sélectionnées alors qu'il existe 10 produits différents. Vous souhaitez afficher tous les produits, dans l'ordre ou dans le désordre.

Le résultat escompté est obtenu grâce à la jointure OUTER JOIN. On utilise ici la syntaxe Oracle.

```
SELECT PR.DESC_PROD, CDE.QTE
FROM PRODUITS_TBL PR,
     COMMANDES_TBL CDE
WHERE PR.ID_PROD = CDE.ID_PROD(+);
DESC_PROD                           QTE
```

```
..................................  ...
COSTUME SORCIERE                     1
ASSORTIMENT DE MASQUE
FAUSSES DENTS PARAFFINE             20
COSTUMES ASSORTIS
POUPEE PLASTIQUE 18 CM              25
POUPEE PLASTIQUE 18 CM               2
BONBON POTIRON
ARAIGNEE PLASTIQUE
POP CORN CARAMEL
LAMPION                             10
CHAINE AVEC CLE                      1
ETAGERE CHENE

12 lignes sélectionnées.
```

Tous les produits sont retournés par la requête, même ceux dont le champ QTE commandée est vide. La jointure externe inclut toutes les lignes de données de la table PRODUITS_TBL, qu'il existe ou non de ligne correspondante dans la table COMMANDES_TBL.

### Jointures réflexives ou autojointures

La jointure réflexive SELF JOIN s'utilise pour joindre une table à elle-même, comme s'il existait deux tables en une et en renommant provisoirement au moins une table dans l'instruction SQL. En voici la syntaxe :

```
SELECT A.NOM_COLONNE, B.NOM_COLONNE, [
C.NOM_COLONNE ]
FROM TABLE1 A, TABLE1 B [, TABLE1 C ]
WHERE A.NOM_COLONNE = B.NOM_COLONNE
[ AND A.NOM_COLONNE = C.NOM_COLONNE ]
```

En voici un exemple :

```
SELECT A.NOM, B.NOM, A.PRENOM
FROM EMPLOYES_TBL A,
     EMPLOYES_TBL B
WHERE A.NOM = B.NOM;
```

# Requêtes de jointure de tables

L'instruction SQL précédente retourne les prénoms de tous les employés possédant le même nom de famille dans la table EMPLOYES_TBL. Les jointures réflexives sont utiles lorsque toutes les données que vous souhaitez extraire résident dans une seule table, mais qu'il vous faut d'une manière ou d'une autre comparer des enregistrements à d'autres enregistrements de la même table.

Voici un exemple classique de jointure réflexive. Supposons que vous disposiez d'une table qui stocke les numéros d'identification des employés, leurs noms ainsi que le numéro d'identification de leur responsable. Vous souhaitez obtenir la liste de tous les employés, mais avec le nom de leur responsable. Le problème est que cette information n'existe pas dans la table. Vous ne disposez que du nom de l'employé.

```
SELECT * FROM EMP_TBL;

ID_EMP   NOM_EMP      ID_RESP
-------  ---------    ---------
1        JEAN         0
2        MARIE        1
3        STEPHANE     1
4        JACQUES      2
5        SOPHIE       2
```

Dans l'exemple qui suit, nous avons inclus deux fois la table EMP_TBL dans la clause FROM, lui donnant ainsi deux alias pour les besoins de la requête. Ce faisant, c'est comme si vous effectuiez une sélection dans deux tables distinctes. Tous les responsables sont également des employés, c'est pourquoi la condition de jointure entre les deux tables compare la valeur du numéro d'identification de l'employé de la première table à celle du responsable dans la deuxième table. La première table officie en tant que table de stockage des informations sur les employés, tandis que la seconde stocke les informations sur les responsables :

```
SELECT E1.NOM_EMP, E2.NOM_RESP
FROM EMP_TBL E1, EMP_TBL E2
```

```
WHERE E1.ID_RESP = E2.ID_EMP;

NOM_EMP        NOM_RESP
----------     ----------
MARIE          JEAN
STEPHANE       JEAN
JACQUES        MARIE
SOPHIE         MARIE
```

### Joindre sur plusieurs clés

La plupart des opérations de jointure impliquent la fusion des données en fonction de la clé d'une table et de celle d'une autre table. En fonction de la conception de votre base de données, vous aurez peut-être à joindre plusieurs champs de clés pour représenter précisément ces données dans votre base. Vous aurez peut-être à construire une table dont la clé primaire est composée de plusieurs colonnes. Il vous faudra également posséder une clé extérieure composée de plusieurs colonnes référençant la clé primaire à plusieurs colonnes.

Observez les tables suivantes utilisées ici à titre d'exemple :

```
SQL> desc_prod
Nom                                    Null?      Type
-------------------------------------  ---------
---------------
NUM_SERIE                              NOT NULL
NUMBER(10)
NUM_VENDEUR                            NOT NULL
NUMBER(10)
NOM_PROD                               NOT NULL
VARCHAR2(30)
PRIX                                   NOT NULL
NUMBER(8,2)

SQL> desc_cde
Nom                                    Null?      Type
-------------------------------------  ---------
----------------------------
```

```
NUM_CDE                                    NOT NULL
NUMBER(10)
NUM_PROD                                   NOT NULL
NUMBER(10)
NUM_VENDEUR                                NOT NULL
NUMBER(10)
QTE                                        NOT NULL
NUMBER(5)
DATE_CDE                                   NOT NULL    DATE
```

La clé primaire de la table PRODUIT est une combinaison des champs NUM_SERIE et NUM_VENDEUR. Dans cette société de distribution, deux produits peuvent posséder le même numéro de série, mais chaque numéro de série est propre à chaque vendeur.

La clé extérieure de la table COMMANDES est également la combinaison des champs NUM_SERIE et NUM_VENDEUR.

Lorsque vous sélectionnez des données dans les deux tables (PROD et CDE), l'opération de jointure peut prendre la forme suivante :

```
SELECT PR.NOM_PRODUIT, CDE.DATE_CDE, CDE.QTE
FROM PRODUIT PR, COMMANDE CDE
WHERE PR.NUM_SERIE = CDE.NUM_SERIE
  AND PR.NUM_VENDEUR = CDE.NUM_VENDEUR;
```

## A propos des jointures

Avant d'utiliser les jointures, il est nécessaire de considérer plusieurs éléments, comme par exemple le type de colonnes à joindre, l'existence d'une colonne commune qu'il est possible de joindre, ainsi que les problèmes de performance.

*Voir Chapitre 18, pour plus d'informations sur les problèmes de performance.*

## SQL

### Utiliser la table principale (BASE TABLE)

Que peut-on joindre ? En supposant que vous deviez extraire des données de deux tables ne possédant pas de champ commun à joindre, il est nécessaire d'utiliser une autre table avec un ou plusieurs champs communs aux deux tables pouvant être joints. Cette table devient la table principale : BASE TABLE. Une table principale sert à joindre une ou plusieurs tables possédant des champs communs, ou des tables sans champs communs. Les trois prochaines tables illustrent la notion de table principale :

**CLIENTS_TBL**

| | | | |
|---|---|---|---|
| ID_CLIENT | VARCHAR2(10) | NOT NULL | CLE PRIMAIRE |
| NOM_CLIENT | VARCHAR2(30) | NOT NULL | |
| ADRESSE_CLIENT | VARCHAR2(20) | NOT NULL | |
| VILLE_CLIENT | VARCHAR2(15) | NOT NULL | |
| CODE_POSTAL | NUMBER(5) | NOT NULL | |
| TEL | NUMBER(10) | | |
| TELECOPIE | NUMBER(10) | | |

**COMMANDES_TBL**

| | | | |
|---|---|---|---|
| NUM_CDE | VARCHAR2(10) | NOT NULL | CLE PRIMAIRE |
| ID_CLIENT | VARCHAR2(10) | NOT NULL | |
| ID_PROD | VARCHAR2(10) | NOT NULL | |
| QTE | NUMBER(6) | NOT NULL | |
| DATE_CDE | DATE | | |

## Requêtes de jointure de tables

**PRODUITS_TBL**

| | | | |
|---|---|---|---|
| ID_PROD | VARCHAR2(10) | NOT NULL | CLE PRIMAIRE |
| DESC_PROD | VARCHAR2(40) | NOT NULL | |
| PRIX | NUMBER(6,2) | NOT NULL | |

Vous devez faire appel aux tables CLIENT_TBL et PRODUITS_TBL. Elles ne possèdent pas de champs communs permettant de les joindre. Observez maintenant la table COMMANDES_TBL. Le champ ID_CLIENT peut être joint à celui de la table CLIENTS_TBL. La table PRODUITS_TBL contient un champ ID_PROD qui existe également dans la table COMMANDES_TBL. Voici les conditions et résultats de la jointure :

```
SELECT CL.NOM_CLIENT, PR.DESC_PROD
FROM CLIENTS_TBL CL,
     PRODUITS_TBL PR,
     COMMANDES_TBL CDE
WHERE CL.ID_CLIENT = CDE.ID_CLIENT
  AND PR.ID_PROD = CDE.ID_PROD;
NOM_CLIENT                      DESC_PROD
-------------------------------  ------------------------
BRASSERIE DU PECHEUR             COSTUME SORCIERE
LE FIL DU RASOIR                 POUPEE PLASTIQUE
                                 18 CM
SOLUTIONS INFORMATIQUES          POUPEE PLASTIQUE
                                 18 CM
POUPEES DECORATION               LAMPION
LA MAIN TENDUE                   FAUSSES DENTS
                                 PARAFFINE
BAUGER BIOTECHNIQUE              CHAINE AVEC CLE

6 lignes sélectionnées.
```

# SQL

> **Remarquez l'utilisation des alias de table dans les colonnes de la clause WHERE.**

### Le produit cartésien

Le *produit cartésien* est le résultat d'une jointure CARTESIAN JOIN ou d'une "non jointure". Si vous sélectionnez des données dans deux ou plusieurs tables sans faire appel à JOIN pour les joindre, le résultat renvoie toutes les lignes possibles issues de toutes les tables sélectionnées. Si vos tables sont très grandes, cela peut donner des centaines de milliers, voire des millions de lignes. Lors de l'extraction de données dans deux ou plusieurs tables, l'utilisation de la clause WHERE est fortement recommandée dans les instructions SQL. Le produit cartésien est également connu sous le nom de *jointure croisée (cross join)*.

En voici la syntaxe :

```
FROM TABLE1, TABLE2 [, TABLE3 ]
WHERE TABLE1, TABLE2 [, TABLE3 ]
```

Le prochain exemple illustre une jointure croisée et par-là même, le redoutable produit cartésien :

```
SELECT E.ID_EMP, E.NOM, EP.POSTE
FROM EMPLOYES_TBL E,
    EMPLOYES_PAIE_TBL EP;
ID_EMP     NOM        POSTE
--------   --------   ---------------
311549902  BALCONNET  MARKETING
442346889  DESMARTIN  MARKETING
213764555  STEPANIAN  MARKETING
313782439  CHASSEUR   MARKETING
220984332  CHRISTOPHE MARKETING
443679012  LEBIHEN    MARKETING
311549902  BALCONNET  CHEF EQUIPE
442346889  DESMARTIN  CHEF EQUIPE
```

# Requêtes de jointure de tables

```
213764555 STEPANIAN  CHEF EQUIPE
313782439 CHASSEUR   CHEF EQUIPE
220984332 CHRISTOPHE CHEF EQUIPE
443679012 LEBIHEN    CHEF EQUIPE
311549902 BALCONNET  DIRECTEUR VENTES
442346889 DESMARTIN  DIRECTEUR VENTES
213764555 STEPANIAN  DIRECTEUR VENTES
313782439 CHASSEUR   DIRECTEUR VENTES
220984332 CHRISTOPHE DIRECTEUR VENTES
443679012 LEBIHEN    DIRECTEUR VENTES
311549902 BALCONET   COMMERCIAL
442346889 DESMARTIN  COMMERCIAL
213764555 STEPANIAN  COMMERCIAL
313782439 CHASSEUR   COMMERCIAL
220984332 CHRISTOPHE COMMERCIAL
443679012 LEBIHEN    COMMERCIAL
311549902 BALCONNET  EXPEDITEUR
442346889 DESMARTIN  EXPEDITEUR
213764555 STEPANIAN  EXPEDITEUR
313782439 CHASSEUR   EXPEDITEUR
220984332 CHRISTOPHE EXPEDITEUR
443679012 LEBIHEN    EXPEDITEUR
311549902 BALCONNET  EXPEDITEUR
442346889 DESMARTIN  EXPEDITEUR
213764555 STEPANIAN  EXPEDITEUR
313782439 CHASSEUR   EXPEDITEUR
220984332 CHRISTOPHE EXPEDITEUR
443679012 LEBIHEN    EXPEDITEUR

36 lignes sélectionnées.
```

Les données sont issues de deux tables distinctes, car aucune opération de jointure JOIN n'est appliquée. Puisque vous n'avez pas spécifié la manière de joindre les lignes de la première table aux lignes de la seconde table, le serveur de base de données couple chaque ligne de la première table à celle de la seconde. Comme les tables possèdent chacune 6 lignes de données, on obtient un résultat de 36 lignes ($6 \times 6$).

## SQL

Pour comprendre pleinement l'origine du produit cartésien, observez l'exemple qui suit :

```
SQL> SELECT X FROM TABLE1;
X
-
A
B
C
D

4 lignes sélectionnées.

SQL> SELECT X FROM TABLE2;
X
-
A
B
C
D

4 lignes sélectionnées.

SQL> SELECT TABLE1.X, TABLE2.X
  2* FROM TABLE1, TABLE2;
X X
- -
A A
B A
C A
D A
A B
B B
C B
D B
A C
B C
C C
D C
A D
B D
```

C D
D D

16 lignes sélectionnées.

> **Veillez à toujours joindre toutes les tables de la requête. Si deux tables n'ont pas été jointes et qu'elles contiennent chacune 1 000 lignes de données, le résultat du produit cartésien correspondra à 1 000 × 1 000, soit 1 000 000 de lignes de données.**

# Chapitre 14

# Définition de données inconnues avec les sous-requêtes

## Au sommaire de ce chapitre

- Définition d'une sous-requête
- Incorporation d'une sous-requête dans une sous-requête

Ce chapitre vous montre comment utiliser les sous-requêtes pour optimiser les résultats retournés par vos requêtes.

## Définition d'une sous-requête

Une sous-requête, également appelée requête imbriquée, est une requête incorporée dans la clause WHERE d'une autre requête pour limiter davantage les données retournées. La sous-requête retourne un jeu de résultats que la requête principale utilise comme condition pour limiter encore le jeu final. Les sous-requêtes sont employées avec les instructions SELECT, INSERT, UPDATE et DELETE.

Dans certains cas, on utilise une sous-requête en lieu et place d'une opération de jointure en liant indirectement les données de plusieurs tables selon une ou plusieurs conditions. La sous-requête est résolue avant la requête, puis cette dernière est résolue en fonction de la ou des conditions résolues par la sous-requête. Le résultat intermédiaire sert au traitement de la clause WHERE de la requête principale. La sous-requête peut être placée dans la clause WHERE ou dans la clause HAVING de la requête principale. Vous pouvez faire appel aux opérateurs logiques et relationnels, comme =, >, <, <>, IN, NOT IN, AND, OR, etc., dans la sous-requête ainsi que pour évaluer une sous-requête au sein de la clause WHERE ou HAVING.

> **Les règles standards qui s'appliquent aux requêtes concernent aussi les sous-requêtes. Dans une sous-requête, vous pouvez faire appel aux opérations de jointure, aux conversions et autres options.**

Voici quelques règles l'utilisation des sous-requêtes :

- Les sous-requêtes doivent être placées entre parenthèses.

- Une sous-requête ne peut déclarer qu'une seule colonne dans sa clause SELECT, à moins que la requête principale ne contienne plusieurs colonnes à mettre en comparaison avec celles de la sous-requête.

- La fonction ORDER BY ne peut pas figurer dans une sous-requête, bien que cela soit possible dans la requête principale. Dans une sous-requête, vous pouvez obtenir le même résultat avec la fonction GROUP BY.

# Définition de données inconnues avec les sous-requêtes

- Les sous-requêtes qui retournent plusieurs lignes ne peuvent être employées qu'avec des opérateurs à valeurs multiples, comme l'opérateur IN.

- La liste que déclare SELECT ne peut inclure aucune référence à des valeurs évaluées à BLOB, ARRAY, CLOB ou NCLOB.

- Une sous-requête ne peut pas être immédiatement insérée dans une fonction définie.

- L'opérateur BETWEEN ne peut pas être employé avec une sous-requête. Il peut, cependant, être utilisé dans la sous-requête.

Voici la syntaxe de base d'une sous-requête :

```
SELECT NOM_COLONNE
FROM TABLE
WHERE NOM_COLONNE = (SELECT NOM_COLONNE
                    FROM TABLE
                    WHERE CONDITIONS);
```

> **Notez l'utilisation de l'indentation dans nos exemples pour en simplifier la lecture. Vous aurez remarqué que plus les instructions sont claires, plus il est simple de retrouver les erreurs de syntaxe.**

Les exemples suivants montrent s'il est possible ou pas d'utiliser l'opérateur BETWEEN dans une sous-requête :

Voici un exemple d'utilisation correcte de l'opérateur BETWEEN dans la sous-requête :

```
SELECT NOM_COLONNE
FROM TABLE
WHERE NOM_COLONNE OPERATEUR (SELECT NOM_COLONNE
                            FROM TABLE)
                            WHERE VALEUR BETWEEN
VALEUR)
```

Voici un exemple d'utilisation erronée de l'opérateur BETWEEN dans une sous-requête :

```
SELECT NOM_COLONNE
FROM TABLE
WHERE NOM_COLONNE BETWEEN VALEUR AND (SELECT NOM_COLONNE
                                     FROM TABLE)
```

### Sous-requêtes et instruction SELECT

En général, on utilise les sous-requêtes au sein de l'instruction SELECT, bien qu'elles puissent également intervenir dans une instruction de manipulation de données. Lorsque la sous-requête accompagne une instruction SELECT, elle récupère les données qui seront utilisées pour la résolution de la requête principale.

En voici la syntaxe :

```
SELECT NOM_COLONNE [, NOM_COLONNE ]
FROM TABLE1 [, TABLE2 ]
WHERE NOM_COLONNE OPERATEUR
                  (SELECT NOM_COLONNE [, NOM_COLONNE ]
                   FROM TABLE1 [, TABLE2 ]
                   [ WHERE ])
```

Et un exemple :

```
SELECT E.ID_EMP, E.NOM, E.PRENOM, EP.COEF_PAIE
FROM EMPLOYES_TBL E, EMPLOYES_PAIE_TBL EP
WHERE E.ID_EMP = EP.ID_EMP
AND EP.COEF_PAIE > (SELECT COEF_PAIE
                    FROM EMPLOYES_PAIE_TBL
                    WHERE ID_EMP = '313782439')
```

Cette instruction SQL retourne l'identification, le nom, le prénom et le coefficient de paie de tous les employés dont le coefficient de paie est supérieur à celui de l'employé dont l'identification est 313782439. Dans ce cas, vous ne connaissez pas nécessairement

Définition de données inconnues avec les sous-requêtes

le coefficient de paie exact de cet employé en particulier. Il n'a de l'importance que dans la mesure où il permet d'identifier les employés dont le salaire est plus élevé que celui de l'employé spécifié dans la sous-requête.

La prochaine requête sélectionne le coefficient de paie d'un employé particulier. Cette requête sert de sous-requête dans l'exemple suivant :

```
SELECT COEF_PAIE
FROM EMPLOYES_PAIE_TBL
WHERE ID_EMP = '220984332';

COEF_PAIE
---------
       11
```

1 ligne sélectionnée.

La requête précédente est utilisée comme sous-requête de la clause WHERE dans la requête suivante :

```
SELECT E.ID_EMP, E.NOM, E.PRENOM, EP.COEF_PAIE
FROM EMPLOYES_TBL E, EMPLOYES_PAIE_TBL EP
WHERE E.ID_EMP = EP.ID_EMP
  AND EP.COEF_PAIE > (SELECT COEF_PAIE
                     FROM EMPLOYES_PAIE_TBL
                     WHERE ID_EMP = '220984332');

ID_EMP      NOM       PRENOM    COEF_PAIE
---------   --------- --------- ---------
442346889   DESMARTIN JEAN          14.75
443679012   LEBIHEN   MAUD             15
```

2 lignes sélectionnées.

Le résultat de la sous-requête est 11 (voir exemple précédent), ainsi la dernière condition de la clause WHERE est évaluée par

```
AND EP.COEF_PAIE > 11
```

Vous connaissiez la valeur du coefficient de paie pour la personne donnée lorsque vous avez exécuté la requête. Cependant, la requête principale a pu comparer le coefficient de paie de chaque employé au résultat de la sous-requête.

> **Les sous-requêtes sont souvent utilisées pour poser des conditions lorsque les conditions exactes ne sont pas connues. Le salaire de l'employé 220984332 n'était pas connu, mais la sous-requête s'est chargée du travail de préparation à votre place.**

### Sous-requêtes et instruction INSERT

Les sous-requêtes peuvent être utilisées avec des instructions DML (*data manipulation language*, langage de manipulation des données). L'instruction INSERT est le premier exemple que nous étudierons. Elle insère dans une autre table les données retournées par la sous-requête. Il est possible d'appliquer des fonctions de caractères, de date ou numériques aux résultats retournés par la sous-requête.

En voici la syntaxe :

```
INSERT INTO NOM_TABLE [ COLONNE1 [, COLONNE2 ] ]
SELECT [ *¦COLONNE1 [, COLONNE2 ]
FROM TABLE1 [, TABLE2 ]
[ WHERE VALEUR OPERATEUR ]
```

Voici un exemple d'instruction INSERT avec une sous-requête :

```
INSERT INTO EMPLOYES_RICHES
SELECT E.ID_EMP, E.NOM, E.PRENOM, EP.COEF_PAIE
FROM EMPLOYES_TBL E, EMPLOYES_PAIE_TBL EP
WHERE E.ID_EMP = EP.ID_EMP
  AND EP.COEF_PAIE > (SELECT COEF_PAIE
                     FROM EMPLOYES_PAIE_TBL
                     WHERE ID_EMP = '220984332');

2 lignes créées.
```

Définition de données inconnues avec les sous-requêtes

L'instruction INSERT insère les champs ID_EMP, NOM, PRENOM et COEF_PAIE dans une table appelée EMPLOYES_RICHES pour tous les enregistrements des employés dont le coefficient de paie est supérieur à celui de l'employé dont l'identification est 220984332.

> **Pensez à faire appel aux commandes COMMIT et ROLLBACK lorsque vous faites appel à des commandes DML comme l'instruction INSERT.**

### Sous-requêtes et instruction UPDATE

L'instruction UPDATE accepte aussi les sous-requêtes. Il est possible d'actualiser une ou plusieurs colonnes d'une table par le biais d'une sous-requête accompagnant l'instruction UPDATE.

En voici la syntaxe :

```
UPDATE TABLE
SET NOM_COLONNE [ , NOM_COLONNE ] =
    (SELECT NOM_COLONNE [ , NOM_COLONNE ]
    FROM TABLE
    [ WHERE ]
```

Vous trouverez, ci-dessous, quelques exemples de l'utilisation de l'instruction UPDATE avec une sous-requête. La première requête retourne l'identification de tous les employés vivant à Paris. Quatre personnes répondent à ce critère.

```
SELECT ID_EMP
FROM EMPLOYES_TBL
WHERE VILLE = 'PARIS';

ID_EMP
---------
313268956
313782439
220984332
443679012

4 lignes sélectionnées.
```

235

Cette première requête est utilisée comme sous-requête dans l'instruction UPDATE suivante. La première requête révèle le nombre d'identifications retournées par la sous-requête. Voici l'instruction UPDATE avec la sous-requête :

```
UPDATE EMPLOYES_PAIE_TBL
SET COEF_PAIE = COEF_PAIE * 1.1
WHERE ID_EMP IN (SELECT ID_EMP
                 FROM EMPLOYES_TBL
                 WHERE VILLE = 'PARIS');
```

4 lignes actualisées.

Comme prévu, quatre lignes sont actualisées. Le point important à noter est que, contrairement à l'exemple de la première section, cette sous-requête retourne plusieurs lignes de données. Dans la mesure où cela était prévu, nous avons fait appel à l'opérateur IN en lieu et place du signe égal. Rappelez-vous que IN sert à comparer une expression aux valeurs d'une liste. Si nous avions utilisé le signe égal, une erreur aurait été retournée.

> **Veillez à utiliser l'opérateur approprié pour évaluer une sous-requête. Un opérateur de comparaison qui confronte une expression à une valeur, comme par exemple le signe égal, ne peut pas être employé pour évaluer une sous-requête qui retourne plusieurs lignes de données.**

### Sous-requêtes et instruction DELETE

La sous-requête peut également être utilisée avec l'instruction DELETE. En voici la syntaxe :

```
DELETE FROM NOM_TABLE
[ WHERE OPERATEUR [ VALEUR ]
                (SELECT NOM_COLONNE
                 FROM NOM_TABLE)
                [ WHERE ] ]
```

Définition de données inconnues avec les sous-requêtes

Dans le prochain exemple, vous supprimerez l'enregistrement 'JEAN DESMARTIN' de la table EMPLOYES_PAIE_TBL. On ne connaît pas le numéro d'identification de Jean, mais il est possible de faire appel à une sous-requête pour interroger la table EMPLOYES _TBL, qui contient les colonnes PRENOM et NOM.

```
DELETE FROM EMPLOYES_PAIE_TBL
WHERE ID_EMP = (SELECT ID_EMP
                FROM EMPLOYES_TBL
                WHERE NOM = 'DESMARTIN'
                  AND PRENOM = 'JEAN');
```

1 ligne supprimée.

> N'oubliez pas d'adjoindre la clause WHERE aux instructions UPDATE et DELETE. En son absence, toutes les lignes concernées seraient actualisées ou supprimées de la table cible.

*Voir Chapitre 5.*

## Incorporation d'une sous-requête dans une sous-requête

Il est possible d'incorporer une sous-requête dans une autre sous-requête, comme s'il s'agissait d'une requête. Lorsqu'une sous-requête est incorporée à une requête, elle est résolue en premier. De même, dans les sous-requêtes incorporées ou imbriquées, la résolution s'effectue en partant de la sous-requête du niveau le plus bas pour arriver à la requête principale.

> Consultez la documentation de votre implémentation pour connaître le nombre maximal, s'il y en a un, de sous-requêtes pouvant être incorporées à une instruction.

## SQL

Voici la syntaxe des sous-requêtes incorporées :

```
SELECT NOM_COLONNE [, NOM_COLONNE ]
FROM TABLE1 [, TABLE2 ]
WHERE NOM_COLONNE OPERATEUR
            (SELECT NOM_COLONNE
             FROM TABLE
             WHERE NOM_COLONNE OPERATEUR
             (SELECT NOM_COLONNE
              FROM TABLE
             [ WHERE NOM_COLONNE OPERATEUR VALEUR ]))
```

L'exemple suivant fait appel à deux sous-requêtes, l'une incorporée à l'autre. Il s'agit de trouver les clients qui ont passé des commandes dans lesquelles la quantité commandée multipliée par le prix unitaire est supérieure à la somme du prix de tous les articles de la table PRODUITS.

```
SELECT ID_CLIENT, NOM_CLIENT
FROM CLIENTS_TBL
WHERE ID_CLIENT IN (SELECT CDE.ID_CLIENT
                    FROM COMMANDES_TBL CDE,
PRODUITS_TBL P
                    WHERE CDE.ID_PROD = P.ID_PROD
                      AND CDE.QTE * P.PRIX >
(SELECT SUM(PRIX)
                                             FROM
PRODUITS_TBL));

ID_CLIENT   NOM_CLIENT
---------   -------------------------
12          ACADEMIE CEVENOLE DE DANSE
43          LE FIL DU RASOIR
287         POUPEES DECORATION

3 lignes sélectionnées.
```

Trois lignes répondent aux critères des deux sous-requêtes.

Les deux exemples suivants montrent le résultat de chaque sous-requête pour vous aider à comprendre comment la requête a été résolue.

```
SELECT SUM(PRIX) FROM PRODUITS_TBL;

 SUM(PRIX)
----------
    828.30

1 ligne sélectionnée.

SELECT CDE.ID_CLIENT
FROM COMMANDES_TBL CDE, PRODUITS_TBL P
WHERE CDE.ID_PROD = P.ID_PROD
  AND CDE.QTE * P.PRIX > 828.30;

ID_CLIENT
---------
43
12

2 lignes sélectionnées.
```

La requête principale (après résolution des sous-requêtes) est traitée, comme le montre l'exemple suivant, après résolution de la seconde sous-requête :

```
SELECT ID_CLIENT, NOM_CLIENT
FROM CLIENTS_TBL
WHERE ID_CLIENT IN (SELECT CDE.ID_CLIENT
                    FROM COMMANDES_TBL CDE,
PRODUITS_TBL P
                    WHERE CDE.ID_PROD = P.ID_PROD
                      AND CDE.QTE * P.PRIX >
828.30);
```

Voici la substitution de la première sous-requête :

```
SELECT ID_CLIENT, NOM_CLIENT
FROM CLIENTS_TBL
WHERE ID_CLIENT IN ('12','43');
```

Et voici le résultat final :

```
ID_CLIENT   NOM_CLIENT
---------   ------------------

43          LE FIL DU RASOIR
12          ACADEMIE CEVENOLE DE DANSE

2 lignes sélectionnées.
```

> ⚠️ L'utilisation de plusieurs sous-requêtes engendre des temps de réponse plus longs et peut réduire la précision des résultats du fait des erreurs dans le codage de l'instruction.

### Sous-requêtes corrélées

Les *sous-requêtes corrélées* se retrouvent dans de nombreuses implémentations SQL. Ce concept est traité comme une rubrique SQL du standard ANSI et nous l'aborderons rapidement dans ce chapitre. Une sous-requête corrélée est une sous-requête qui dépend d'informations se trouvant dans la requête principale.

Dans l'exemple suivant, la jointure entre les tables CLIENTS_TBL et COMMANDES_TBL de la sous-requête dépend de l'alias CLIENTS_TBL (CL) déclaré dans la requête principale. Cette requête retourne le nom de tous les clients ayant commandé plus de dix unités d'un ou plusieurs produits.

```sql
SELECT CL.NOM_CLIENT
FROM CLIENTS_TBL CL
WHERE 10 < (SELECT SUM(CDE.QTE)
            FROM COMMANDES_TBL CDE
            WHERE CDE.ID_CLIENT = CL.ID_CLIENT);

NOM_CLIENT
------------------
ACADEMIE CEVENOLE DE DANSE
```

LA MAIN TENDUE
LE FIL DU RASOIR

3 lignes sélectionnées.

> **Dans le cas d'une sous-requête corrélée, il est indispensable de référencer la table dans la requête principale pour pouvoir résoudre la sous-requête.**

Dans la prochaine instruction, la sous-requête a été légèrement modifiée pour retourner la quantité totale commandée par chaque client, afin de vérifier le résultat précédent.

```
SELECT CL.NOM_CLIENT, SUM(CDE.QTE)
FROM CLIENTS_TBL CL,
     COMMANDES_TBL CDE
WHERE CL.ID_CLIENT = CDE.ID_CLIENT
GROUP BY CL.NOM_CLIENT;

NOM_CLIENT                     SUM(CDE.QTE)
------------------------------ ------------
ACADEMIE CEVENOLE DE DANSE              100
BAUGER BIOTECHNIQUE                       2
BRASSERIE DU PECHEUR                      1
LA MAIN TENDUE                           20
LE FIL DU RASOIR                         25
POUPEES DECORATION                       10
SOLUTIONS INFORMATIQUES                   2
```

7 lignes sélectionnées.

La clause GROUP BY de cet exemple est nécessaire dans la mesure où une autre colonne est sélectionnée avec la fonction d'agrégation SUM. Vous obtenez ainsi la somme pour chaque client. Dans la sous-requête d'origine, la clause GROUP BY n'était pas nécessaire puisque SUM servait à calculer le total de toute la requête pour le comparer à chaque enregistrement de chaque client.

# Chapitre 15

# Les requêtes composées

## Au sommaire de ce chapitre

- Requête simple ou requêtes composées ?
- Intérêt des requêtes composées
- Collecte de données précises

Dans ce chapitre, vous apprendrez à combiner des requêtes SQL à l'aide des *opérateurs ensemblistes* UNION, UNION ALL, INTERSECT et EXCEPT. Une fois encore, vous devez vérifier votre implémentation pour identifier les éventuelles variantes d'utilisation de ces opérateurs.

# Requêtes simples ou requêtes composées ?

Une requête simple se contente d'une instruction SELECT, ce qui n'est pas le cas d'une requête composée, qui en compte au moins deux.

On associe plusieurs requêtes par le biais d'un opérateur. L'opérateur UNION des exemples suivants est employé pour combiner deux requêtes.

Voici une requête SQL simple :

```
SELECT ID_EMP, SALAIRE, COEF_PAIE
FROM EMPLOYES_PAIE_TBL
WHERE SALAIRE IS NOT NULL OR
COEF_PAIE IS NOT NULL;
```

Voici la même instruction faisant appel à l'opérateur UNION :

```
SELECT ID_EMP, SALAIRE
FROM EMPLOYES_PAIE_TBL
WHERE SALAIRE IS NOT NULL
UNION
SELECT ID_EMP, COEF_PAIE
FROM EMPLOYES_PAIE_TBL
WHERE COEF_PAIE IS NOT NULL;
```

Ces deux instructions retournent des informations de rémunération des employés, qu'ils soient payés à l'heure ou au mois.

> Si vous avez testé la deuxième syntaxe, vous avez récupéré un résultat ventilé sur deux colonnes : ID_EMP et SALAIRE. Les salaires apparaissent dans la colonne du même nom. Avec l'opérateur UNION, les en-têtes de colonnes sont déterminés par les noms de colonnes ou leurs alias déclarés dans la première instruction SELECT.

# Intérêt des requêtes composées

Les *requêtes composées* font appel à des opérateurs de combinaison pour combiner et limiter les résultats retournés par deux instructions SELECT. Ces opérateurs permettent de retourner ou d'omettre les enregistrements dupliqués. Les opérateurs de combinaison servent en fait à rassembler des données comparables stockées dans différents champs.

Les requêtes composées permettent de combiner les résultats de plusieurs requêtes au sein d'un même jeu de données. Elles sont souvent plus simples à mettre en œuvre qu'une requête simple assortie de conditions complexes. Par ailleurs, elles apportent une plus grande souplesse syntaxique.

### Opérateurs des requêtes composées

Les opérateurs ensemblistes varient en fonction du constructeur de la base de données. Le standard ANSI tient compte de UNION, UNION ALL, INTERSECT et EXCEPT. Nous allons les passer en revue dans les prochaines sections.

### L'opérateur *UNION*

L'opérateur UNION permet de combiner les résultats de deux instructions SELECT ou plus sans retourner de lignes en double exemplaire. Pour faire fonctionner l'opérateur UNION, chaque instruction SELECT doit sélectionner les mêmes colonnes, le même nombre de colonnes, le même type de données et placer le tout dans le même ordre. Seule leur longueur n'est pas nécessairement identique.

Voici un exemple de syntaxe :

```
SELECT COLONNE1 [, COLONNE2 ]
FROM TABLE1 [, TABLE2 ]
[ WHERE ]
```

# SQL

```
UNION
SELECT COLONNE1 [, COLONNE2 ]
FROM TABLE1 [, TABLE2 ]
[ WHERE ]
```

Voici un exemple :

```
SELECT ID_EMP FROM EMPLOYES_TBL
UNION
SELECT ID_EMP FROM EMPLOYES_PAIE_TBL;
```

Les employés présents dans les deux tables n'apparaissent qu'une seule fois dans le jeu de résultat.

Les exemples de ce chapitre partent d'une instruction SELECT simple en direction de deux tables :

**SELECT DESC_PROD FROM PRODUITS_TBL;**
```
DESC_PROD
---------------------
COSTUME SORCIERE
POUPEE PLASTIQUE 18 CM
FAUSSES DENTS PARAFFINE
LAMPION
COSTUMES ASSORTIS
POP CORN CARAMEL
BONBONS POTIRON
ARAIGNEE PLASTIQUE
ASSORTIMENT DE MASQUES

9 lignes sélectionnées.
```

**SELECT DESC_PROD FROM PRODUITS_TMP;**

> La table PRODUITS_TMP a été créée au cours du Chapitre 3, "Gestion des objets de base de données". Reportez-vous à ce chapitre si vous n'aviez pas conservé la table et que vous devez la recréer.

```
DESC_PROD
--------------------
COSTUME SORCIERE
```

# Les requêtes composées

```
POUPEE PLASTIQUE 18 CM
FAUSSES DENTS PARAFFINE
LAMPION
COSTUMES ASSORTIS
POP CORN CARAMEL
BONBONS POTIRON
ARAIGNEE PLASTIQUE
ASSORTIMENT DE MASQUES
CHAINE AVEC CLE
ETAGERE CHENE

11 lignes sélectionnées.
```

Combinez maintenant ces deux requêtes *via* l'opérateur UNION pour construire une requête composée :

```
SELECT DESC_PROD FROM PRODUITS_TBL
UNION
SELECT DESC_PROD FROM PRODUITS_TMP;
DESC_PROD
--------------------
ARAIGNEE PLASTIQUE
ASSORTIMENT DE MASQUES
BONBONS POTIRON
CHAINE AVEC CLE
COSTUME SORCIERE
COSTUMES ASSORTIS
ETAGERE CHENE
FAUSSES DENTS PARAFFINE
LAMPION
POP CORN CARAMEL
POUPEE PLASTIQUE 18 CM

11 lignes sélectionnées.
```

Dans la première requête, neuf lignes de données sont retournées pour deux lignes dans la deuxième. Onze lignes sont retournées lorsque l'opérateur UNION combine les deux requêtes. Si la requête composée ne retourne que 11 lignes, c'est parce qu'elle ne tient pas compte des lignes dupliquées.

L'exemple suivant illustre la combinaison de deux requêtes sans rapport entre elles :

```
SELECT DESC_PROD FROM PRODUITS_TBL
UNION
SELECT NOM FROM EMPLOYES_TBL;
DESC_PROD
-----------------------
ARAIGNEE PLASTIQUE
ASSORTIMENT DE MASQUES
BONBONS POTIRON
CHASSEUR
CHRISTOPHE
COSTUME SORCIERE
COSTUMES ASSORTIS
DESMARTIN
FAUSSES DENTS PARAFFINE
LAMPION
LEBIHEN
POP CORN CARAMEL
POUPEE PLASTIQUE 18 CM
STEPANIAN
SUGIER

15 lignes sélectionnées.
```

Les valeurs des colonnes DESC_PROD et NOM sont rassemblées et l'intitulé de colonne est celui de la première requête.

### L'opérateur *UNION ALL*

L'opérateur UNION ALL permet de combiner les résultats de deux instructions SELECT, y compris les lignes dupliquées. Les règles qui s'appliquent à cet opérateur sont les mêmes que celles qui concernent UNION. Leur fonctionnement est identique si l'on excepte le traitement des lignes de données dupliquées, que l'un retourne et l'autre pas.

Voici la syntaxe de l'opérateur UNION ALL :

```
SELECT COLONNE1 [, COLONNE2 ]
FROM TABLE1 [, TABLE2 ]
```

# Les requêtes composées

```
[ WHERE ]
UNION ALL
SELECT COLONNE1 [, COLONNE2 ]
FROM TABLE1 [, TABLE2 ]
[ WHERE ]
```

Voici un exemple :

```
SELECT ID_EMP FROM EMPLOYES_TBL
UNION ALL
SELECT ID_EMP FROM EMPLOYES_PAIE_TBL
```

L'instruction précédente retourne tous les numéros d'identification des employés existants dans les deux tables, même s'ils sont en double dans le jeu de résultats.

Voici la requête composée de l'exemple précédent, mais utilisant cette fois l'opérateur UNION ALL :

```
SELECT DESC_PROD FROM PRODUITS_TBL
UNION ALL
SELECT DESC_PROD FROM PRODUITS_TMP;
DESC_PROD
-----------------------
COSTUME SORCIERE
POUPEE PLASTIQUE 18 CM
FAUSSES DENTS PARAFFINE
LAMPION
COSTUMES ASSORTIS
POP CORN CARAMEL
BONBONS POTIRON
ARAIGNEE PLASTIQUE
ASSORTIMENT DE MASQUES
COSTUME SORCIERE
POUPEE PLASTIQUE 18 CM
FAUSSES DENTS PARAFFINE
LAMPION
COSTUMES ASSORTIS
POP CORN CARAMEL
BONBONS POTIRON
ARAIGNEE PLASTIQUE
ASSORTIMENT DE MASQUES
```

```
CHAINE AVEC CLE
ETAGERE CHENE

20 lignes sélectionnées.
```

Remarquez que cette requête composée retourne 20 lignes (9 + 11) dans la mesure où les enregistrements dupliqués sont retournés par l'opérateur UNION ALL.

### L'opérateur *INTERSECT*

L'opérateur INTERSECT permet de combiner deux instructions SELECT, mais ne retourne que les lignes produites par la première instruction qui sont identiques à une ligne de la seconde. Les règles applicables à l'opérateur UNION concernent également INTERSECT.

En voici la syntaxe :

```
SELECT COLONNE1 [, COLONNE2 ]
FROM TABLE1 [, TABLE2 ]
[ WHERE ]
INTERSECT
SELECT COLONNE1 [, COLONNE2 ]
FROM TABLE1 [, TABLE2 ]
[ WHERE ]
```

Voici un exemple :

```
SELECT ID_CLIENT FROM CLIENTS_TBL
INTERSECT
SELECT ID_CLIENT FROM COMMANDES_TBL;
```

Cette instruction retourne les références des clients qui ont passé une commande.

Le prochain exemple illustre l'utilisation de l'opérateur INTERSECT dans les deux requêtes du premier exemple de ce chapitre :

```
SELECT DESC_PROD FROM PRODUITS_TBL
INTERSECT
SELECT DESC_PROD FROM PRODUITS_TMP;
```

## Les requêtes composées

```
DESC_PROD
----------------------
ARAIGNEE PLASTIQUE
ASSORTIMENT DE MASQUES
BONBONS POTIRON
COSTUME SORCIERE
COSTUMES ASSORTIS
FAUSSES DENTS PARAFFINE
LAMPION
POP CORN CARAMEL
POUPEE PLASTIQUE 18 CM

9 lignes sélectionnées.
```

Seules neuf lignes sont sélectionnées : ce sont celles qui se retrouvent à la fois dans les résultats des deux requêtes.

### L'opérateur *EXCEPT*

L'opérateur EXCEPT combine deux instructions SELECT et retourne les lignes de la première instruction qui ne sont pas retournées par la deuxième instruction. Une fois encore, les règles applicables à l'opérateur UNION concernent aussi cet opérateur.

En voici la syntaxe :

```
SELECT COLONNE1 [, COLONNE2 ]
FROM TABLE1 [, TABLE2 ]
[ WHERE ]
EXCEPT
SELECT COLONNE1 [, COLONNE2 ]
FROM TABLE1 [, TABLE2 ]
[ WHERE ]
```

Etudiez l'exemple suivant :

```
SELECT NOM_CLIENT FROM CLIENTS_TBL
EXCEPT
SELECT ID_CLIENT FROM COMMANDES_TBL;
ID_CLIENT
----------------------
109
```

```
345
333
21
288
590
610
221

8 lignes sélectionnées.
```

Selon ce résultat, 8 lignes ont été retournées, correspondant aux références des clients qui n'ont pas passé de commande. Il s'agit des données retournées par la première requête, mais pas par la seconde.

> L'opérateur EXCEPT se nomme MINUS dans certaines implémentations. Vérifiez votre implémentation pour connaître le nom de l'opérateur qui exécute cette fonction.

```
SELECT NOM_CLIENT FROM CLIENTS_TBL
MINUS
SELECT ID_CLIENT FROM COMMANDES_TBL;
ID_CLIENT
---------------------
109
345
333
21
288
590
610
221

8 lignes sélectionnées.
```

### Utiliser une clause ORDER BY dans une requête composée

La clause ORDER BY peut être associée à une requête composée. Toutefois, celle-ci ne sert qu'à classer les résultats des deux

## Les requêtes composées

requêtes. Par conséquent, une requête composée ne peut inclure qu'une seule clause ORDER BY, même si celle-ci déclare plusieurs instructions SELECT. La clause ORDER BY doit référencer les colonnes à ordonner par le biais d'un alias ou par le numéro d'ordre de la colonne.

En voici la syntaxe :

```
SELECT COLONNE1 [, COLONNE2 ]
FROM TABLE1 [, TABLE2 ]
[ WHERE ]
OPERATOR{UNION ¦ EXCEPT ¦ INTERSECT ¦ UNION ALL}
SELECT COLONNE1 [, COLONNE2 ]
FROM TABLE1 [, TABLE2 ]
[ WHERE ]
[ ORDER BY ]
```

Examinez l'exemple suivant :

```
SELECT ID_EMP FROM EMPLOYES_TBL
UNION
SELECT ID_EMP FROM EMPLOYES_PAIE_TBL
ORDER BY 1;
```

Les résultats de la requête composée sont triés selon la première colonne de chaque requête. Les enregistrements dupliqués sont facilement identifiés par le tri des résultats produits par les requêtes composées.

> La colonne déclarée dans la clause ORDER BY est référencée par le numéro 1 en lieu et place du véritable nom de la colonne.

L'instruction SQL précédente retourne les numéros d'identification des employés des tables EMPLOYES_TBL et EMPLOYES_PAIE_TBL sans retourner d'enregistrements dupliqués et en classant le jeu de résultats par le numéro d'employé.

# SQL

Le prochain exemple illustre l'emploi de la clause ORDER BY dans une requête composée. Le nom de la colonne peut être déclaré dans la clause si la colonne concernée par le tri possède le même nom dans toutes les requêtes de la requête composée.

```
SELECT DESC_PROD FROM PRODUITS_TBL
UNION
SELECT DESC_PROD FROM PRODUITS_TMP
ORDER BY DESC_PROD;
DESC_PROD
----------------------
ARAIGNEE PLASTIQUE
ASSORTIMENT DE MASQUES
BONBONS POTIRON
CHAINE AVEC CLE
COSTUME SORCIERE
COSTUMES ASSORTIS
ETAGERE CHENE
FAUSSES DENTS PARAFFINE
LAMPION
POP CORN CARAMEL
POUPEE PLASTIQUE 18 CM

11 lignes sélectionnées.
```

La prochaine requête utilise une valeur numérique en lieu et place du nom de la colonne au sein de la clause ORDER BY :

```
SELECT DESC_PROD FROM PRODUITS_TBL
UNION
SELECT DESC_PROD FROM PRODUITS_TMP
ORDER BY 1;
DESC_PROD
----------------------
ARAIGNEE PLASTIQUE
ASSORTIMENT DE MASQUES
BONBONS POTIRON
CHAINE AVEC CLE
COSTUME SORCIERE
COSTUMES ASSORTIS
ETAGERE CHENE
```

```
FAUSSES DENTS PARAFFINE
LAMPION
POP CORN CARAMEL
POUPEE PLASTIQUE 18 CM

11 lignes sélectionnées.
```

## Utiliser une clause GROUP BY dans une requête composée

A la différence de la clause ORDER BY, la clause GROUP BY peut être associée à chaque instruction SELECT d'une requête composée, ce qui n'empêche pas de la placer également à la suite de toutes les requêtes de la requête composée. En outre, la clause HAVING (parfois associée à GROUP BY) peut intervenir au sein de chaque instruction SELECT d'une requête composée.

En voici la syntaxe :

```
SELECT COLONNE1 [, COLONNE2 ]
FROM TABLE1 [, TABLE2 ]
[ WHERE ]
[ GROUP BY ]
[ HAVING ]
OPERATOR {UNION ¦ EXCEPT ¦ INTERSECT ¦ UNION ALL}
SELECT COLONNE1 [, COLONNE2 ]
FROM TABLE1 [, TABLE2 ]
[ WHERE ]
[ GROUP BY ]
[ HAVING ]
[ ORDER BY ]
```

Dans le prochain exemple, vous allez sélectionner une chaîne littérale pour représenter des enregistrements clients, employés et produits. Chaque requête consiste à simplement compter tous les enregistrements de chaque table concernée par une requête. La clause GROUP BY sert à regrouper les résultats de l'état selon la valeur numérique 1, qui représente la première colonne de chaque requête.

```
SELECT 'CLIENTS' TYPE, COUNT(*)
```

```
FROM CLIENTS_TBL
UNION
SELECT 'EMPLOYES' TYPE, COUNT(*)
FROM EMPLOYES_TBL
UNION
SELECT 'PRODUITS' TYPE, COUNT(*)
FROM PRODUITS_TBL
GROUP BY 1;
TYPE         COUNT(*)
----------   --------
CLIENTS           15
EMPLOYES           6
PRODUITS           9

3 lignes sélectionnées.
```

La prochaine requête ajoute à la précédente la clause ORDER BY.

```
SELECT 'CLIENTS' TYPE, COUNT(*)
FROM CLIENTS_TBL
UNION
SELECT 'EMPLOYES' TYPE, COUNT(*)
FROM EMPLOYES_TBL
UNION
SELECT 'PRODUITS' TYPE, COUNT(*)
FROM PRODUITS_TBL
GROUP BY 1
ORDER BY 2;
TYPE         COUNT(*)
----------   --------
EMPLOYES           6
PRODUITS           9
CLIENTS           15

3 lignes sélectionnées.
```

Le tri s'effectue sur la colonne 2 qui est celle du comptage du nombre d'enregistrements de chaque table. Par conséquent, le résultat final est trié du total le plus petit au total le plus grand.

## Collecte de données précises

Soyez attentif à l'utilisation des opérateurs ensemblistes. Vous risquez de récupérer des résultats faux ou incomplets si vous utilisez l'opérateur INTERSECT avec une première instruction SELECT mal construite. En outre, vous devez savoir si vous souhaitez récupérer ou pas les doublons avant d'opter pour UNION ou UNION ALL. En ce qui concerne EXCEPT, vous êtes-vous posé la question de savoir si en réalité, vous aviez besoin de récupérer des lignes qui n'étaient pas retournées par la deuxième requête ? Comme vous pouvez le constater, le choix de l'opérateur et l'ordre des requêtes sont deux points importants à prendre en considération pour récupérer précisément les données recherchées.

**Le fait de récupérer des données incomplètes revient à récupérer des données fausses.**

# Chapitre 16

# Optimisation des performances avec les index

### Au sommaire de ce chapitre

- Définition d'un index
- Fonctionnement des index
- La commande CREATE INDEX
- Types d'index
- Pourquoi indexer ?
- Quand éviter les index ?
- Suppression des index

Au cours de ce chapitre, vous apprendrez à optimiser les performances de vos instructions SQL en créant et en exploitant des index.

Vous découvrirez d'abord la commande CREATE INDEX et apprendrez ensuite à utiliser les index créés dans les tables.

## Définition d'un index

Un *index* est un ensemble de pointeurs vers les données d'une table. Il ressemble à celui d'un livre. Pour retrouver toutes les pages d'un livre traitant d'un sujet particulier, vous commencez par consulter l'index, qui liste tous les sujets par ordre alphabétique, puis vous vous reportez aux numéros de pages référencés. L'index d'une base de données fonctionne de manière comparable, dans la mesure où les requêtes pointent vers l'emplacement physique exact des données d'une table. En réalité, vous êtes dirigé vers l'emplacement des données dans un fichier sous-jacent de la base de données, mais en ce qui vous concerne, vous vous référez à une table.

Pour retrouver une information, qu'y a-t-il de plus rapide : feuilleter le livre page par page ou consulter l'index pour retrouver le numéro d'une page ? Bien sûr, l'index est la méthode la plus efficace, et, plus le livre est volumineux, plus vous gagnerez de temps. Si le livre ne fait que quelques pages, il sera peut-être plus rapide de tourner quelques pages plutôt que de passer plusieurs fois de l'index au contenu. Lorsqu'il n'y a pas d'index dans une base de données, celle-ci effectue ce que l'on nomme un balayage complet de la table, ce qui revient à tourner toutes les pages d'un livre.

*Pour plus d'informations sur le balayage complet des tables, voir Chapitre 17.*

L'index est stocké séparément de la table pour laquelle il a été créé. Son principal objectif est d'améliorer les performances de la recherche de données. Le fait de créer ou de supprimer un index n'affecte pas les données. Cependant, les performances souffrent de l'absence d'indexation. Par ailleurs, il faut savoir que l'espace physique occupé par un index est équivalent, voire supérieur à celui de la table elle-même.

## Fonctionnement des index

L'index enregistre l'emplacement des valeurs associées à la colonne indexée. lorsque de nouvelles données sont ajoutées à la table, l'index est mis à jour automatiquement. Lorsque vous adressez une requête en spécifiant, au sein d'une clause WHERE, une condition sur une colonne indexée, l'index commence par rechercher les valeurs spécifiées dans la clause WHERE. Si celle-ci retrouve la valeur dans l'index, ce dernier retourne l'emplacement exact des données recherchées dans la table. La Figure 16.1 illustre le fonctionnement d'un index.

Supposons que vous ayez adressé la requête suivante :

```
SELECT *
FROM NOM_TABLE
WHERE NOM = 'DUPONT';
```

Comme l'illustre la Figure 16.1, on se réfère à l'index du champ NOM pour retrouver l'emplacement de tous les noms égaux à 'DUPONT'. Une fois cet emplacement déterminé, les données sont rapidement retrouvées dans la table. Les données, des noms dans ce cas, sont indexées par ordre alphabétique.

Si la table ne comporte pas d'index, la même requête est exécutée après un balayage complet de la table. Autrement dit, elle lit chaque ligne de données de la table pour retrouver les informations concernant toutes les personnes dont le nom est DUPONT.

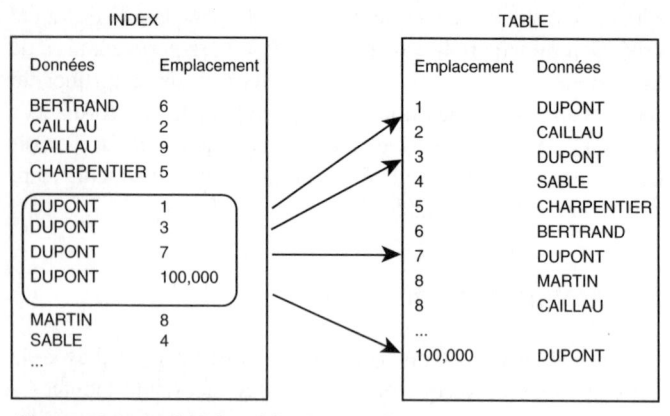

| INDEX | | | TABLE | |
|---|---|---|---|---|
| Données | Emplacement | | Emplacement | Données |
| BERTRAND | 6 | | 1 | DUPONT |
| CAILLAU | 2 | | 2 | CAILLAU |
| CAILLAU | 9 | | 3 | DUPONT |
| CHARPENTIER | 5 | | 4 | SABLE |
| DUPONT | 1 | | 5 | CHARPENTIER |
| DUPONT | 3 | | 6 | BERTRAND |
| DUPONT | 7 | | 7 | DUPONT |
| DUPONT | 100,000 | | 8 | MARTIN |
| MARTIN | 8 | | 8 | CAILLAU |
| SABLE | 4 | | ... | |
| ... | | | 100,000 | DUPONT |

**Figure 16.1 : Accès à la table *via* un index.**

## L'instruction CREATE INDEX

L'instruction CREATE INDEX, comme beaucoup d'autres, varie considérablement d'un constructeur de base de données relationnelle à l'autre. La plupart des implémentations utilisent toutefois l'instruction CREATE INDEX :

```
CREATE INDEX NOM_INDEX ON NOM_TABLE
```

C'est au niveau de la syntaxe des options de l'instruction CREATE INDEX que les différences entre les implémentations sont les plus importantes. Certaines autorisent la spécification d'une clause de stockage (comme pour l'instruction CREATE TABLE), d'ordonnancement (DESC¦¦ASC) et de regroupement. Consultez la documentation de votre implémentation pour connaître la syntaxe appropriée.

# Types d'index

Il existe différents types d'index qui peuvent être créés pour les tables d'une base de données. Ils ont tous le même objectif : optimiser les performances de la base de données en limitant le travail de recherche. Ce chapitre traite des index sur une colonne unique, des index composés et des index uniques.

> Certaines implémentations autorisent la création de l'index au moment de la création de la table. La plupart des implémentations disposent d'une commande d'indexation indépendante de la commande CREATE TABLE. Consultez votre implémentation pour connaître la syntaxe exacte de cette commande si elle est disponible.

### Index sur une colonne unique

L'indexation sur une colonne unique est la manifestation la plus courante et la plus simple des index. Comme son nom l'indique, il s'agit de créer un index basé sur une seule colonne. Voici sa syntaxe de base :

```
CREATE INDEX NOM_INDEX
ON NOM_TABLE (NOM_COLONNE)
```

Voici, par exemple, la commande qui permet d'indexer la colonne NOM de la table EMPLOYES_TBL :

```
CREATE INDEX NOM_IDX
ON EMPLOYES_TBL (NOM);
```

> Planifiez vos tables et index. Ne croyez pas que la création d'un index va résoudre tous les problèmes de performances. Il est même possible que l'index soit un inconvénient (il peut entraver les performances) et ne fasse qu'occuper de l'espace disque.

> Les index sur une colonne unique sont plus efficaces s'ils sont basés sur des colonnes très souvent employées seules comme conditions de requête dans la clause WHERE. On peut, par exemple, les exploiter avec un numéro d'identification, un numéro de série ou une clé assignée par le système.

### Index uniques

L'*index unique* ne sert pas seulement à optimiser les performances, mais aussi à garantir l'intégrité des données. Il empêche, en effet, la création de doublons dans une table. Il fonctionne comme les autres index. En voici la syntaxe :

```
CREATE UNIQUE INDEX NOM_INDEX
ON NOM_TABLE (NOM_COLONNE)
```

Pour créer un index unique à partir de la colonne NOM de la table EMPLOYES_TBL, voici la commande à employer :

```
CREATE UNIQUE INDEX NOM_IDX
ON EMPLOYES_TBL (NOM);
```

Le seul problème que pose cet index est que chaque nom de la table EMPLOYES_TBL doit être unique, ce qui est presque impossible. Ce type d'index doit donc être créé sur une colonne où chaque entrée est unique, comme c'est le cas pour les numéros de sécurité sociale.

Peut-être vous demandez-vous : "Et si l'on profitait des numéros de sécurité sociale pour en faire les clés primaires de la table ?". En général, la colonne de la clé primaire est implicitement indexée lors de sa création. Mais les entreprise préfèrent donner à chacun de leurs employés un numéro d'identification interne tout en se servant des numéros de sécurité sociale pour calculer les charges sociales. Il est donc préférable d'indexer la colonne des numéros d'identification en prenant les mesures nécessaires à ce qu'elle ne contienne pas de doublon.

Optimisation des performances avec les index

> Un index unique ne peut être créé que sur une colonne dont les valeurs sont uniques. Autrement dit, vous ne pouvez pas créer d'index unique sur une table existante avec des données qui contiennent déjà des enregistrements sur la clé d'indexation.

### Index composés

Un *index composé* indexe plusieurs colonnes d'une table. Lors d'une indexation composée, pensez aux performances. En effet, cette approche affecte de manière tangible la rapidité des recherches dans les données. En règle générale, placez la condition la plus restrictive en première position pour obtenir des performances optimales. Les colonnes qui seront toujours déclarées doivent, néanmoins, être placées en premier. Voici la syntaxe correspondante :

```
CREATE INDEX NOM_INDEX
ON NOM_TABLE (COLONNE1, COLONNE2)
```

Et un exemple :

```
CREATE INDEX COMMANDES_IDX
ON COMMANDES_TBL (ID_CLIENT, ID_PROD);
```

Dans cet exemple, vous avez créé un index composé, basé sur deux colonnes de la table COMMANDES_TBL : ID_CLIENT et ID_PROD. Vous supposez que ces deux colonnes sont souvent employées de concert comme conditions de la clause WHERE d'une requête.

> Les index composés sont plus efficaces sur des colonnes exploitées souvent ensemble comme conditions de la clause WHERE d'une requête.

### Index sur colonne unique ou index composé ?

Pour faire votre choix entre un index sur une seule colonne et un index composé, prenez en considération le nombre de colonnes que vous utilisez souvent dans la clause WHERE d'une requête comme condition de filtrage. Si vous n'exploitez qu'une colonne, choisissez un index sur une seule colonne. Si vous utilisez souvent plusieurs colonnes, optez pour un index composé.

### Index implicites

Les *index implicites* sont créés automatiquement par le serveur de base de données lors de la création d'un objet. La base de données crée automatiquement des index pour les contraintes sur la clé primaire et les contraintes uniques. Pour quelle raison ces index sont-ils créés automatiquement ? Imaginez que vous êtes le serveur de base de données. Un utilisateur ajoute un nouveau produit à la base de données. L'identification du produit est la clé primaire de la table, ce qui signifie qu'il doit s'agir d'une valeur unique. Pour être absolument sûr que cette valeur est unique parmi des centaines, voire des milliers d'enregistrements, les identifications de produits de la table doivent être indexées. C'est pourquoi, lorsque vous créez une clé primaire ou une contrainte d'unicité, la base de données crée automatiquement l'index à votre place.

## Pourquoi indexer ?

Pour qu'une clé primaire puisse fonctionner, elle est implicitement utilisée en conjonction avec un index. Les clés extérieures, souvent utilisées pour joindre la table parent, sont également d'excellentes candidates à l'indexation. La majorité, voire toutes les colonnes utilisées dans les jointures de tables doivent être indexées.

En outre, il est préférable d'indexer les colonnes fréquemment référencées dans les clauses ORDER BY et GROUP BY. Si, par exemple, vous effectuez des tris sur les noms, indexez cette colonne. Vous récupérerez automatiquement un tri par ordre alphabétique de chaque nom, ce qui simplifiera l'opération de tri et accélèrera la restitution des résultats.

De plus, créez des index sur des colonnes contenant un grand nombre de valeurs uniques ou sur des colonnes qui, utilisées comme conditions de filtrage dans une clause WHERE, retournent un faible pourcentage de lignes de données d'une table. C'est ici que les essais et les erreurs entrent en jeu. A l'instar du code et des structures de base de données, testez toujours les index avant de les implémenter. Essayez différentes combinaisons : sans index, avec index sur colonne unique et avec index composé. Il n'existe pas de règle immuable en matière d'index. Pour les exploiter efficacement, vous devez bien connaître les relations entre tables, les exigences des requêtes et transactions, ainsi que les données.

## Quand éviter les index ?

Bien que les index soient destinés à améliorer les performances de la base de données, il est parfois préférable les éviter :

- N'indexez pas les tables de petite taille.

- N'indexez pas les colonnes qui retournent un pourcentage élevé de lignes de données lorsqu'elles sont exploitées comme condition de filtrage dans la clause WHERE d'une requête. A titre de comparaison, l'index d'un livre ne contient pas d'entrée pour les mots "le" ou "et".

- Vous pouvez indexer les tables concernées par des opérations de traitement par lots importantes et fréquentes. Toutefois, les index réduisent les performances du traitement. Pour résoudre ce problème, supprimez l'index avant le traitement par lots de la table, puis récréez-le après.

- N'indexez pas les colonnes contenant un grand nombre de valeurs NULL.

- N'indexez pas les colonnes dont vous modifiez souvent les entrées. En effet, la maintenance de l'index pourrait représenter une tâche démesurée.

> **Lorsque vous créez un index sur des clés très longues, les performances seront inévitablement ralenties par le temps nécessaire aux entrées/sorties.**

Dans la Figure 16.2, vous pouvez constater qu'un index sur une colonne, comme le genre d'une personne, est sans intérêt. Supposons, par exemple, que la requête suivante ait été adressée à la base de données :

```
SELECT *
FROM NOM_TABLE
WHERE GENRE = 'FEMININ';
```

En vous référant à la Figure 16.2, basée sur cette requête, vous voyez qu'il y a une activité constante entre la table et son index. Etant donné qu'un grand nombre de ligne de données est retourné pour la clause WHERE GENRE = 'FEMININ' (ou MASCULIN), le serveur de base de données doit en permanence lire l'index, puis la table, à nouveau l'index et encore la table, etc. Dans ce cas, un balayage complet de la table sera plus efficace dans la mesure où la clause doit dans tous les cas lire un pourcentage élevé de lignes dans la table.

En règle générale, n'indexez pas les colonnes utilisées comme condition d'une requête et retournant un pourcentage élevé de lignes d'une table. Autrement dit, ne créez pas d'index sur une colonne comme celle du genre ni sur les colonnes contenant peu de valeurs différentes.

> **Si les index optimisent les performances, il arrive, dans certains cas, qu'ils les réduisent. Evitez d'indexer des colonnes contenant peu de valeurs différentes, comme le sexe, la ville de résidence, etc.**

# Optimisation des performances avec les index

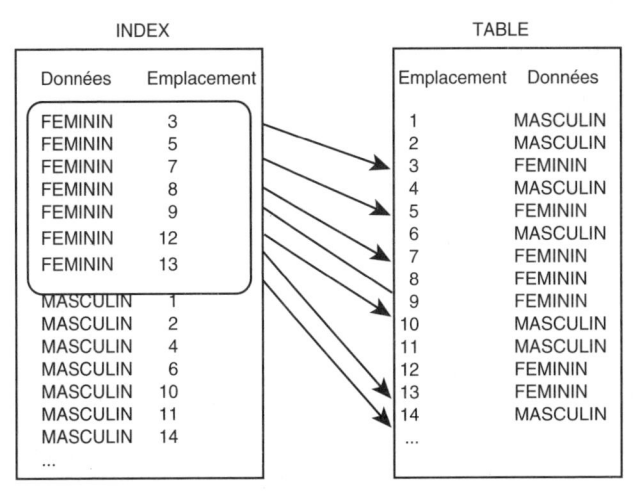

| INDEX | | | TABLE | |
|---|---|---|---|---|
| Données | Emplacement | | Emplacement | Données |
| FEMININ | 3 | | 1 | MASCULIN |
| FEMININ | 5 | | 2 | MASCULIN |
| FEMININ | 7 | | 3 | FEMININ |
| FEMININ | 8 | | 4 | MASCULIN |
| FEMININ | 9 | | 5 | FEMININ |
| FEMININ | 12 | | 6 | MASCULIN |
| FEMININ | 13 | | 7 | FEMININ |
| MASCULIN | 1 | | 8 | FEMININ |
| MASCULIN | 2 | | 9 | FEMININ |
| MASCULIN | 4 | | 10 | MASCULIN |
| MASCULIN | 6 | | 11 | MASCULIN |
| MASCULIN | 10 | | 12 | FEMININ |
| MASCULIN | 11 | | 13 | FEMININ |
| MASCULIN | 14 | | 14 | MASCULIN |
| ... | | | ... | |

**Figure 16.2 : Quand éviter d'utiliser un index ?**

## Suppression des index

Il n'y a rien de plus simple que de supprimer un index. Vérifiez votre implémentation pour en connaître la syntaxe exacte, mais la majorité des implémentations fait appel à la commande DROP. Lorsque vous supprimez un index, vous risquez de beaucoup ralentir (ou améliorer) les performances. En voici la syntaxe :

```
DROP INDEX NOM_INDEX
```

En règle générale, on supprime un index pour tenter d'améliorer les performances. Rappelez-vous que tout index supprimé peut être recréé. Il sera parfois nécessaire de reconstruire les index pour en réduire la fragmentation. Testez les index pour déterminer le meilleur choix et optimiser les performances. Cela peut impliquer de créer un index, de le supprimer pour finalement le recréer avec ou sans modifications.

# Chapitre 17

# Optimisation des performances

## Au sommaire de ce chapitre

- En quoi consiste la mise au point du code SQL ?
- Base de donnée ou instructions SQL : que faut-il optimiser ?
- Mise en forme d'une instruction SQL
- Jointures de tables
- La condition la plus restrictive
- Balayage de tables complètes
- Astuces d'optimisation
- Outils de surveillance des performances

Au cours de ce chapitre, vous apprendrez à ajuster vos instructions SQL pour en optimiser les performances et ce à partir de quelques méthodes très simples.

# En quoi consiste l'optimisation du code SQL ?

L'*optimisation des instructions SQL* est un processus de construction optimale des instructions visant à arriver au résultat de la manière la plus efficace possible. La première démarche consiste à agencer les éléments d'une requête selon une mise en forme simple. Cette simplicité joue un rôle important dans l'optimisation des instructions.

L'optimisation des instructions SQL implique de légères modifications dans les clauses FROM et WHERE. C'est à ce niveau que le serveur de base de données décide de la manière dont il va évaluer la requête. Jusqu'à présent, vous avez appris les bases de ces deux clauses. Il est temps de découvrir les ajustements que vous pouvez leur apporter pour obtenir de meilleurs résultats et mieux satisfaire les utilisateurs.

### Base de donnée ou instructions SQL : que faut-il optimiser ?

Avant de poursuivre, il est important que le lecteur comprenne la différence entre le fait d'ajuster la base de données et celui d'intervenir sur les instructions SQL qui s'adressent à elle.

L'optimisation de la base de données est le processus que l'on applique à la base de données proprement dite. L'opération concerne les allocations de mémoire, la surveillance de l'utilisation des disques, des processeurs, des entrées/sorties et des processus de base de données sous-jacents. Par ailleurs, on optimisera aussi l'administration et la manipulation de la structure de la base de données, et notamment la conception et la disposition des tables et des index. Bien d'autres considérations peuvent entrer en ligne de compte et ce sont là les tâches qui incombent à l'administrateur de base de données. L'objectif de ces optimisations consiste à concevoir la base de données de manière à ce qu'elle réponde au mieux à l'activité prévue à son niveau.

Quant à l'optimisation du code SQL, elle repose sur la mise en forme des instructions qui s'adressent à la base. Il s'agit des requêtes et des transactions telles que les insertions, les mises à jour et les suppressions. En optimisant vos instructions SQL, vous les formulez de manière à ce qu'elles interrogent la base de données de la manière la plus efficace possible en regard de sa configuration actuelle, profitant ainsi au mieux des ressources système et des index.

> Ces deux traitements sont nécessaires pour obtenir des résultats optimaux dans les accès aux bases de données. Une base de données négligée peut réduire à néant les efforts d'optimisation du code SQL et vice versa.

### Mettre en forme les instructions SQL

Il vous semble peut-être évident de veiller à la mise en forme des instructions SQL, mais il existe sûrement un certain nombre de points auxquels le débutant en SQL ne pensera pas lors de la construction d'une instruction. Les prochaines sections évoquent tour à tour les considérations suivantes, certaines étant moins évidentes que d'autres.

- Mise en forme pour une meilleure lisibilité
- Ordre des tables dans la clause FROM
- Position des conditions les plus restrictives dans la clause WHERE
- Position des conditions de jointure dans la clause WHERE

> La plupart des bases de données relationnelles intègrent ce que l'on appelle un *optimiseur de base de données,* qui se charge d'évaluer les instructions SQL et de déterminer la meilleure méthode d'exécution en fonction de la syntaxe utilisée et de la présence d'index dans la base. Tous ces optimiseurs ne fonctionnement pas de la même manière. Vérifiez votre implémentation ou consultez votre administrateur de base de données pour savoir comment votre optimiseur exploite votre code SQL. Pour améliorer plus efficacement vos instructions, vous devez comprendre le mode de fonctionnement de votre optimiseur.

**Mise en forme pour une meilleure lisibilité**

Il semble évident d'améliorer la lisibilité des instructions, mais il est rare de trouver des instructions SQL "propres". Bien que la base de données ne s'occupe pas de savoir si une instruction est lisible ou pas, il s'agit de la première étape en direction de l'optimisation du code. Lorsque vous étudiez une instruction SQL du point de vue de son amélioration, la lisibilité est le premier point à prendre en considération. En effet, comment déterminer la justesse d'une instruction difficile à lire ?

Voici quelques règles d'amélioration de la lisibilité des instructions :

- *Commencez toujours une nouvelle ligne à chaque clause de l'instruction.* Par exemple, sautez une ligne avant d'écrire la clause FROM après la déclaration de l'instruction SELECT. Procédez de même pour la clause WHERE et ainsi de suite.

- *Employez des tabulations ou des espaces pour indenter les arguments d'une clause dans les instructions dont la longueur dépasse une ligne.*

- *Sachez rester cohérent dans l'utilisation des tabulations et des espaces.*

## Optimisation des performances

- *Faites appel aux alias de tables lorsque vous référencez plusieurs tables dans une instruction.* L'utilisation du nom complet de la table pour qualifier chaque colonne de l'instruction surcharge celle-ci et en réduit la lisibilité.

- *Utilisez modérément les commentaires si votre implémentation vous permet d'en placer dans les instructions SQL.* Les commentaires sont intéressants pour documenter le code, mais l'excès surcharge inutilement les instructions.

- *Commencez une nouvelle ligne pour chaque nom de colonne déclaré dans SELECT si vous sélectionnez plusieurs colonnes.*

- *Commencez une nouvelle ligne pour chaque nom de table déclaré dans FROM si vous sélectionnez plusieurs tables.*

- *Commencez une nouvelle ligne pour chaque condition de la clause WHERE.* Vous visualiserez mieux toutes les conditions et leur ordre d'utilisation.

Voici un exemple d'instruction illisible :

```
SELECT CLIENTS_TBL.ID_CLIENT,
CLIENTS_TBL.NOM_CLIENT,
CLIENTS_TBL.TEL_CLIENT, COMMANDES_TBL.NUM_CDE,
COMMANDES_TBL.QTE
FROM CLIENTS_TBL, COMMANDES_TBL
WHERE CLIENTS_TBL.ID_CLIENT =
COMMANDES_TBL.ID_CLIENT
AND COMMANDES_TBL.QTE > 1 AND
CLIENTS_TBL.NOM_CLIENT LIKE 'P%'
ORDER BY CLIENTS_TBL.NOM_CLIENT;
ID_CLIENT    NOM_CLIENT
TEL_CLIENT        NUM_CDE         QTE
----------   --------------------------  -------------
-----------  -------
287             POUPEES DECORATION
0546025879       18D778              10

1 ligne sélectionnée.
```

Voici comment cette instruction a été remise en forme pour en améliorer la lisibilité :

```
SELECT CL.ID_CLIENT,
       CL.NOM_CLIENT,
       CL.TEL_CLIENT,
       CDE.NUM_CDE,
       CDE.QTE
FROM COMMANDES_TBL CDE,
     CLIENTS_TBL CL
WHERE CDE.ID_CLIENT = CL.ID_CLIENT
  AND CDE.QTE > 1
  AND CL.NOM_CLIENT LIKE 'P%'
ORDER BY 2;
ID_CLIENT     NOM_CLIENT
TEL_CLIENT        NUM_CDE        QTE
---------- ---------------------------- -------------
----------- -------
287           POUPEES DECORATION
0546025879     18D778            10

1 ligne sélectionnée.
```

Ces deux instructions sont absolument identiques, mais la seconde est nettement plus lisible. En effet, elle est grandement simplifiée par l'emploi des alias de table qui ont été définis dans la clause FROM. Les espacements servent à aligner les éléments de chaque clause de manière que chacune soit mise en évidence.

Encore une fois, la lisibilité d'une instruction n'a pas d'incidence directe sur ses performances, mais cela facilite les modifications et le débogage d'instructions longues et éventuellement complexes. Dans le second exemple, vous identifiez plus facilement les colonnes sélectionnées, les tables interrogées, les jointures mises en œuvre et les conditions de requête.

### Agencer les tables dans la clause *FROM*

L'agencement ou l'ordre des tables dans la clause FROM peuvent avoir des conséquences en fonction de la manière dont les différents optimiseurs lisent les instructions SQL. Par exemple, il

## Optimisation des performances

peut être judicieux de déclarer les tables les plus petites avant les tables plus volumineuses. Certains utilisateurs expérimentés se sont aperçus que, de cette manière, la clause FROM s'exécute plus rapidement.

Voici un exemple de clause FROM :

```
FROM PLUS_PETITE_TABLE,
     PLUS_GRANDE_TABLE
```

> **Pour découvrir ce genre d'astuce qui intéresse les performances, vérifiez la documentation de votre implémentation.**

### Ordre des conditions de jointure

Comme vous avez pu le découvrir dans le Chapitre 13, "Requêtes de jointure de tables", la plupart des jointures font appel à une *table principale* pour lier les tables qui possèdent une ou plusieurs colonnes communes sur lesquelles faire porter la jointure. C'est à cette table principale que la plupart des autres tables sont jointes dans les requêtes. La colonne de la table principale se place en général à droite de l'opération de jointure dans la clause WHERE. Les tables jointes à la table principale sont normalement déclarées de la plus petite à la plus grande, comme c'est déjà cas pour la clause FROM.

S'il n'y avait pas de table principale, les tables seraient déclarées de la plus petite à la plus grande, ces dernières étant placées à droite de l'opérateur de jointure au sein de la clause WHERE. Les conditions de jointure seraient alors placées en première position dans la clause WHERE, suivies des clauses de filtrage, comme dans l'exemple suivant :

```
FROM TABLE1,              plus_petite_table
     TABLE2,                           vers
     TABLE3              plus_grande_table, ou
TABLE PRINCIPALE
```

```
WHERE TABLE1.COLONNE = TABLE3.COLONNE
condition de jointure
  AND TABLE2.COLONNE = TABLE3.COLONNE
condition de jointure
[ AND CONDITION1 ]
condition de filtrage
[ AND CONDITION2 ]
condition de filtrage
```

Dans cet exemple, TABLE3 est la table principale. TABLE1 et TABLE2 sont jointes à TABLE3 pour des raisons de simplicité, mais aussi d'efficacité.

> Dans la mesure où le plus souvent, les jointures retournent un fort pourcentage de lignes de données par rapport à la taille des tables sollicitées, les conditions de jointure doivent être évaluées après les conditions les plus restrictives.

**La condition la plus restrictive**

La condition la plus restrictive est un facteur essentiel à l'obtention de performances optimales au niveau des requêtes SQL. Mais comment savoir quelle condition est la plus restrictive ? Il s'agit de la condition posée par la clause WHERE d'une instruction qui retourne le nombre de lignes le plus faible. A l'opposé, la condition la moins restrictive est celle qui, dans une instruction, retourne le plus grand nombre de lignes de données. Dans ce chapitre, nous nous occupons essentiellement de la condition la plus restrictive, car c'est elle qui filtre de la manière la plus serrée les données à retourner par la requête.

Vous devez avoir pour objectif de faire en sorte que l'optimiseur SQL évalue en premier lieu la condition la plus restrictive : vous réduirez ainsi les surcharges engendrées par les requêtes. Un positionnement judicieux au sein de la requête nécessite de votre part une bonne connaissance du fonctionnement de l'optimiseur.

# Optimisation des performances

Il nous a été donné de constater que la plupart de ces outils lisent la clause WHERE "du bas vers le haut". Par conséquent, placez la condition la plus restrictive en dernière position au sein de la clause.

```
FROM TABLE1,                    plus_petite_table
     TABLE2,                            vers
     TABLE3                     plus_grande_table,
OU TABLE PRINCIPALE
WHERE TABLE1.COLUMN = TABLE3.COLUMN
condition de jointure
  AND TABLE2.COLUMN = TABLE3.COLUMN
condition de jointure
[ AND CONDITION1 ]
condition la moins restrictive
[ AND CONDITION2 ]
condition la plus restrictive
```

> **Si ni vous ni votre administrateur de base de données ne savez comment fonctionne votre implémentation SQL ou que sa documentation ne vous renseigne pas à ce sujet, mettez en œuvre une grosse requête dont le temps d'exécution sera mesurable et modifiez les ordres dans la clause WHERE. Enregistrez les temps d'exécution constatés pour chaque variante. Quelques tests suffiront pour établir le sens de lecture de la clause WHERE par l'optimiseur.**

Voici un exemple fondé sur une table imaginaire :

| | |
|---|---|
| Table | TEST_TBL |
| Nombre de lignes | 95 867 |
| Conditions | WHERE NOM_FAMILLE = 'DUPONT' |
| | retourne 2 000 lignes |
| | WHERE VILLE = 'PARIS' |
| | retourne 30 000 lignes |
| La condition la plus restrictive est | WHERE NOM_FAMILLE = 'DUPONT' |

```
REQUETE1:
SELECT COUNT(*)
FROM TEST_TBL
WHERE NOM_FAMILLE = 'DUPONT'
  AND VILLE = 'PARIS';
  COUNT(*)
----------
     1 024
REQUETE2:
SELECT COUNT(*)
FROM TEST_TBL
WHERE VILLE = 'PARIS'
  AND NOM_FAMILLE = 'DUPONT';
  COUNT(*)
----------
     1 024
```

Supposons que REQUETE1 se soit exécutée en 20 secondes et REQUETE2 en 10 secondes. La deuxième requête s'est montrée la plus rapide et faisait apparaître la condition la plus restrictive en dernière position dans la clause WHERE. On peut raisonnablement en déduire que dans ce cas de figure, l'optimiseur concerné lit les clauses WHERE du bas vers le haut.

> Prenez la bonne habitude d'utiliser des colonnes indexées comme condition la plus restrictive d'une requête. En règle générale, les index améliorent les performances de requête.

### Balayer des tables complètes

Le balayage d'une table complète se produit lorsqu'il n'est pas fait appel à un index ou que la table sollicitée par l'instruction SQL n'a pas été indexée. En général, les balayages de tables complètes retournent les données dans un délai plus long que si un ou des index avaient été employés. Plus la table est grande, plus le résultat se montre lent à apparaître. L'optimiseur de requête décide s'il va utiliser ou pas un index lors de l'exécution de la requête. S'il existe, l'index est presque toujours utilisé.

# Optimisation des performances

Certaines implémentations possèdent des optimiseurs de requête capables de décider de l'opportunité d'utiliser un index. Elles élaborent des statistiques sur les objets de base de données, telles que la taille des objets et le nombre estimatif de lignes retournées par une condition sur une colonne indexée. Reportez-vous à la documentation de votre implémentation pour connaître les fonctionnalités décisionnelles de votre optimiseur de base de données relationnelle.

### Quand et comment éviter les balayages de tables complètes ?

Evitez les balayages complets de tables volumineuses. Comme ceux-ci interviennent en général en l'absence d'index de table, le temps de réponse est nettement plus conséquent. C'est pourquoi les grosses tables doivent être indexées. Comme nous l'avons déjà précisé, pour les petites tables, l'optimiseur peut opter pour le balayage de tables complètes même en présence d'une indexation. Voyez si l'espace alloué à l'indexation des petites tables ne serait pas mieux employé pour d'autres ressources de la base de données.

> La méthode la plus simple et évidente d'éviter les balayages de tables complètes (hormis la construction d'index) consiste à filtrer les données dans la clause WHERE.

Voici un petit rappel des données à indexer :

- Colonnes utilisées comme clés primaires
- Colonnes utilisées comme clés extérieures
- Colonnes fréquemment utilisées pour joindre des tables
- Colonnes fréquemment utilisées comme condition de requête
- Colonnes possédant un pourcentage élevé de valeurs uniques

> Les balayages de tables complètes sont une bonne chose pour les tables peu volumineuses ou lorsque les conditions de la requête retournent un pourcentage élevé de lignes. La meilleure manière d'engager un balayage complet consiste à ne pas créer d'index dans la table concernée.

## Astuces d'optimisation

Voici encore quelques considérations que vous ne devez pas ignorer en matière d'optimisation de vos instructions SQL. Les prochaines sections reprennent ces points un par un de façon plus détaillée :

- Utiliser l'opérateur LIKE et les caractères génériques
- Eviter l'opérateur OR
- Eviter la clause HAVING
- Eviter les opérations de tri trop ambitieuses
- Utiliser les procédures stockées
- Désactiver les index pour les chargements par lots

### Utiliser l'opérateur LIKE et les caractères génériques

L'opérateur LIKE apporte une grande souplesse dans l'expression des conditions au sein d'une requête. Quant aux caractères génériques, placés au bon endroit, ils permettent d'éliminer de nombreuses données que la requête aurait par ailleurs retournées. Les caractères génériques sont également intéressants pour les requêtes portant sur des données comparables, autrement dit des informations non exactement équivalentes à une valeur de recherche spécifiée.

## Optimisation des performances

Supposons que vous vouliez interroger la table EMPLOYES_TBL pour y sélectionner les colonnes ID_EMP, NOM, PRENOM et CODE_POSTAL. Vous avez besoin de ces trois informations pour tous les employés dont le nom de famille est DESMARTIN. Voici trois exemples illustrant le placement des caractères génériques en différents endroits :

```
REQUETE1:
SELECT ID_EMP, NOM, PRENOM, CODE_POSTAL
FROM EMPLOYES_TBL
WHERE NOM LIKE '%M%';

REQUETE2:
SELECT ID_EMP, NOM, PRENOM, CODE_POSTAL
FROM EMPLOYES_TBL
WHERE NOM LIKE '%MART%';

REQUETE3:
SELECT ID_EMP, NOM, PRENOM, CODE_POSTAL
FROM EMPLOYES_TBL
WHERE NOM LIKE 'DE%';
```

Ces trois instructions SQL ne vont pas nécessairement retourner les mêmes résultats. Très probablement, la première requête retournera plus de lignes que les deux autres. Les deuxième et troisième requêtes sont plus restrictives, ce qui éliminera un certain nombre de possibilités et accélérera probablement les temps de réponse. En outre, la troisième requête est certainement plus rapide que la seconde, car les premières lettres de la chaîne recherchée sont spécifiées et qu'il est possible que la colonne NOM ait été indexée. La troisième requête pourrait tirer un grand parti de la présence d'un index.

> Avec la première requête, vous allez récupérer tous les enregistrements ayant pour nom de famille Desmartin, mais ce nom peut prendre diverses orthographes. La deuxième requête permet de récupérer ce nom ainsi que certaines orthographes approchantes. Quant à la troisième requête, elle va afficher tous les noms commençant par DE, ce qui vous assure de récupérer les Desmartin, mais aussi les Demartin.

### Eviter l'opérateur OR

Dans vos instructions SQL, le fait de remplacer l'opérateur OR par IN de manière cohérente permet d'accélérer les temps de réponse. La documentation de votre implémentation vous en dira plus sur les outils que vous pouvez employer pour évaluer et vérifier les différences de performances entre les opérateurs OR et IN. Voici un exemple de réécriture d'une instruction SQL par ce procédé :

*Voir Chapitre 8, pour plus d'informations sur l'utilisation de ces deux opérateurs.*

Voici la requête construite avec OR :

```
SELECT ID_EMP, NOM, PRENOM
FROM EMPLOYES_TBL
WHERE VILLE = 'PARIS'
   OR VILLE = 'MONTPELLIER'
   OR VILLE = 'CRONENBOURG';
```

Voici l'équivalent avec IN :

```
SELECT ID_EMP, NOM, PRENOM
FROM EMPLOYES_TBL
WHERE VILLE IN ('PARIS', 'MONTPELLIER',
                'CRONENBOURG');
```

Ces deux instructions retournent exactement les mêmes données, mais après quelques tests et l'acquisition d'une certaine expérience, vous saurez mesurer l'avantage qu'il y a à préférer IN, comme dans la seconde requête.

### Eviter la clause HAVING

La clause HAVING est intéressante. Cependant, son utilisation n'est pas sans conséquences. En effet, elle occasionne un travail supplémentaire au niveau de l'optimiseur SQL et ralentit les temps de réponse. Dans la mesure du possible, évitez cette clause dans vos instructions.

### Eviter les opérations de tri trop ambitieuses

Les grosses opérations de tri impliquent l'utilisation des clauses ORDER BY, GROUP BY et HAVING. Or, les sous-ensembles de données extraits doivent être stockés en mémoire ou sur disque dur (si la mémoire vive allouée au stockage temporaire n'est pas suffisante) chaque fois que des opérations de tri sont lancées. Dans la mesure où il est courant de faire du tri de données, sachez que cette opération affecte les temps de réponse des instructions SQL.

### Utiliser les procédures stockées

Il est intéressant de mettre en place des procédures stockées pour les instructions SQL régulièrement exécutées et notamment pour les transactions et les requêtes très lourdes. Les procédures stockées sont simplement des instructions SQL compilées et stockées de façon permanente dans la base de données dans un format exécutable.

Normalement, lors de l'émission d'une instruction SQL, la base de données doit en vérifier la syntaxe et la convertir en un format exécutable par la base. C'est ce que l'on appelle le *parsing* (analyse). Une fois analysée, l'instruction est stockée en mémoire, mais de manière non permanente. Cela signifie que, lorsque la mémoire est sollicitée pour d'autres opérations, l'instruction quitte la mémoire. Dans le cas des procédures stockées, l'instruction SQL est toujours disponible dans un format exécutable et reste dans la base de données jusqu'à ce qu'elle soit abandonnée, comme c'est le cas de tous les autres objets de base de données.

*Voir Chapitre 22, pour plus d'informations sur les procédures stockées.*

### Désactiver les index pour les chargements par lots

Lorsqu'un utilisateur soumet une transaction à la base de données (INSERT, UPDATE, DELETE), une entrée est créée à la fois dans la table et dans le ou les index associés à la table sollicitée. Cela signifie que si la table EMPLOYES possède un index et qu'un utilisateur met à jour cette table, une mise à jour se produit également dans l'index de la table en question. Dans un environnement transactionnel, le fait qu'une écriture d'index se produise pour chaque écriture dans une table ne pose généralement pas de problème.

Toutefois, pendant les chargements par lots, l'indexation peut réellement entraîner des dégradations sérieuses de performances. Un chargement par lots peut porter sur des centaines, voire des milliers ou des millions d'instructions de manipulation ou transactionnelles. Du fait de leur volume, les chargements par lots sont des opérations longues normalement planifiées en heures creuses. Un chargement par lots pendant les heures de pointe peut demander 12 heures contre 6 en heures creuses. Par ailleurs, nous recommandons d'abandonner les index pendant ces opérations, ce qui provoquera des écritures dans les tables beaucoup plus rapides. Une fois le chargement par lots achevé, il faut procéder à la reconstruction des index. Au cours de cette opération, les index sont peuplés des données appropriées. Bien que l'indexation d'une grosse table puisse être relativement longue, il reste plus rapide d'engager séparément les deux étapes plutôt que simultanément.

L'autre avantage de la reconstruction des index après coup repose sur la moindre fragmentation de l'index. Lorsqu'une base de données croît, des enregistrements sont créés, supprimés, mis à jour et une certaine fragmentation peut en résulter. Pour toute base de données volumineuse et connaissant une mouvance importante, il est judicieux d'abandonner régulièrement les index pour les reconstruire ultérieurement. En reconstruisant ainsi les index, vous réduisez le nombre d'emplacements physiques de stockage de ces index, le nombre d'entrées/sorties nécessaires à leur lecture et vous améliorez la satisfaction des utilisateurs.

## Outils de surveillance des performances

De nombreuses bases de données relationnelles possèdent des outils intégrés qui vous assistent dans la construction des instructions et l'optimisation des performances. Par exemple, Oracle contient un outil nommé EXPLAIN PLAN qui présente à l'utilisateur un plan d'exécution de ses instructions SQL. Un autre outil Oracle mesure le temps d'exécution d'une instruction SQL. Il s'agit de TKPROF. Sous SQL Server, il existe de nombreuses commandes SET qui permettent de mesurer les performances de la base de données et des instructions SQL. Consultez votre administrateur de base de données et la documentation de votre implémentation pour de plus amples informations relatives aux outils dont vous disposez peut-être.

# Chapitre 18

# Gestion des utilisateurs

## Au sommaire de ce chapitre

- Les utilisateurs au centre du débat
- Types d'utilisateurs
- Le processus de gestion des utilisateurs
- Outils de base de données

Au cours de ce chapitre, vous découvrirez un des aspects les plus fondamentaux de toute base de données relationnelle : la gestion des utilisateurs. Vous découvrirez les concepts associés à la création d'utilisateurs dans SQL, à leur sécurité, à la relation entre utilisateur et schéma, aux profils et aux attributs utilisateurs, ainsi qu'aux outils qui leur sont destinés.

> Par *identifiant d'autorisation* (*Authorization Identifier*, `authID`), le standard SQL se réfère à l'identification de l'utilisateur d'une base de données. Dans la plupart des implémentations, les identifiants d'autorisation sont tout simplement désignés comme *utilisateurs*. Dans ce livre, les identifiants d'autorisation désignent les utilisateurs en général, les utilisateurs de base de données ou les comptes utilisateur. Dans le standard SQL, il est établi que ce terme est le nom sous lequel le système reconnaît l'utilisateur de la base de données.

## Les utilisateurs au centre du débat

Les utilisateurs sont au centre du débat, qu'il s'agisse de conception, de création, d'implémentation ou de maintenance d'une base de données. Leurs besoins sont pris en considération lors de la conception et l'objectif final de l'implémentation de base de données est d'être accessible aux utilisateurs qui, à leur tour, exploitent le fruit de votre travail et certainement celui de beaucoup d'autres.

Il est fréquent de percevoir les utilisateurs comme des fauteurs de trouble. Même si cela est parfois indéniable, il n'en reste pas moins que la base de données été créée pour héberger des données mises à leur disposition pour leurs tâches quotidiennes.

Bien que la gestion des utilisateurs incombe souvent de manière implicite à l'administrateur de base de données, il arrive parfois que d'autres personnes soient impliquées dans ce processus. La gestion des utilisateurs est primordiale dans la vie d'une base de données relationnelle. Elle est gérée en dernier ressort par des concepts et des commandes SQL, qui diffèrent toutefois d'un constructeur à l'autre.

# Gestion des utilisateurs

## Types d'utilisateurs

Il existe plusieurs types d'utilisateurs :

- Opérateurs de saisie
- Programmeurs
- Ingénieurs système
- Administrateurs de base de données
- Analystes système
- Développeurs
- Testeurs
- Dirigeants
- Utilisateurs finals

Chaque type d'utilisateur possède ses propres jeux de tâches (et de problèmes), tous décisifs pour sa survie au quotidien et la protection de ses tâches. En outre, chaque type d'utilisateur opère à des niveaux d'autorisation différents et possède sa propre place dans la base de données.

## Qui gère les utilisateurs ?

En général, les entreprises disposent d'une équipe responsable de la gestion quotidienne des utilisateurs. Toutefois, l'administrateur de base de données ou d'autres personnes désignées sont responsables en dernier ressort de la gestion des utilisateurs dans la base de données.

L'*administrateur de base de données* gère la création des comptes utilisateur, des rôles, des privilèges d'accès, des profils, ainsi que la suppression de ces éléments. Dans un environnement vaste et actif, cette tâche peut s'avérer écrasante, c'est pourquoi certaines entreprises engagent un responsable de la sécurité, chargé d'assister l'administrateur dans ce processus.

Le *responsable de la sécurité*, lorsqu'il existe, est d'ordinaire chargé du travail administratif. Il transmet les besoins des utilisateurs à l'administrateur de base de données et l'informe lorsqu'un utilisateur n'a plus besoin d'un accès à la base.

L'*analyste système*, ou administrateur système, est chargé de la sécurité du système d'exploitation, ce qui implique la création d'utilisateurs et l'attribution de privilèges appropriés. Le responsable de la sécurité peut également assister l'analyste système comme il le fait pour l'administrateur de base de données.

### Place de l'utilisateur dans la base de données

L'utilisateur doit disposer des rôles et des privilèges inhérents à l'accomplissement de son travail. Aucun utilisateur ne doit bénéficier de droits d'accès dépassant l'étendue de ses fonctions. Protéger les données est ce qui motive en premier lieu la mise en place de comptes utilisateur et de mesures de sécurité. Les données peuvent être endommagées et perdues, même accidentellement, si le mauvais utilisateur possède un accès aux mauvaises données. Lorsqu'un utilisateur n'a plus besoin d'un accès, son compte doit être soit supprimé, soit désactivé.

Tout utilisateur a sa place dans la base de données, mais certains ont plus de responsabilités que d'autres. Les utilisateurs fonctionnent comme les parties du corps humain : tous œuvrent en harmonie (ou sont supposés le faire) dans un objectif commun.

**Différence entre utilisateur et schéma**

Des objets de la base de données sont associés à des comptes utilisateur ; c'est ce que l'on appelle des schémas. Un *schéma* est un jeu d'objets qui appartiennent à un utilisateur. Ce dernier est également appelé *propriétaire du schéma*. La différence entre un utilisateur normal et un propriétaire de schéma est que ce dernier possède des objets dans une base de données, ce qui n'est pas le cas de la plupart des utilisateurs. Beaucoup disposent de comptes qui permettent d'accéder aux données contenues dans d'autres schémas.

# Le processus de gestion des utilisateurs

Tout système de base de données doit obligatoirement posséder, pour des raisons de sécurité des données, un système stable de gestion des utilisateurs. Tout d'abord, le superviseur direct d'un nouvel utilisateur doit initier la demande d'accès, puis obtenir l'autorisation des responsables de l'entreprise. Lorsque la demande est acceptée, elle est routée vers le responsable de la sécurité ou l'administrateur de base de données, qui prennent les mesures appropriées. Un processus de notification efficace est nécessaire ; le superviseur et l'utilisateur doivent être tenus informés de la création du compte utilisateur et de l'autorisation d'accès à la base de données qui en découle. Le mot de passe du compte utilisateur ne doit être remis qu'à la personne concernée. Celle-ci devra aussitôt le modifier et ce, dès de la première ouverture de session.

> **Pour créer des utilisateurs, reportez-vous aux spécificités de votre implémentation. Tenez compte également des politiques et procédures de l'entreprise pour créer et gérer des utilisateurs. La prochaine section compare les processus de création des utilisateurs dans Oracle, Sybase et Microsoft SQL Server.**

## Créer des utilisateurs

La création d'utilisateurs implique l'utilisation de commandes de type SQL dans la base de données. Il n'existe pas de standard dans SQL ; chaque implémentation possède sa propre méthode. Certaines commandes sont comparables, mais il arrive que la syntaxe change. Quelle que soit l'implémentation, le concept de base demeure cependant identique.

Lorsque l'administrateur de base de données ou la personne chargée de la sécurité reçoit une demande de création de compte utilisateur, elle doit l'analyser pour trouver les informations nécessaires. L'entreprise doit avoir établi une liste de conditions préalables à l'établissement d'un identifiant utilisateur.

Il doit être fait mention du numéro de sécurité sociale, des noms et prénoms, de l'adresse, du numéro de téléphone, du nom du service ou du département, de la base de données concernée et, parfois, d'une proposition d'identifiant.

Les deux prochaines sections comparent des exemples de syntaxe de création d'utilisateurs issus de deux implémentations différentes.

### Créer des utilisateurs dans Oracle

Voici comment procéder pour créer un compte utilisateur dans Oracle :

1. Créer un compte utilisateur par défaut.
2. Attribuer des privilèges d'accès appropriés au compte utilisateur.

Voici la syntaxe correspondant à la création d'un utilisateur :

```
CREATE USER ID_UTILISATEUR
IDENTIFIED BY [ MOTDEPASSE ¦ EXTERNE ]
```

## Gestion des utilisateurs

```
[ DEFAULT TABLESPACE NOM_TABLESPACE ]
[ TEMPORARY TABLESPACE NOM_TABLESPACE ]
[ QUOTA (INTEGER (K ¦ M) ¦ UNLIMITED) ON
NOM_TABLESPACE ]
[ PROFILE TYPE_PROFIL ]
[PASSWORD EXPIRE ¦ ACCOUNT [LOCK ¦ UNLOCK]
```

> **La syntaxe précédente permet d'ajouter des utilisateurs à une base de données Oracle, mais également à d'autres implémentations de bases de données relationnelles courantes.**

Si vous n'utilisez pas Oracle, ne vous embarrassez pas outre mesure des options de cette syntaxe. Un *espace de table* est une zone logique qui héberge des objets de base de données tels que des tables et des index. L'espace de table par défaut DEFAULT TABLESPACE est l'espace de la table où résident les objets créés par un utilisateur particulier. L'espace temporaire TEMPORARY TABLESPACE sert à trier les opérations (jointures de tables, clauses ORDER BY et GROUP BY) des requêtes exécutées par un utilisateur. La ligne QUOTA permet de définir les limites données à un espace de table auquel l'utilisateur a accès. PROFILE désigne le profil de base de données particulier attribué à l'utilisateur.

Voici la syntaxe qui permet d'attribuer des privilèges d'accès à un compte utilisateur :

```
GRANT PRIV1 [ , PRIV2, ... ] TO NOM_UTILISATEUR ¦
ROLE [, NOM_UTILISATEUR ]
```

L'instruction GRANT permet d'attribuer un ou plusieurs privilèges d'accès à un ou plusieurs utilisateurs dans la même instruction. Il est également possible d'attribuer des privilèges à un rôle qui, à son tour, peut être attribué à un utilisateur.

**Créer des utilisateurs dans Sybase et Microsoft SQL Server**

Voici les étapes qui permettent de créer un compte utilisateur dans une base de données Sybase et Microsoft SQL Server :

1. Créer un compte utilisateur SQL Server et attribuer à l'utilisateur un mot de passe et une base de données par défaut.
2. Ajouter l'utilisateur à la ou aux bases de données concernées.
3. Accorder les privilèges d'accès appropriés au compte utilisateur.

Voici la syntaxe qui permet de créer un compte utilisateur :

```
SP_ADDLOGIN ID_UTILISATEUR ,MOTDEPASSE [,
BASE_PAR_DEFAUT ]
```

Pour ajouter l'utilisateur à la base de données, procédez comme suit :

```
SP_ADDUSER ID_UTILISATEUR [, NOM_DANS_BASE [,
NOMGROUPE ] ]
```

Attribuez enfin des privilèges d'accès au compte utilisateur :

```
GRANT PRIV1 [ , PRIV2, ... ] TO ID_UTILISATEUR
```

*Voir Chapitre 19, pour plus d'informations sur les privilèges d'accès dans les bases de données relationnelles.*

### Créer un schéma

La création des schémas s'effectue *via* l'instruction CREATE SCHEMA.

Voici la syntaxe correspondante :

```
CREATE SCHEMA [ NOM_SCHEMA ] [ID_UTILISATEUR ]
            [ DEFAULT CHARACTER SET JEU_CARACTERES ]
            [PATH NOM_SCHEMA [,NOM_SCHEMA] ]
            [ LISTE_ELEMENTS_SCHEMA ]
```

# Gestion des utilisateurs

En voici un exemple :

```
CREATE SCHEMA UTILISATEUR1
CREATE TABLE TBL1
  (COLONNE1    DATATYPE    [NOT NULL],
   COLONNE2    DATATYPE    [NOT NULL]...)
CREATE TABLE TBL2
  (COLONNE1    DATATYPE    [NOT NULL],
   COLONNE2    DATATYPE    [NOT NULL]...)
GRANT SELECT ON TBL1 TO UTILISATEUR2
GRANT SELECT ON TBL2 TO UTILISATEUR2
[ AUTRES COMMANDES DDL... ]
```

Voici un exemple de commande CREATE SCHEMA :

```
CREATE SCHEMA AUTHORIZATION UTILISATEUR1
CREATE TABLE EMPLOYES
  (ID_EMP       NUMBER          NOT NULL,
   NOM          VARCHAR2(10)    NOT NULL)
CREATE TABLE CLIENTS
  (ID_CLIENT    NUMBER          NOT NULL,
   NOM_CLIENT   VARCHAR2(10)    NOT NULL)
GRANT SELECT ON TBL1 TO UTILISATEUR2
GRANT SELECT ON TBL2 TO UTILISATEUR2
/
Schéma créé.
```

Le mot clé AUTHORIZATION est ajouté à la commande CREATE SCHEMA. Cet exemple s'exécute dans une base de données Oracle. A l'instar d'autres exemples de ce livre, il est destiné à vous montrer que la syntaxe est souvent différente selon le constructeur de l'implémentation.

> Certaines implémentations ne supportent pas la commande CREATE SCHEMA. Toutefois, il est possible de créer implicitement des schémas lors de la création des objets par l'utilisateur. La commande CREATE SCHEMA est simplement une méthode qui permet d'exécuter cette tâche en une seule étape. Après la création de ses objets, l'utilisateur a la possibilité d'attribuer à d'autres utilisateurs des privilèges d'accès à ses propres objets.

### Supprimer un schéma

Il est possible de supprimer un schéma d'une base de données à l'aide de l'instruction DROP SCHEMA. Il existe deux options correspondant à cette instruction. La première est RESTRICT. Lorsque RESTRICT est spécifié, un message d'erreur est retourné s'il existe des objets dans le schéma. La seconde option est CASCADE. Elle s'utilise lorsqu'il existe des objets dans le schéma. Souvenez-vous que, lorsque vous supprimez un schéma, vous supprimez en même temps tous les objets de base de données qui lui sont associés.

Voici la syntaxe correspondante :

```
DROP SCHEMA NOM_SCHEMA { RESTRICT | CASCADE }
```

> L'absence d'objets dans un schéma est un phénomène envisageable, car il est possible de supprimer des objets tels que des tables à l'aide de la commande DROP TABLE. Certaines implémentations incluent une procédure ou une commande de suppression d'utilisateurs que l'on peut également employer pour supprimer un schéma. Si la commande DROP SCHEMA n'est pas disponible dans votre implémentation, vous pouvez alors supprimer un schéma en supprimant l'utilisateur propriétaire des objets de ce schéma.

## Modifier des utilisateurs

Un élément primordial de la gestion des utilisateurs réside dans la possibilité de modifier les attributs d'un utilisateur après sa création. La vie de l'administrateur de base de données serait fortement simplifiée si les membres du personnel possédant des comptes utilisateur n'étaient jamais promus, ne quittaient jamais une société qui, par ailleurs, n'embaucherait pas. Dans la réalité, la rotation élevée du personnel et des fonctions pèse de façon tangible sur l'administration des utilisateurs. Cela concerne pratiquement tout le monde, c'est pourquoi les privilèges d'accès aux bases de données doivent être ajustés en fonction des besoins des utilisateurs.

Voici un exemple de modification de l'état d'un utilisateur :

Dans Oracle :

```
ALTER USER ID_UTILISATEUR [ IDENTIFIED BY
MOTDEPASSE ¦ EXTERNE ¦GLOBALLY AS 'CN=UTILISATEUR']
[ DEFAULT TABLESPACE NOM_TABLESPACE ]
[ TEMPORARY TABLESPACE NOM_TABLESPACE ]
[ QUOTA   INTEGER K¦M ¦UNLIMITED ON NOM_TABLESPACE ]
[ PROFILE NOM_PROFIL ]
[PASSWORD EXPIRE]
[ACCOUNT [LOCK ¦UNLOCK]]
[ DEFAULT ROLE ROLE1 [, ROLE2 ] ¦ ALL
[ EXCEPT ROLE1 [, ROLE2 ¦ NONE ] ]
```

Avec cette syntaxe, il est possible de modifier simultanément plusieurs attributs utilisateur. Malheureusement, il n'existe pas beaucoup d'implémentations qui permettent, à l'aide d'une simple commande, de manipuler les utilisateurs. Certaines implémentations proposent des outils d'interface utilisateur graphique grâce auxquels il est possible de créer, modifier et supprimer des utilisateurs.

> Reportez-vous à votre implémentation pour connaître la syntaxe exacte qui permet de modifier des utilisateurs. Nous décrivons ici la syntaxe ALTER USER de Oracle. Dans la plupart des implémentations, il existe un outil qui permet de modifier ou de changer des rôles, des privilèges, des attributs et des mots de passe.

> Un utilisateur a la possibilité de modifier un mot de passe existant. Reportez-vous à votre implémentation pour en savoir plus sur la syntaxe ou l'outil appropriés. Dans Oracle, on utilise habituellement la commande ALTER USER.

### Sessions utilisateur

Une *session* utilisateur commence au moment de l'ouverture de session avec la base de données et se termine par une fermeture de session. En cours de session, l'utilisateur a la possibilité d'accomplir diverses actions, telles que des requêtes et des transactions.

Une session SQL s'amorce lorsqu'un utilisateur se connecte au serveur *via* l'instruction CONNECT. Une fois la connexion établie et la session ouverte, il est possible de créer autant de transactions que voulu, jusqu'à la déconnexion de la base de données, autrement dit la fin de session.

L'utilisateur peut explicitement démarrer ou arrêter des sessions SQL à l'aide des commandes suivantes :

```
CONNECT TO DEFAULT ¦ CHAINE1 [ AS CHAINE2 ] [ USER
CHAINE3 ]
DISCONNECT DEFAULT ¦ CURRENT ¦ ALL ¦ CHAINE
SET CONNECTION DEFAULT ¦ CHAINE
```

# Gestion des utilisateurs

> **Souvenez-vous** que la syntaxe varie d'une implémentation à l'autre. En outre, la plupart des utilisateurs n'émettent pas manuellement les commandes permettant de se connecter à ou de se déconnecter de la base de données. Ils y ont accès grâce à un outil fourni par le vendeur ou par un tiers, qui invite l'utilisateur à taper un nom et/ou un mot de passe qui déclencheront la connexion à la base de données et initieront la session utilisateur.

Les sessions utilisateur sont le plus souvent surveillées par l'administrateur de base de données ou par d'autres personnes intéressées par les activités des utilisateurs. Lorsqu'un utilisateur est surveillé, la session est associée à son compte utilisateur. Une session utilisateur est représentée en dernier lieu comme un processus du système d'exploitation hébergé.

### Supprimer un accès utilisateur

Quelques commandes simples permettent de supprimer ou de révoquer un accès utilisateur. Nous rappelons toutefois que les différences entre implémentations sont nombreuses. Consultez attentivement votre documentation pour connaître la syntaxe ou les outils correspondants.

Voici quelques méthodes qui permettent de supprimer un accès utilisateur :

- Modifier le mot de passe utilisateur.
- Supprimer le compte utilisateur de la base de données.
- Révoquer les privilèges d'accès accordés précédemment.

Il est possible d'utiliser la commande DROP dans certaines implémentations pour supprimer un utilisateur :

```
DROP USER ID_UTILISATEUR [ CASCADE ]
```

La commande REVOKE est l'équivalent de la commande GRANT dans de nombreuses implémentations. Elle permet de révoquer les privilèges d'accès qui ont été accordés. Voici un exemple de syntaxe que l'on retrouve dans certaines implémentations :

```
REVOKE PRIV1 [ ,PRIV2, ... ] FROM NOM_UTILISATEUR
```

## Outils de base de données

Certaines personnes pensent qu'il n'est pas nécessaire de connaître le langage SQL pour interroger une base de données. Dans un sens, elles ont raison. Toutefois, la connaissance du langage SQL vous aide à formuler des requêtes, même si vous utilisez une interface utilisateur graphique (*Graphical User Interface*, GUI). Bien qu'il s'agisse de bons outils qu'il faut utiliser lorsqu'ils sont disponibles, il reste bénéfique de comprendre ce qui se produit à l'arrière-plan. Vous pourrez ainsi accroître votre efficacité dans l'utilisation de ces outils conviviaux.

De nombreuses interfaces utilisateur aident l'utilisateur en générant automatiquement du code SQL lors de la navigation dans les fenêtres, dans les réponses aux invites et dans la sélection des options. Il existe des outils de génération d'états, il est possible de créer des formulaires destinés aux utilisateurs pour interroger, mettre à jour, insérer ou supprimer des données. Certains outils convertissent les données en graphiques. Des outils d'administration de base de données surveillent les performances tandis que d'autres permettent de s'y connecter à distance. Les constructeurs de bases de données et autres fournisseurs de logiciels proposent de nombreux outils dans un cas livrés avec le produit, dans l'autre intégrables à la base de données.

# Chapitre 19

# Sécurité des bases de données

## Au sommaire de ce chapitre

- Sécurité des bases de données
- Différences entre sécurité et administration des utilisateurs
- Définition d'un privilège
- Contrôle des accès utilisateur
- Contrôle des privilèges par les rôles

Dans ce chapitre, vous apprendrez les bases de la mise en œuvre et de l'administration de la sécurité d'une base de données relationnelle à l'aide des commandes SQL et associées à ce langage. Les principales implémentations présentent des différences de syntaxe dans les commandes, mais la protection globale d'une base de données relationnelle suit les prescriptions générales décrites par le standard ANSI. Vérifiez votre implémentation pour en connaître la syntaxe et les éventuelles fonctionnalités spécifiques relatives à la sécurité.

## Sécurité des bases de données

En assurant la sécurité d'une base de données, vous protégez les données des utilisations non autorisées. Il s'agit d'empêcher les utilisateurs d'accéder à des parties de la base de données qui ne leur sont pas ouvertes. La protection de la base de données consiste aussi à mettre en place une politique de défense contre les tentatives de connexion non autorisées et à distribuer des privilèges. Une base de données compte plusieurs niveaux d'utilisateurs, partant du créateur de la base et arrivant à l'utilisateur final en passant par les responsables de la maintenance (l'administrateur de base de données) et les programmeurs. Les utilisateurs finaux ont en général les accès les plus limités tout en constituant la raison même de l'existence des bases de données. Chaque utilisateur bénéficie d'un niveau d'accès différent et doit disposer des privilèges les plus réduits possible en regard de la tâche qu'il doit accomplir.

## Différences entre sécurité et administration des utilisateurs

Vous vous demandez peut-être quelle est la différence entre administration des utilisateurs et sécurité de la base de données. Après tout, le dernier chapitre vous a présenté le premier des ces deux éléments et il vous semble en avoir appris plus sur la sécurité. Bien que ces deux aspects soient liés, ils ont chacun leur objectif et c'est leur combinaison qui permet de sécuriser une base de données.

## Sécurité des bases de données

Un programme d'administration des utilisateurs bien planifié et tenu à jour va de concert avec la sécurité globale d'une base. Les utilisateurs possèdent des comptes et des mots de passe qui leur permettent de se connecter à la base de données. Les informations de compte doivent contenir un certain nombre d'informations : nom de l'utilisateur, bureau, service, numéro de téléphone ou de poste et nom de la base de données autorisée. L'administrateur de base de données ou le responsable de la sécurité assignent un mot de passe initial à l'utilisateur de la base de données ; celui-ci doit être modifié par son utilisateur dès réception.

Mais la sécurité se montre encore plus exigeante : par exemple, si un utilisateur n'a plus besoin des privilèges qui lui avaient été attribués, ces derniers doivent être révoqués. Si un utilisateur n'a plus besoin d'accéder à une base quelconque, c'est le compte qui doit être révoqué sur cette base de données.

En résumé, l'*administration des utilisateurs* est le processus de création des comptes utilisateur, de leur suppression et du suivi de leurs actions au sein de la base. La *sécurité de la base de données* va plus loin en attribuant des privilèges d'accès spécifiques, en révoquant ces privilèges si nécessaire et en protégeant les autres fichiers d'une base de données, comme les fichiers d'arrière-plan.

> **Ce livre étant consacré à SQL plutôt qu'aux bases de données de façon directe, il vous parle essentiellement des privilèges d'accès. Toutefois, n'oubliez pas que la sécurité des bases de données recouvre d'autres aspects, comme la protection des fichiers d'arrière-plan, qui revêt la même importance que celle des fichiers de données. Plus la sécurité est élaborée, plus elle devient complexe ; les différences entre implémentations sont considérables.**

# Définition d'un privilège

Les *privilèges* sont des niveaux d'autorisation des accès à la base de données en soi, aux objets qui la composent, aux modifications de données et à l'accomplissement de diverses fonctions administratives. Pour attribuer un privilège, utilisez la commande GRANT ; pour le révoquer, employez REVOKE.

Le simple fait qu'un utilisateur puisse se connecter à une base de données n'implique pas nécessairement qu'il puisse accéder aux données qui s'y trouvent. Ce sont les privilèges qui gèrent les accès aux données. On compte deux types de privilèges :

- les privilèges système ;
- les privilèges sur les objets.

## Privilèges système

Les *privilèges système* sont ceux qui permettent à leurs bénéficiaires de réaliser des tâches administratives comme la création et la suppression de tables, de comptes utilisateur, de modifier les objets de base de données et leur état ainsi que celui de la base. Celle-ci et d'autres actions peuvent avoir des répercussions sérieuses si elles sont mal utilisées.

Les privilèges système varient beaucoup selon les constructeurs de bases de données relationnelles ; consultez votre implémentation pour connaître les privilèges qui existent et savoir comment les utiliser.

Voici les principaux privilèges sous Sybase :

```
CREATE DATABASE
CREATE DEFAULT
CREATE PROCEDURE
CREATE RULE
CREATE VIEW
```

```
DUMP DATABASE
DUMP TRANSACTION
EXECUTE
```

Voici les principaux privilèges sous Oracle :

```
CREATE TABLE
CREATE ANY TABLE
ALTER ANY TABLE
DROP TABLE
CREATE USER
DROP USER
ALTER USER
ALTER DATABASE
ALTER SYSTEM
BACKUP ANY TABLE
SELECT ANY TABLE
```

### Privilèges sur les objets

Les *privilèges sur les objets* sont des niveaux d'autorisation sur les objets. Cela signifie que leur bénéficiaire doit en disposer pour accomplir certaines opérations sur les objets de base de données. Par exemple, pour sélectionner des données dans la table d'un autre utilisateur, celui-ci doit d'abord vous autoriser à le faire. Les privilèges sur les objets sont attribués par les propriétaires de ces objets. Ceux-ci sont également désignés comme propriétaires du schéma.

Voici les privilèges sur les objets prévus par le standard ANSI :

| | |
|---|---|
| USAGE | Autorise l'utilisation d'un domaine spécifique |
| SELECT | Autorise l'accès à une table spécifique |
| INSERT(nom_colonne) | Autorise l'insertion de données dans une colonne spécifique d'une table |
| INSERT | Autorise l'insertion de données dans toutes les colonnes d'une table |

| | |
|---|---|
| UPDATE(nom_colonne) | Autorise la mise à jour d'une colonne spécifiée dans une table |
| UPDATE | Autorise la mise à jour de toutes les colonnes d'une table |
| REFERENCES(nom_colonne) | Autorise le référencement d'une colonne spécifiée dans les contraintes d'intégrité ; ce privilège est obligatoire pour toutes les contraintes d'intégrité. |
| REFERENCES | Autorise le référencement de toutes les colonnes d'une table spécifiée |

> Le propriétaire d'un objet bénéficie automatiquement de tous les privilèges associés à l'objet en question. Ces privilèges sont également attribués par le biais de l'option GRANT. Celle-ci fait l'objet d'une prochaine section de ce chapitre ; elle est présente dans certaines implémentations SQL et est très intéressante.

Ces privilèges attribués au niveau de l'objet permettent d'autoriser ou de limiter les accès aux objets d'un schéma. On s'en sert pour protéger les objets d'un schéma par rapport aux utilisateurs ayant accès à un autre schéma de la même base de données.

Il existe un large éventail de privilèges sur les objets selon les implémentations. La capacité à supprimer des données incluses dans un objet appartenant à un autre utilisateur est un privilège que l'on retrouve souvent dans de nombreuses implémentations. Vérifiez votre documentation pour connaître l'étendue des privilèges sur les objets qu'elle offre.

### Qui attribue et révoque les privilèges ?

L'administrateur de base de données (DBA, *DataBase Administrator*) est en général responsable de l'utilisation des commandes GRANT et REVOKE, bien que l'administrateur de la sécurité, si l'entreprise en possède un, soit aussi habilité à le faire. La faculté d'attribuer et de révoquer des accès est censée revenir aux dirigeants et, en règle générale, la stratégie correspondante doit faire l'objet d'une documentation écrite.

C'est au propriétaire d'un objet de base de données d'attribuer des privilèges aux autres utilisateurs sur cet objet. Même l'administrateur de base de données ne peut attribuer des privilèges d'utilisation à des objets dont il n'est pas le propriétaire, bien qu'il existe des méthodes qui permettent de contourner la chose.

## Contrôle des accès utilisateur

L'accès des utilisateurs est essentiellement contrôlé par un compte utilisateur et un mot de passe, mais dans les principales implémentations, cela ne suffit pas à accéder à une base de données. La création d'un compte utilisateur n'est que la première étape dans l'attribution d'autorisations, suivie de la surveillance de ces accès.

Une fois que le compte utilisateur a été créé, l'administrateur de base de données, le chargé de la sécurité ou un collaborateur désigné doivent être capables d'assigner les privilèges système appropriés à un utilisateur donné pour lui permettre d'exécuter un certain nombre de fonctions comme la création de tables ou la sélection dans les tables. A quoi sert-il de pouvoir se connecter à une base de données s'il ne vous est pas donné d'y effectuer quelque chose ? En outre, le propriétaire du schéma a souvent besoin d'attribuer des accès à des utilisateurs sur les objets de son schéma de manière que ceux-ci puissent accomplir leurs tâches.

Deux commandes SQL permettent de contrôler les accès aux bases de données en matière d'attribution et de révocation de privilèges.

# SQL

Les deux commandes suivantes servent à distribuer à la fois des privilèges système et sur les objets au sein d'une base de données relationnelle.

```
GRANT
REVOKE
```

## La commande GRANT

La commande GRANT permet d'attribuer des privilèges système et sur les objets à un compte utilisateur existant. En voici la syntaxe :

```
GRANT PRIVILEGE1 [, PRIVILEGE2 ][ ON OBJET ]
TO NOM_UTILISATEUR [ WITH GRANT OPTION ¦ ADMIN
OPTION]
```

Voici comment attribuer un privilège à un utilisateur :

```
GRANT SELECT ON EMPLOYES_TBL TO UTILISATEUR1;
La commande a été exécutée.
```

Voici comment attribuer plusieurs privilèges à un utilisateur :

```
GRANT SELECT, INSERT ON EMPLOYES_TBL TO
UTILISATEUR1;
La commande a été exécutée.
```

En présence de plusieurs privilèges attribués dans le cadre d'une même instruction, on sépare ceux-ci par des virgules.

Voici comment attribuer plusieurs privilèges à plusieurs utilisateurs :

```
GRANT SELECT, INSERT ON EMPLOYES_TBL TO
UTILISATEUR1, UTILISATEUR2;
La commande a été exécutée.
```

> Remarquez la phrase La commande a été exécutée. que vous recevez suite à l'exécution de l'instruction GRANT. La réponse que vous retournera votre implémentation sera sans doute un peu différente ou même elle sera libellée en anglais.

### *GRANT OPTION*

GRANT OPTION est une option de la commande GRANT très intéressante. Lorsque le propriétaire d'un objet attribue des privilèges sur un objet à un autre utilisateur à l'aide de cette option, le nouvel utilisateur est autorisé à faire de même vis-à-vis d'autres utilisateurs, tout en n'étant pas son réel propriétaire. Voici un exemple :

```
GRANT SELECT ON EMPLOYES_TBL TO UTILISATEUR1 WITH
GRANT OPTION;
La commande a été exécutée.
```

### *ADMIN OPTION*

Cette option se rapproche de la précédente dans le sens où l'utilisateur qui se voit attribuer le ou les privilèges hérite simultanément de la possibilité de faire de même envers un autre utilisateur. Celle-ci s'emploie cependant pour les privilèges système, alors que GRANT OPTION concerne les privilèges sur les objets. Lorsqu'un utilisateur attribue des privilèges système à un autre utilisateur avec ADMIN OPTION, le nouvel utilisateur peut faire de même envers un autre utilisateur. Voici un exemple :

```
GRANT CREATE TABLE TO UTILISATEUR1 WITH ADMIN
OPTION;
La commande a été exécutée.
```

> Lorsqu'un utilisateur ayant attribué des privilèges *via* GRANT OPTION ou ADMIN OPTION perd son droit d'accès à la base de données, les privilèges ainsi attribués sont dissociés des utilisateurs qui en bénéficiaient.

## La commande REVOKE

La commande REVOKE révoque les privilèges qui ont été attribués à des utilisateurs de base de données. Elle possède deux options : RESTRICT et CASCADE. Avec la première, REVOKE s'exécute uniquement si les privilèges explicitement spécifiés dans l'instruction REVOKE ne laissent aucun autre utilisateur avec des privilèges abandonnés. La seconde option, CASCADE, révoque tous les privilèges que d'autres utilisateurs auraient autrement conservés. En d'autres termes, si le propriétaire d'un objet a attribué des privilèges à UTILISATEUR1 avec l'option GRANT OPTION, que UTILISATEUR1 a fait de même envers UTILISATEUR2 également avec l'option GRANT OPTION et qu'enfin, le propriétaire révoque les privilèges de UTILISATEUR1, l'option CASCADE révoque également les privilèges de UTILISATEUR2.

Les *privilèges abandonnés* sont des privilèges que conserve un utilisateur qui les a reçus *via* GRANT OPTION de la part d'un utilisateur qui, entre-temps, a été rejeté de la base de données et dont on a révoqué les privilèges.

Voici la syntaxe correspondante :

```
REVOKE PRIVILEGE1 [, PRIVILEGE2 ] [ GRANT OPTION
FOR ] ON OBJET
FROM UTILISATEUR { RESTRICT ¦ CASCADE }
```

En voici un exemple :

```
REVOKE INSERT ON EMPLOYES_TBL FROM UTILISATEUR1;
La commande a été exécutée.
```

## Contrôler l'accès à des colonnes spécifiques

Au lieu d'attribuer des privilèges avec INSERT, UPDATE et DELETE sur les objets d'une table dans son ensemble, il est possible d'attribuer des privilèges sur des colonnes spécifiques pour limiter l'accès des utilisateurs.

En voici un exemple :

```
GRANT UPDATE (NOM_COLONNE) ON NOM_TABLE TO PUBLIC;
La commande a été exécutée.
```

## Le compte PUBLIC

Le compte d'utilisateur de base de données nommé PUBLIC représente tous les utilisateurs de la base. Tous les utilisateurs peuvent utiliser ce compte public. Tout privilège attribué au compte public profitera à tous les utilisateurs de la base. De la même manière, si un privilège est révoqué du compte PUBLIC, il est révoqué pour tous les utilisateurs de la base de données sauf pour ce qui est des privilèges attribués spécifiquement aux uns et aux autres. Voici un exemple :

```
GRANT SELECT ON EMPLOYES_TBL TO PUBLIC;
La commande a été exécutée.
```

> Soyez très méfiant avant d'attribuer des privilèges au compte public et soyez bien conscient du fait que tous les utilisateurs en bénéficieront.

## Groupes de privilèges

Certaines implémentations de bases de données prévoient des groupes de privilèges. Il s'agit de groupes d'autorisations que l'on désigne par différents noms. Ces groupes rendent plus simple l'attribution et la révocation de privilèges communs à plusieurs utilisateurs. Par exemple, si un groupe se compose de dix privilèges, il est plus facile d'attribuer à un utilisateur donné ces dix privilèges ensemble que de déclarer chacun isolément.

SQLBase possède des groupes de privilèges nommés *niveaux d'autorité* alors que sous Oracle il s'agit de *rôles*. Ces deux implémentations incluent les groupes de privilèges suivants :

```
CONNECT (connexion autorisée)
```

```
RESOURCE (accès aux ressources autorisé)
DBA (accès administrateur)
```

Un utilisateur appartenant au groupe CONNECT peut se connecter à la base de données et accomplir des opérations sur tous les objets de base de données auxquels il a accès.

Un utilisateur appartenant au groupe RESOURCE peut créer des objets, supprimer les objets dont il est propriétaire, attribuer des privilèges sur les objets dont il est propriétaire, etc.

Un utilisateur appartenant au groupe DBA peut accomplir toutes les fonctions qu'offre la base de données. Il peut accéder à tous les objets et accomplir toutes les opérations existantes.

Voici un exemple d'attribution d'un groupe de privilèges à un utilisateur :

```
GRANT DBA TO UTILISATEUR;
La commande a été exécutée.
```

> Chaque implémentation diffère dans l'utilisation des groupes de privilèges de base de données. Si elle existe, cette fonctionnalité doit être exploitée pour une administration de la sécurité plus efficace.

## Contrôle des privilèges par les rôles

Un *rôle* est un objet que l'on crée au sein de la base de données et qui accueille des privilèges comparables à ceux des groupes. La mise en œuvre des rôles contribue à réduire la maintenance au niveau de la sécurité en vous évitant d'attribuer des privilèges aux utilisateurs directement et explicitement. La gestion des privilèges par groupes est encore plus facile avec les rôles. Les privilèges associés à un rôle sont modifiables et les changements sont transparents pour l'utilisateur.

## Sécurité des bases de données

Si l'utilisateur a besoin de disposer de privilèges SELECT et UPDATE sur une table donnée, à un moment donné et depuis une application donnée, un rôle tenant compte de ces privilèges peut lui être temporairement assigné jusqu'à la fin de la transaction.

Au moment où il est créé, le rôle n'a pas d'autre valeur que celle de rôle au sein de la base de données. Il peut être attribué à des utilisateurs ou à d'autres rôles. Supposons que dans un schéma nommé APP01, le privilège SELECT ait été attribué au rôle OPERATEUR_SAISIE pour la table EMPLOYES_PAIE_TBL. Tous les utilisateurs ou rôles bénéficiant de ce rôle disposent désormais de privilèges SELECT sur la table en question.

De la même manière, si APP01 révoque le privilège SELECT du rôle OPERATEUR_SAISIE pour la table EMPLOYES_PAIE, tout utilisateur ou rôle qui s'était vu attribuer le rôle en question se voit désormais dénier le privilège SELECT sur la table.

### L'instruction CREATE ROLE

Cette instruction permet de créer un rôle avec la syntaxe suivante :

```
CREATE ROLE nom_role;
```

L'attribution de privilèges fonctionne de la même manière pour les rôles que pour les utilisateurs. Voyez l'exemple suivant :

```
CREATE ROLE OPERATEUR_SAISIE;
La commande a été exécutée.
GRANT SELECT, INSERT, UPDATE, DELETE ON
EMPLOYES_PAIE_TBL TO OPERATEUR_SAISIE;
La commande a été exécutée.
GRANT OPERATEUR_SAISIE TO UTILISATEUR1;
La commande a été exécutée.
```

### L'instruction DROP ROLE

Voici comment supprimer un rôle :

```
DROP ROLE nom_role;
```

Voici un exemple :

```
DROP ROLE OPERATEUR_SAISIE;
La commande a été exécutée.
```

### L'instruction SET ROLE

Il est possible de définir un rôle pour une session SQL à l'aide de l'instruction SET ROLE :

```
SET ROLE nom_role;
```

Voici un exemple :

```
SET ROLE OPERATEUR_SAISIE;
La commande a été exécutée.
```

Il est possible de définir plusieurs rôles en une seule instruction :

```
SET ROLE OPERATEUR_SAISIE, ROLE2, ROLE3;
La commande a été exécutée.
```

Dans certaines implémentations et notamment Oracle, tous les rôles attribués à un utilisateur deviennent automatiquement ses rôles par défaut. Cela signifie que les rôles seront activés et mis à la disposition de l'utilisateur dès l'ouverture de session sur la base de données.

# Chapitre 20

# Vues et synonymes

## Au sommaire de ce chapitre

- Définition d'une vue
- Création d'une vue
- Suppression d'une vue
- Définition d'un synonyme

Dans ce chapitre, nous verrons comment créer et supprimer des vues, les exploiter pour des raisons de sécurité et simplifier la recherche des données pour l'utilisateur final et la génération d'états. Ce chapitre aborde également les synonymes.

## Définition d'une vue

Une vue est une table virtuelle : elle ressemble à une table et agit comme telle pour l'utilisateur. Il s'agit, en fait, de la constitution d'une table sous forme de requête prédéfinie. A partir de la table EMPLOYES_TBL, vous pouvez, par exemple, créer une vue ne contenant que les noms et adresses des employés en lieu et place de toutes les colonnes de la table EMPLOYES_TBL. Une vue peut contenir toutes les lignes ou une sélection des lignes d'une table. Elle peut être créée à partir d'une seule ou de plusieurs tables.

Une *vue* est une requête prédéfinie stockée dans la base de données. Elle a l'apparence d'une table ordinaire et on y accède comme à une table, à ceci près qu'elle ne nécessite pas de stockage physique.

Lorsqu'une vue est créée, une instruction SELECT définissant la vue est exécutée dans la base de données. L'instruction SELECT utilisée pour définir la vue peut contenir des noms de colonnes destinés à la table ou être écrite plus explicitement *via* des fonctions et des calculs qui permettent de manipuler ou récapituler les données vues par l'utilisateur. Etudiez l'illustration d'une vue dans la Figure 20.1.

Les vues sont considérées comme des objets de la base de données, bien qu'elles ne nécessitent pas d'espace de stockage. La principale différence entre une vue et une table est que la table consomme de l'espace physique, ce qui n'est pas le cas de la vue, étant donné qu'elle se contente d'en refléter les données.

Dans la base de données, la vue s'exploite comme une table. Autrement dit, vous pouvez sélectionner les données d'une vue et les manipuler, avec quelques limitations. Les prochaines sections traitent des utilisations courantes des vues et de leur stockage dans la base de données.

> **Si vous supprimez la table qui a servi à créer une vue, cette dernière ne sera plus accessible et vous obtiendrez un message d'erreur en cas de requête.**

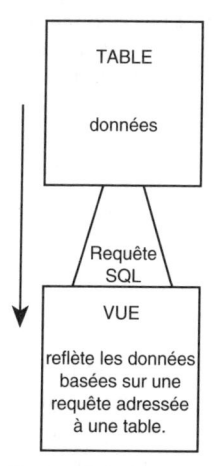

```
┌─────────────────────┐
│       TABLE         │
│                     │
│      données        │
│                     │
└─────────────────────┘
        │
       Requête
        SQL
┌─────────────────────┐
│        VUE          │
│  reflète les données│
│   basées sur une    │
│  requête adressée   │
│    à une table.     │
└─────────────────────┘
```

**Figure 20.1 : La vue.**

## Utiliser des vues pour des raisons de sécurité

Vous pouvez faire appel aux vues pour obtenir une certain forme de sécurité dans la base de données. Supposons que vous disposiez d'une table appelée EMPLOYES_TBL, qui contient les noms, adresses, numéros de téléphone, contacts en cas d'urgence, service, poste et salaire ou taux horaire de vos employés. Vous faites appel à du personnel intérimaire pour travailler sur des états contenant les noms, adresses et numéros de téléphones des employés. Si vous donnez accès à la table EMPLOYES_TBL à ce personnel temporaire, il peut connaître les rémunérations perçues par vos employés ; or, vous ne voulez pas que ce soit le cas. Créez une vue contenant uniquement les informations appropriées : nom, adresse et numéro de téléphone des employés. Autorisez l'accès à la vue pour le personnel intérimaire. Il pourra ainsi exploiter l'état sans avoir accès aux colonnes des salaires.

> Utilisez les vues pour limiter l'accès à des colonnes ou à des lignes particulières d'une table qui répondent à des conditions spécifiques. Définissez celles-ci *via* la clause WHERE de la définition de la vue.

### Utiliser les vues pour conserver des données de synthèse

Si vous avez créé un état synthétisant les données d'une ou de plusieurs tables régulièrement mises à jour et que vous le générez souvent, il peut être intéressant de composer une vue avec cette synthèse des données.

Supposons, par exemple, que la table contienne des informations sur des personnes, comme leur ville de résidence, sexe, salaire et âge. Vous pouvez créer une vue basée sur la table synthétisant les chiffres par ville comme la moyenne d'âge, de salaire et le nombre total de femmes et d'hommes. Une fois la vue créée, il vous suffit d'adresser une requête à la vue pour retrouver ces informations au lieu de composer une instruction de sélection qui pourrait, dans certains cas, s'avérer complexe.

La seule différence de syntaxe entre la création d'une vue synthétique des données et la création d'une vue directement issue d'une ou de plusieurs tables est l'utilisation des fonctions d'agrégation.

*Pour plus d'informations sur les fonctions d'agrégation, voir Chapitre 9.*

### Stocker les vues

Les vues sont stockées uniquement en mémoire. A l'instar d'autres objets de base de données, elles n'occupent que l'espace disque nécessaire au stockage de la définition de la vue. La vue est la propriété de son créateur ou du propriétaire du schéma. Ce dernier détient automatiquement des privilèges sur cette vue et peut, comme pour les tables, en accorder aux autres utilisateurs.

Le privilège GRANT OPTION de la commande GRANT fonctionne comme pour une table.

*Pour plus d'informations, voir Chapitre 19.*

## Création d'une vue

Pour créer une vue, utilisez l'instruction CREATE VIEW. Vous pouvez créer une vue à partir d'une table, de plusieurs tables ou d'une autre vue. Vous devez disposer des privilèges système appropriés à votre implémentation spécifique pour pouvoir créer une vue.

Voici la syntaxe de base de CREATE VIEW :

```
CREATE [RECURSIVE]VIEW NOM_VUE
[NOM_COLONNE [, NOM_COLONNE]]
[OF UDT NOM [UNDER NOM_TABLE]
[REF IS NOM_COLONNE SYSTEM GENERATED ¦ USER
GENERATED ¦ DERIVED]
[NOM_COLONNE WITH OPTIONS SCOPE NOM_TABLE]]
 AS
{INSTRUCTION SELECT}
[WITH [CASCADED ¦ LOCAL] CHECK OPTION]
```

Les prochaines sous-sections explorent les différentes méthodes de création de vues *via* l'instruction CREATE VIEW.

> **Il n'est pas prévu d'instruction ALTER VIEW dans la norme ANSI SQL.**

### Créer une vue à partir d'une table

Vous pouvez créer une vue à partir d'une table unique. Nous traiterons l'option WITH CHECK OPTION plus loin dans ce chapitre.

Voici la syntaxe :

```
CREATE VIEW NOM_VUE AS
SELECT * ¦ COLONNE1 [, COLONNE2 ]
FROM NOM_TABLE
[ WHERE EXPRESSION1 [, EXPRESSION2 ]]
[ WITH CHECK OPTION ]
[ GROUP BY ]
```

La forme de vue la plus simple représente tout le contenu d'une table, comme dans l'exemple suivant :

```
CREATE VIEW CLIENTS_VUE AS
SELECT *
FROM CLIENTS_TBL;

Vue créée.
```

L'exemple suivant limite le contenu de la vue en sélectionnant uniquement les colonnes spécifiées :

```
CREATE VIEW EMP_VUE AS
SELECT NOM, PRENOM
FROM EMPLOYES_TBL;

Vue créée.
```

Voici comment combiner ou manipuler deux colonnes de la table de base pour former une colonne de la vue. La colonne de la vue est nommée NOM COMPLET par la déclaration d'un alias dans la clause SELECT.

```
CREATE VIEW NOMS_VUE AS
SELECT NOM ¦¦ ', ' ¦¦PRENOM NOM_COMPLET
FROM EMPLOYES_TBL;

Vue créée.
```

Vous allez maintenant sélectionner toutes les données de la vue NOMS_VUE que vous venez de créer.

## Vues et synonymes

```
SELECT *
FROM NOMS_VUE;

NOM_COMPLET
------------------
DESMARTIN, JEAN
SUGIER, KEVIN
STEPANIAN, KARINE
CHASSEUR, DAVID
CHRISTOPHE, SYLVIE
LEBIHEN, MAUD
BALCONNET, SYLVIE
KLEIN, CHARLES

8 lignes sélectionnées.
```

L'exemple suivant montre comment créer une vue avec des données de synthèse provenant d'une ou de plusieurs tables :

```
CREATE VIEW VILLE_PAIE AS
SELECT E.VILLE, AVG(P.COEF_PAIE) PAIE_MOY
FROM EMPLOYES_TBL E,
     EMPLOYES_PAIE_TBL EP
WHERE E.ID_EMP = EP.ID_EMP
GROUP BY E.VILLE;

Vue créée.
```

Si vous faites à présent une sélection dans votre vue synthétique, vous obtenez :

```
SELECT *
FROM VILLE_PAIE;

VILLE           PAIE_MOY
--------------- --------
ALES
CRONENBOURG     14.75
PARIS           13
MONTPELLIER
STRASBOURG

5 lignes sélectionnées.
```

En créant une vue synthétique, vous simplifiez les instructions que vous utiliserez par la suite.

### Créer une vue à partir de plusieurs tables

Pour créer une vue à partir de plusieurs tables, utilisez JOIN dans l'instruction SELECT. L'option WITH CHECK OPTION est traitée plus loin dans ce chapitre. Voici la syntaxe :

```
CREATE VIEW NOM_VUE AS
SELECT * ¦ COLONNE1 [, COLONNE2 ]
FROM NOM_TABLE1, NOM_TABLE2 [, NOM_TABLE3 ]
WHERE NOM_TABLE1 = NOM_TABLE2
[ AND NOM_TABLE1 = NOM_TABLE3 ]
[ EXPRESSION1 ][, EXPRESSION2 ]
[ WITH CHECK OPTION ]
[ GROUP BY ]
```

Voici un exemple de création d'une vue à partir de plusieurs tables :

```
CREATE VIEW RECAP_EMP_VUE AS
SELECT E.ID_EMP, E.NOM, EP.POSTE,
EP.DATE_EMBAUCHE, EP.COEF_PAIE
FROM EMPLOYES_TBL E,
     EMPLOYES_PAIE_TBL EP
WHERE E.ID_EMP = EP.ID_EMP;

Vue créée.
```

Rappelez-vous que lorsque vous sélectionnez des données dans plusieurs tables, celles-ci doivent être jointurées par des clés communes dans la clause WHERE. Une vue n'est rien de plus qu'une instruction SELECT. C'est pourquoi les tables sont jointurées dans une définition de vue comme elles le sont dans une instruction SELECT. Pensez à utiliser les alias de tables pour simplifier la lisibilité d'une requête sur plusieurs tables.

## Vues et synonymes

### Créer une vue à partir d'une vue

Voici la syntaxe qui permet de créer une vue à partir d'une autre vue :

```
CREATE VIEW VUE2 AS
SELECT * FROM VUE1
```

### Evitez l'accumulation de couches de vues

Il est possible de créer une vue à partir d'une vue située plusieurs couches plus haut (la vue de la vue d'une vue, etc.). La profondeur maximale est fonction de votre implémentation. Le seul problème que l'on rencontre avec les vues créées à partir d'autres vues est leur maniabilité. Supposons, par exemple, que vous ayez créé la VUE2 à partir de la VUE1, puis créé la VUE3 à partir de la VUE2. Si vous supprimez la VUE1, les VUE2 et VUE3 ne sont plus valables. Les informations sous-jacentes qui supportent ces vues n'existent plus. Veillez à gérer correctement les vues de la base de données et les objets dont elles dépendent. La Figure 20.2 explique la dépendance des vues.

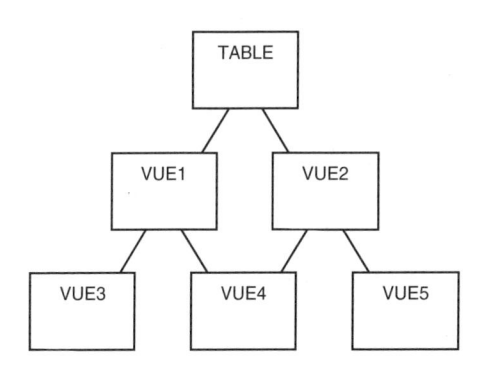

DEPENDANCES DES VUES

**Figure 20.2 : Dépendances de vues.**

> **S'il est simple et efficace de créer des vues à partir d'une autre vue, il est préférable de créer toutes les vues à partir de la table de base.**

La Figure 20.2 montre les relations entre les vues. Celles-ci ne dépendent pas uniquement de la table, mais également d'autres vues. VUE1 et VUE2 dépendent de TABLE. VUE3 dépend de VUE1. VUE4 dépend à la fois de VUE1 et de VUE2. VUE5 dépend de VUE2. En se basant sur ces relations, voilà ce que l'on peut conclure :

- Si VUE1 est supprimée, VUE3 et VUE4 ne sont plus valides.
- Si VUE2 est supprimée, VUE4 et VUE5 ne sont plus valides.
- Si TABLE est supprimée, plus aucune vue n'est valide.

### L'option WITH CHECK OPTION

WITH CHECK OPTION est une option de l'instruction CREATE VIEW. L'objectif de cette option est d'assurer que toutes les instructions UPDATE et INSERT répondent à la ou aux conditions de la définition de la vue. Si elles ne répondent pas aux conditions, les instructions UPDATE ou INSERT retournent une erreur. L'option WITH CHECK OPTION offre deux options : CASCADED et LOCAL. En réalité, elle renforce l'intégrité référentielle en consultant la définition de la vue pour vérifier qu'elle n'a pas été violée.

Voici un exemple de création d'une vue avec l'option WITH CHECK OPTION :

```
CREATE VIEW EMPLOYES_PAGERS_VUE AS
SELECT NOM, PRENOM, PAGER
FROM EMPLOYES_TBL
WHERE PAGER IS NOT NULL
WITH CHECK OPTION;

Vue créée.
```

# Vues et synonymes

Dans ce cas, l'option WITH CHECK OPTION refuse toute valeur NULL dans la colonne PAGER de la vue dans la mesure où celle-ci a été définie comme n'acceptant pas les valeurs NULL.

Essayez d'insérer une valeur NULL dans la colonne PAGER :

```
INSERT INTO EMPLOYES_PAGERS_VUE
VALUES ('MARTIN','PECHEUR',NULL);
insert into employes_pagers
            *
ERREUR ligne 1 :
ORA-01400: mandatory (NOT NULL) column is missing
or NULL during insert.
```

L'option WITH CHECK OPTION a fonctionné. Le message d'erreur indique que la présence d'une valeur NOT NULL est obligatoire dans la colonne. La teneur exacte de ce message pourra varier d'une implémentation à l'autre et, selon la version que vous utiliserez, pourra même être traduite en français.

### CASCADED ou LOCAL : que choisir ?

Lors de la création d'une vue à partir d'une vue avec l'option WITH CHECK OPTION, vous avez le choix entre deux options supplémentaires : CASCADED et LOCAL. CASCADED est la valeur par défaut, présumée si elle n'est pas spécifiée. Elle vérifie toutes les vues sous-jacentes, toutes les contraintes d'intégrité lors de l'actualisation de la table de base par rapport aux conditions qui définissent la seconde vue. L'option LOCAL sert à vérifier uniquement l'intégrité des contraintes par rapport aux deux vues et aux conditions de définition de la seconde vue, mais pas de la table de base. Il est donc plus sûr de créer des vues avec l'option CASCADED dans la mesure où l'intégrité référentielle de la table de base est préservée.

## SQL

### Actualiser une vue

Vous pouvez actualiser une vue sous certaines conditions :

- La vue ne doit pas être impliquée dans des jointures.
- La vue ne doit pas contenir de clause GROUP BY.
- La vue ne peut contenir aucune référence à la pseudo-colonne ROWNUM.
- La vue ne peut contenir aucune fonction de regroupement.
- La clause DISTINCT ne peut être utilisée.
- La clause WHERE ne peut contenir aucune expression de table imbriquée incluant une référence à la même table que celle référencée dans la clause FROM.

### Insérer des lignes dans une vue

Vous pouvez insérer des lignes de données dans une vue. Les règles de la commande INSERT sont identiques à celles de la commande UPDATE.

### Supprimer des lignes d'une vue

Pour supprimer des lignes de données d'une vue, utilisez la commande DELETE. Les règles qui s'appliquent à cette commande sont identiques à celles des commande UPDATE et INSERT.

*Voir Chapitre 14, pour plus d'informations sur la syntaxe de la commande UPDATE, INSERT et DELETE.*

### Joindre des vues avec des tables et d'autres vues

Il est possible de joindre une vue avec des tables et d'autres vues. Les principes de jointures qui s'appliquent sont identiques à ceux qui s'appliquent pour joindre des tables à d'autres tables.

# Vues et synonymes

*Voir Chapitre 13, pour plus d'informations sur les jointures de tables.*

### Créer une table à partir d'une vue

Vous pouvez créer une table à partir d'une vue, comme vous le feriez à partir d'une autre table. Voici la syntaxe :

```
CREATE TABLE NOM_TABLE AS
SELECT {* ¦ COLONNE1 [, COLONNE2 ]
FROM NOM_VUE
[ WHERE CONDITION1 [, CONDITION2 ]
[ ORDER BY ]
```

Commencez par créer une vue basée sur deux tables :

```
CREATE VIEW CLIENTS_ACTIFS_VUE AS
SELECT CL.*
FROM CLIENTS_TBL CL,
     COMMANDES_TBL CDE
WHERE CL.ID_CLIENT = CDE.ID_CLIENT;
```

    Vue créée.

Créez ensuite une table basée sur la vue que vous venez de créer :

```
CREATE TABLE LISTE_CLIENTS_TBL AS
SELECT ID_CLIENT, NOM_CLIENT
FROM CLIENTS_ACTIFS_VUE;
```

    Table créée.

Pour finir, sélectionnez les données de la table, comme vous le feriez pour n'importe quelle autre table :

```
SELECT *
FROM LISTE_CLIENTS_TBL;

ID_CLIENT   NOM_CLIENT
---------   -------------------
232         BRASSERIE DU PECHEUR
12          ACADEMIE CEVENOLE DE DANSE
```

| | |
|---|---|
| 43 | LE FIL DU RASOIR |
| 090 | SOLUTIONS INFORMATIQUES |
| 287 | POUPEES DECORATION |
| 432 | LA MAIN TENDUE |
| 560 | BAUGER BIOTECHNIQUE |

7 lignes sélectionnées.

> Souvenez-vous que la principale différence entre une table et une vue est que la table contient des données réelles et occupe de l'espace disque, alors que la vue ne contient pas de données et ne nécessite aucun espace autre que le stockage de la définition de la vue, autrement dit le contenu de la requête.

### Vues et clause ORDER BY

La clause ORDER BY ne peut être employée dans l'instruction CREATE VIEW. Vous pouvez, toutefois, faire appel à la clause GROUP BY qui, utilisée avec l'instruction CREATE VIEW, produit le même résultat que la clause ORDER BY.

> Il est plus simple d'utiliser la clause ORDER BY dans le cadre d'une instruction SELECT interrogeant la vue que de faire appel à la clause GROUP BY dans l'instruction CREATE VIEW.

Voici un exemple de clause GROUP BY dans une instruction CREATE VIEW :

```
CREATE VIEW NOMS2_VUE AS
SELECT NOM || ', ' || PRENOM NOM_COMPLET
FROM EMPLOYES_TBL
GROUP BY NOM || ', ' || PRENOM;

Vue créée.
```

Si vous sélectionnez toutes les données de la vue, elles seront classées par ordre alphabétique (étant donné que vous avez fait un regroupement par NOM_COMPLET).

```
SELECT *
FROM NOMS2_VUE;

NOM COMPLET
-------------------
DESMARTIN, JEAN
SUGIER, KEVIN
STEPANIAN, KARINE
CHASSEUR, DAVID
CHRISTOPHE, SYLVIE
LEBIHEN, MAUD
BALCONNET, SYLVIE
KLEIN, CHARLES

8 lignes sélectionnées.
```

## Suppression d'une vue

La commande DROP VIEW sert à supprimer une vue de la base de données. Elle prend deux options : RESTRICT et CASCADE. Si vous supprimez une vue avec l'option RESTRICT alors qu'une autre vue est référencée dans la contrainte, la commande DROP VIEW échoue. Si vous supprimez une vue avec l'option CASCADE et qu'une autre vue ou contrainte est référencée, la commande DROP VIEW fonctionne et la vue ou la contrainte sous-jacente sont également supprimées. Voici une exemple :

```
DROP VIEW NOMS2_VUE;

Vue supprimée.
```

# Définition d'un synonyme

Un *synonyme* est simplement un autre nom pour une table ou une vue. On fait souvent appel aux synonymes pour éviter à l'utilisateur de nommer la table ou la vue d'un autre utilisateur pour y accéder. Les synonymes peuvent être crées sous forme publique ou privée. Un synonyme PUBLIC peut être exploité par tout utilisateur de la base de données. Un synonyme PRIVATE ne peut être employé que par son propriétaire et les utilisateurs bénéficiant de privilèges d'accès.

> **Les synonymes sont exploités par plusieurs implémentations majeures. Ils ne font pas partie de SQL standard ANSI. Néanmoins, dans la mesure où on les retrouve dans les principales implémentations, il est souhaitable de les traiter au moins brièvement. Consultez votre implémentation pour connaître l'utilisation exacte des synonymes, si elle est disponible.**

### Gérer les synonymes

Les synonymes sont gérés par l'administrateur de la base de données (ou tout autre personne désignée) ou par les utilisateurs. Dans la mesure où il existe deux types de synonymes, PUBLIC et PRIVATE, différents privilèges système sont nécessaires pour créer l'un ou l'autre type. En règle générale, tous les utilisateurs peuvent créer des synonymes PRIVATE et seul l'administrateur de la base de données est en mesure de créer des synonymes PUBLIC. Reportez-vous à votre implémentation pour connaître les privilèges nécessaires à la création des synonymes.

### Créer des synonymes

Voici la syntaxe qui permet de créer un synonyme :

```
CREATE [PUBLIC¦PRIVATE] SYNONYM NOM_SYNONYME FOR
TABLE¦VUE
```

## Vues et synonymes

Dans l'exemple suivant, vous allez créer le synonyme CL, pour abréger CLIENTS_TBL.

```
CREATE SYNONYM CL FOR CLIENTS_TBL;
```

Synonyme créé.

```
SELECT NOM_CLIENT
FROM CL;
```

NOM_CLIENT
```
--------------------------
BRASSERIE DU PECHEUR
CONSULTANTS REDACTION
LES GRANDS MECHANTS LIVRES
SOLUTIONS INFORMATIQUES
ACADEMIE CEVENOLE DE DANSE
LA MAIN TENDUE
ACADEMIE BALLARD
CONFISERIE MORGAN
LE FIL DU RASOIR
POUPEES DECORATION
CABINET JARDIN & DURAND
LES SPECIALISTES DU DESIGN
BOUTIQUE DE CADEAUX MARIE
BAUGER BIOTECHNIQUE
AMEUBLEMENT PIERRE
```

15 lignes sélectionnées.

Dans la pratique courante, le propriétaire d'une table aura intérêt à créer un synonyme pour la table à laquelle vous avez accès pour vous éviter d'avoir à saisir le nom de table et de son propriétaire :

```
CREATE SYNONYM PRODUITS_TBL FOR
UTILISATEUR1.PRODUITS_TBL;
```

Synonyme créé.

## Supprimer les synonymes

Un synonyme se supprime comme tout autre objet de base de données. En voici la syntaxe :

```
DROP [PUBLIC|PRIVATE] SYNONYM NOM_SYNONYME
```

Et voici un exemple :

**DROP SYNONYM CL;**

Synonyme supprimé.

# Chapitre 21

# Travailler avec le catalogue système

### Au sommaire de ce chapitre

- Définition du catalogue système
- Création du catalogue système
- Contenu du catalogue système
- Exemples de tables du catalogue système selon l'implémentation
- Interrogation du catalogue système
- Mise à jour des objets du catalogue système

Dans ce chapitre, vous allez découvrir le catalogue système, plus connu dans certaines implémentations de bases de données relationnelles sous le nom de dictionnaire de données. A l'issue de cette lecture, vous comprendrez sa nature et son contenu et pourrez l'interroger pour obtenir des informations sur la base de données à l'aide des commandes abordées dans les précédents chapitres. Les principales implémentations possèdent toutes ce genre de catalogue système. Ce chapitre propose des exemples d'éléments stockés dans différents types de catalogue système.

## Définition du catalogue système

Le *catalogue système* est une collection de tables contenant les informations importantes de la base de données. Chaque base de données possède son catalogue système. L'information qui s'y trouve définit la structure de la base de données. Par exemple, le langage du dictionnaire des données (DDL, *data dictionary language*) propre à toutes les tables de la base, est stocké dans le catalogue système (voir Figure 21.1).

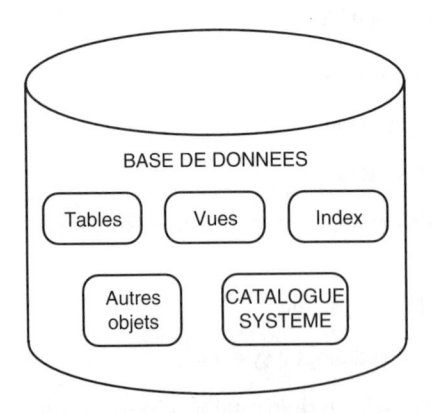

**Figure 21.1 : Catalogue système.**

# Travailler avec le catalogue système

L'étude de la Figure 21.1 révèle que le catalogue système fait réellement partie de la base de données. On y trouve des objets tels que les tables, les index et les vues. Le catalogue système est essentiellement composé d'un groupe d'objets qui contient des informations définissant d'autres objets de la base de données, la structure de la base de données ainsi que d'autres informations importantes.

Le catalogue système de votre implémentation se divise en groupes d'objets logiques proposant des tables accessibles non seulement à l'administrateur de base de données, mais aussi à tout autre utilisateur. Un utilisateur souhaite, par exemple, visualiser les privilèges d'accès qui lui ont été accordés. Toutefois, il n'a pas besoin de connaître la structure interne ou les processus de la base. L'utilisateur interroge habituellement le catalogue système dans le but d'obtenir des informations associées aux objets et aux privilèges qui lui sont propres. En revanche, l'administrateur de base de données doit pouvoir interroger toute structure ou événement de la base. Certaines implémentations lui confèrent un accès exclusif.

Le catalogue système est un élément crucial tant pour l'administrateur de base de données que pour tout autre utilisateur désireux de connaître la structure et la nature de la base. L'administrateur de base de données, les utilisateurs, mais aussi le serveur de base de données lui-même, l'utilisent pour maintenir l'ordre.

> **Les tables et les vues du catalogue système répondent à des conventions de désignation propres à chaque implémentation. La désignation importe peu ; seul l'apprentissage de l'utilisation du catalogue système, de son contenu et de la manière de localiser l'information pour l'extraire est important.**

## Création du catalogue système

Le catalogue système est généré soit automatiquement lors la création de la base de données, soit par l'administrateur de base de données aussitôt après la création de la base. Par exemple, Oracle contient un jeu de scripts SQL prédéfinis livrés avec le produit, qui construisent toutes les tables et les vues du catalogue système accessibles à l'utilisateur. Celles-ci appartiennent au système et ne sont pas spécifiques à un schéma. Dans Oracle, le propriétaire du catalogue système est un compte utilisateur appelé SYS qui a pleine autorité sur la base de données. Dans Sybase, le serveur SQL stocke le catalogue système dans la base de données MASTER.

## Contenu du catalogue système

Le catalogue système contient un large éventail d'informations accessibles à de nombreux utilisateurs et utilisées à des fins diverses.

Voici le contenu du catalogue système :

- Comptes utilisateur et paramètres par défaut
- Privilèges d'accès et autres informations sur la sécurité
- Statistiques de performance
- Taille des objets
- Croissance des objets
- Structure des tables et stockage
- Structure des index et stockage

- Informations concernant d'autres objets de la base de données tels que les vues, les synonymes, les déclencheurs et les procédures stockées

- Contraintes sur les tables et informations d'intégrité référentielle

- Sessions utilisateur

- Informations de surveillance

- Paramètres internes

- Emplacements des fichiers de la base de données

Le serveur de la base de données est chargé de la maintenance du catalogue système. Par exemple, lorsqu'une table est créée, le serveur insère les données appropriées dans la table ou la vue du catalogue système. Lorsqu'une structure de table est modifiée, les objets du dictionnaire de données sont également mis à jour. Les prochaines sections décrivent catégorie par catégorie, les types de données contenues dans un catalogue système.

### Données utilisateur

Toutes les informations relatives à chaque utilisateur sont stockées dans le catalogue système : les privilèges d'accès au système et aux objets, les objets que l'utilisateur possède ainsi que ceux qu'il ne possède pas, mais auxquels il a accès. Les tables et les vues d'un utilisateur sont accessibles à toute personne souhaitant obtenir une information. Reportez-vous à la documentation de votre implémentation pour plus d'informations sur les objets du catalogue système.

### Informations sur la sécurité

Le catalogue système stocke aussi des informations sur la sécurité, telles que les identifiants utilisateur et les mots de passe cryptés, et sur les différents privilèges et groupes de privilèges dont les utilisateurs se servent pour accéder aux données. Certaines implémentations contiennent des tables de surveillance qui permettent de suivre les actions engagées vis-à-vis de la base de données et d'en connaître l'auteur, l'heure, etc. Dans de nombreuses implémentations, le catalogue système permet également d'exercer une étroite surveillance des sessions utilisateur.

### Informations sur la conception de la base de données

Le catalogue système contient des informations sur la base de données. On y trouve sa date de création, son nom, la taille de ses objets, la taille et l'emplacement de ses fichiers, les informations d'intégrité référentielle, les index existants, l'information relative aux colonnes et aux attributs des colonnes pour chaque table de la base.

### Statistiques de performances

En règle générale, le catalogue système contient aussi les statistiques de performance. Elles englobent les performances des instructions SQL, c'est-à-dire le temps écoulé et le mode d'exécution choisi par l'optimiseur de requête. D'autres informations concernent l'espace alloué à la mémoire et son utilisation, l'espace libre disponible dans la base de données, et les informations qui permettent de contrôler la fragmentation des tables et des index. Ces informations permettent d'effectuer les ajustements nécessaires, de réordonner les requêtes SQL ou de revoir les modes d'accès aux données, et ce pour de meilleures performances globales et un meilleur temps de réponse aux requêtes SQL.

# Exemples de tables du catalogue système selon l'implémentation

Chaque implémentation possède plusieurs tables et vues qui composent le catalogue système. Certaines sont classées au niveau de l'utilisateur, du système ou de l'administrateur de base de données. Dans votre implémentation, ce sont ces tables qu'il vous faudra interroger. Consultez votre documentation pour plus d'informations sur les tables du catalogue système. Le Tableau 21.1 propose quelques exemples correspondant à cinq implémentations majeures.

Tableau 21.1 : Objets du catalogue système des principales implémentations

| Microsoft SQL Server | |
|---|---|
| Nom de la table | Description |
| SYSUSERS | Information sur les utilisateurs |
| SYSSEGMENTS | Information sur tous les segments de la base de données |
| SYSINDEXES | Information sur tous les index |
| SYSCONSTRAINTS | Information sur toutes les contraintes |
| dBase | |
| Nom de la table | Description |
| SYSVIEWS | Information sur toutes les vues |
| SYSTABLS | Information sur toutes les tables |
| SYSIDXS | Information sur tous les index |
| SYSCOLS | Information sur les colonnes |

**Tableau 21.1 (*Suite*)**

### Microsoft Access

| Nom de la table | Description |
|---|---|
| MSysColumns | Information sur les colonnes des tables |
| MSysIndexes | Information sur les index des tables |
| MSysMacros | Information sur les macros créées |
| MSysObjects | Information sur tous les objets de la base de données |
| MSysQueries | Information sur les requêtes créées |
| MSysRelationships | Information sur les relations entre tables |

### Sybase

| Nom de la table | Description |
|---|---|
| SYSMESSAGES | Liste tous les messages d'erreur du serveur |
| SYSKEYS | Information sur les clés primaires et extérieures |
| SYSTABLES | Information sur toutes les tables et vues |
| SYSVIEWS | Texte de toutes les vues |
| SYSCOLUMNS | Information sur les colonnes de table |
| SYSINDEXES | Information sur les index |
| SYSOBJECTS | Information sur les tables, les déclencheurs, les vues et autres objets similaires |
| SYSDATABASES | Information sur toutes les bases de données du serveur |
| SYSPROCEDURES | Information sur les vues, les déclencheurs et les procédures stockées |

# Travailler avec le catalogue système

**Tableau 21.1** (*Suite*)

**Oracle**

| Nom de la table | Description |
|---|---|
| ALL_TABLES | Information sur les tables accessibles à l'utilisateur |
| USER_TABLES | Information sur les tables appartenant à un utilisateur |
| DBA_TABLES | Information sur toutes les tables de la base de données |
| DBA_SEGMENTS | Information sur le stockage de segment |
| DBA_INDEXES | Information sur tous les index |
| DBA_USERS | Information sur tous les utilisateurs de la base de données |
| DBA_ROLE_PRIVS | Information sur les rôles attribués |
| DBA_ROLES | Information sur les rôles de la base de données |
| DBA_SYS_PRIVS | Information sur les privilèges d'accès au système |
| DBA_FREE_SPACE | Information sur l'espace disponible dans la base de données |
| V$DATABASE | Information sur la création de la base de données |
| V$SESSION | Information sur les sessions en cours |

> Il ne s'agit là que de quelques objets du catalogue système issus de quelques implémentations de bases de données relationnelles. Dans ce tableau, de nombreux objets de catalogue système presque identiques ont été décrits, mais ce chapitre s'efforce de vous en présenter un large éventail. Globalement, l'organisation du contenu du catalogue système dépend beaucoup de l'implémentation.

## Interrogation du catalogue système

Les tables ou vues du catalogue système s'interrogent de la même manière que toute autre table ou vue de la base de données à l'aide du langage SQL. Un utilisateur donné aura la possibilité d'interroger les tables des autres utilisateurs, mais pourra se voir refuser l'accès aux différentes tables système. En effet, seuls les comptes utilisateur privilégiés, tels que celui de l'administrateur de base de données, peuvent y accéder.

Pour extraire des données du catalogue système, créez une requête SQL exactement de la même manière que pour interroger toute autre table de la base de données.

Par exemple, la requête suivante retourne toutes les lignes de données de la table Sybase SYSTABLES :

```
SELECT * FROM SYSTABLES
GO
```

Dans la prochaine section, vous trouverez quelques exemples d'interrogation des tables du catalogue système et des informations obtenues en retour.

### Exemples d'interrogation du catalogue système

Les prochains exemples utilisent le catalogue système d'Oracle. Ce choix est arbitraire : il est dû au fait qu'il s'agit de l'implémentation avec laquelle les auteurs de ce livre sont le plus familiarisés.

La requête suivante répertorie tous les comptes utilisateur de la base de données :

```
SELECT NOM_UTILISATEUR
FROM ALL_USERS_TBL;
NOM_UTILISATEUR
----------------
```

# Travailler avec le catalogue système

```
SYS
SYSTEM
JEAN
PIERRE
DEMO
LUC
UTILISATEUR1
UTILISATEUR2

8 lignes sélectionnées.
```

La prochaine requête répertorie toutes les tables appartenant à un utilisateur :

```
SELECT NOM_TABLE
FROM TABLES_UTILISATEUR;
NOM_TABLE
----------------
BONBONS_TBL
CLIENTS_TBL
EMPLOYES_PAIE_TBL
EMPLOYES_TBL
PRODUITS_TBL
COMMANDES_TBL

6 lignes sélectionnées.
```

La prochaine requête retourne tous les privilèges accordés à l'utilisateur STEPANIAN :

```
SELECT UTILISATEUR_AUTORISE, PRIVILEGE
FROM SYS.DBA_SYS_PRIVS
WHERE UTILISATEUR_AUTORISE = 'STEPANIAN';
UTILISATEUR_AUTORISE    PRIVILEGE
--------------------    --------------------
STEPANIAN               ALTER ANY TABLE
STEPANIAN               ALTER USER
STEPANIAN               CREATE USER
STEPANIAN               DROP ANY TABLE
STEPANIAN               SELECT ANY TABLE
STEPANIAN               UNLIMITED TABLESPACE

6 lignes sélectionnées.
```

Voici un exemple extrait de Microsoft Access :

```
SELECT NOM
FROM MES_OBJETS_SYS
WHERE NOM = 'MES_OBJETS_SYS'
NOM
- - - - - - - - - -
MSYSOBJECTS
```

> Les exemples de cette section sont une goutte d'eau dans la mer en comparaison des informations qu'il est possible d'extraire du catalogue système. Reportez-vous à la documentation de votre implémentation pour plus d'informations sur les tables du catalogue système et les colonnes correspondantes.

## Mise à jour des objets du catalogue système

Même pour l'administrateur de base de données, le catalogue système ne sert qu'aux opérations de requête. Le serveur de base de données se charge automatiquement de mettre à jour le catalogue système. Par exemple, un utilisateur crée une table dans la base de données lorsqu'il émet une instruction CREATE TABLE. Le serveur de base de données place ensuite le DDL utilisé pour créer la table dans la table appropriée du catalogue système. Aucune intervention manuelle n'est nécessaire. Pour chaque implémentation, le serveur de base de données accomplit ces mises à jour en fonction des différentes opérations qui ont lieu dans la base, comme le montre la Figure 21.2.

## Travailler avec le catalogue système

**Utilisateur**

```
Instruction
CREATE
TABLE
          →   BASE DE DONNEES

Serveur de base
de données
          ↓
              Catalogue système
```

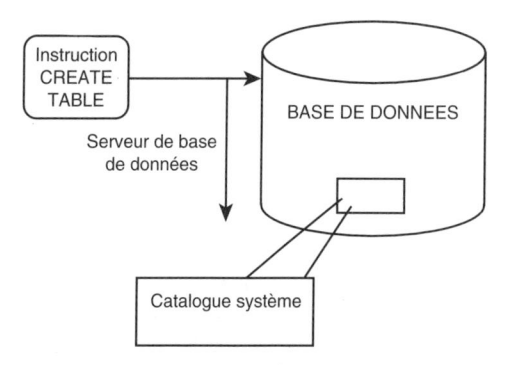

**Figure 21.2 : Mises à jour du catalogue système.**

> ⚠ Ne manipulez jamais des tables directement dans le catalogue système. Vous risqueriez de compromettre l'intégrité de la base de données. Souvenez-vous que les informations relatives à la structure de la base de données, ainsi que tous les objets de la base, sont maintenus dans le catalogue système. Ce dernier est habituellement isolé de toutes les autres données de la base.

# Chapitre 22

# Fonctionnalités avancées du langage SQL

### Au sommaire de ce chapitre

- Les curseurs
- Les procédures stockées
- Les déclencheurs
- Bases du Dynamic SQL
- Générer du SQL avec du SQL
- Code SQL : direct ou incorporé ?

Dans ce chapitre, nous allons aborder un certain nombre de concepts avancés du langage SQL. Après l'avoir lu, vous devriez comprendre ce que sont les curseurs, les procédures stockées, les déclencheurs, le Dynamic SQL et la différence entre le SQL direct et le SQL incorporé. Vous découvrirez enfin comment SQL peut générer du SQL.

## Concepts avancés

En matière de langage SQL, les concepts avancés que nous allons évoquer tout au long de ce chapitre sont ceux qui dépassent les opérations de base que vous avez apprises jusqu'à présent, comme les requêtes, la construction de structures et la manipulation des données. Ces fonctionnalités avancées existent dans la plupart des implémentations et toutes apportent des optimisations aux aspects de SQL étudiés jusqu'à présent.

> Toutes ces fonctionnalités n'appartiennent pas au standard ANSI ; vérifiez votre implémentation pour en connaître les variantes en matière de syntaxe et de règles. Dans ce chapitre, nous comparons quelques syntaxes parmi celles des constructeurs les plus importants.

## Les curseurs

Pour la plupart des utilisateurs d'informatique, le curseur est ce trait ou ce rectangle clignotant à l'écran qui vous indique à quel endroit vous vous trouvez dans un fichier ou dans une application. Or, il ne s'agit pas ici de ce type de curseur. Un *curseur* SQL est une zone située dans la mémoire de la base de données dans laquelle est stockée la dernière instruction SQL. Si l'instruction SQL en cours est une requête, une ligne de résultat de la requête est également stockée en mémoire. Cette ligne représente la *valeur en cours* ou *ligne en cours*. Cette zone de mémoire est nommée et mise à la disposition des programmes.

# Fonctionnalités avancées du langage SQL

En règle générale, on utilise les curseurs pour récupérer un sous-ensemble de données de la base. Par conséquent, chaque ligne stockée dans le curseur peut être évaluée par un programme, ligne par ligne. Normalement, on utilise les curseurs dans le code SQL incorporé à des programmes de type procédural. Certains curseurs sont créés de manière implicite par le serveur de base de données, tandis que d'autres sont définis par le programmeur. Chaque implémentation peut définir différemment l'utilisation des curseurs.

Dans cette section, nous allons vous donner quelques exemples de syntaxe issue de deux implémentations majeures : Microsoft SQL Server et Oracle.

Voici comment déclarer un curseur sous Microsoft SQL Server :

```
DECLARE NOM_CURSEUR CURSOR
FOR INSTRUCTION_SELECT
[ FOR [READ ONLY ¦ UPDATE [ LISTE_COLONNES ]]]
```

Voici la syntaxe sous Oracle :

```
DECLARE CURSOR NOM_CURSEUR
IS {INSTRUCTION_SELECT}
```

Le curseur ci-dessous contient un jeu de résultats issu de tous les enregistrements de la table EMPLOYES_TBL :

```
DECLARE CURSOR CURSEUR_EMP IS
SELECT * FROM EMPLOYES_TBL
{ AUTRES INSTRUCTIONS DU PROGRAMME }
```

Selon le standard ANSI, les opérations suivantes servent à accéder à un curseur après qu'il a été défini :

| OPEN | Ouvre un curseur existant |
|---|---|
| FETCH | Récupère les lignes d'un curseur pour les stocker dans une variable de programme |
| CLOSE | Ferme le curseur lorsque les opérations le concernant sont terminées |

#### Ouvrir un curseur

Lorsqu'un curseur est ouvert, l'instruction SELECT correspondante s'exécute et les résultats de la requête sont stockés dans une zone de préparation en mémoire.

Voici la syntaxe qui permet d'ouvrir un curseur sous dBase :

```
OPEN NOM_CURSEUR
```

Puis sous Oracle :

```
OPEN NOM_CURSEUR [ PARAMETRE1 [, PARAMETRE2 ]]
```

Voici comment ouvrir CURSEUR_EMP :

```
OPEN CURSEUR_EMP
```

#### Récupérer les données d'un curseur

Le contenu du curseur, autrement dit, le résultat de la requête, peut être récupéré directement grâce à l'instruction FETCH une fois le curseur ouvert.

Voici la syntaxe de cette instruction sous Microsoft SQL Server :

```
FETCH NOM_CURSEUR [ INTO LISTE_FETCH ]
```

# Fonctionnalités avancées du langage SQL

La voici sous Oracle :

```
FETCH NOM_CURSEUR {INTO : VARIABLE_HOTE}
[[ INDICATEUR ] : VARIABLE_INDICATEUR ]
[, : VARIABLE_HOTE
[[ INDICATEUR ] : VARIABLE_INDICATEUR ]]
¦ USING DESCRIPTOR DESCRIPTEUR ]
```

Puis sous dBase :

```
FETCH NOM_CURSEUR INTO VARIABLES_MEMOIRE
```

Pour récupérer le contenu de CURSEUR_EMP dans une variable nommée ENREG_EMP, vous écrirez l'instruction FETCH suivante :

```
FETCH CURSEUR_EMP INTO ENREG_EMP
```

### Fermer un curseur

Il est très simple de fermer un curseur ouvert. Une fois fermé, le curseur n'est plus accessible aux programmes utilisateur.

> **Le fait de fermer un curseur ne libère pas nécessairement la mémoire qui lui a été associée. Dans certaines implémentations, la mémoire utilisée par un curseur doit être désallouée *via* l'instruction DEALLOCATE. Lorsque le curseur est désalloué, la mémoire correspondante est libérée et le nom du curseur peut être réutilisé. Dans d'autres implémentations, la mémoire est désallouée de manière implicite lors de la fermeture du curseur. La mémoire libérée est alors mise à la disposition d'autres opérations, comme l'ouverture d'un autre curseur, qui va solliciter l'utilisation de mémoire.**

Voici la syntaxe Microsoft SQL Server qui permet de fermer et désallouer un curseur :

```
CLOSE NOM_CURSEUR

DEALLOCATE CURSOR NOM_CURSEUR
```

Sous Oracle, lorsque vous fermez un curseur, les ressources et le nom correspondant sont libérés sans déclaration de désallocation :

```
CLOSE NOM_CURSEUR
```

Pour libérer les ressources sous dBase, la table doit préalablement être fermée et réouverte, après l'exécution de l'instruction suivante :

```
CLOSE NOM_CURSEUR
```

> Comme vous avez pu le constater dans les précédents exemples, les variations sont nombreuses d'une implémentation à l'autre, notamment au niveau des fonctionnalités avancées et des extensions SQL. Vérifiez votre implémentation pour connaître l'utilisation exacte des curseurs.

*Voir Chapitre 24, pour plus d'informations sur les extensions au langage SQL.*

## Procédures et fonctions stockées

Les *procédures stockées* sont des regroupements d'instructions que l'on nomme aussi *fonctions* ou *sous-programmes*. Celles-ci sont destinées à apporter une plus grande souplesse au travail du programmeur. Cette souplesse découle du fait qu'il est bien souvent plus aisé d'exécuter une procédure stockée que plusieurs instructions SQL isolément. Il est possible de mettre en œuvre des imbrications de procédures stockées. Dans ce cas, une procédure stockée en appelle une autre, qui peut faire de même à son tour, etc.

Les procédures stockées autorisent la programmation procédurale. Les principales instructions SQL, qu'il s'agisse de DDL, de

# Fonctionnalités avancées du langage SQL

DML ou de DQL (CREATE TABLE, INSERT, UPDATE, SELECT, etc.) vous permettent d'indiquer à la base de données ce qu'elle doit faire, mais pas comment. En écrivant des procédures stockées, vous informez le moteur de base de données de la manière selon laquelle il doit traiter les données.

Les procédures stockées sont stockées dans la base de données sous forme compilée et sont prêtes à être exécutées par l'utilisateur à tout moment. Une *fonction stockée* se comporte de la même manière, mais c'est une fonction qui est utilisée pour retourner les valeurs.

Les fonctions sont appelées par les procédures. Dans un tel cas de figure, des paramètres peuvent être transmis à une fonction, une valeur est calculée, puis retransmise à la procédure appelante pour traitement.

Lorsque vous créez une procédure stockée, les divers sous-programmes et fonctions (utilisant SQL) qui la composent sont effectivement stockés dans la base de données. La procédure stockée est pré-analysée et immédiatement prête à l'exécution sur invocation de l'utilisateur.

Voici la syntaxe qui permet de créer une procédure stockée sous Microsoft SQL Server :

```
CREATE PROCEDURE NOM_PROCEDURE
[ [(] @NOM_PARAMETRE
DATATYPE [(LENGTH) ¦ (PRECISION] [, SCALE ])
[ = DEFAULT ][ OUTPUT ]]
[, @NOM_PARAMETRE
DATATYPE [(LENGTH) ¦ (PRECISION [, SCALE ])
[ = DEFAULT ][ OUTPUT ]] [)]]
[ WITH RECOMPILE ]
AS INSTRUCTIONS_SQL
```

# SQL

Voici la syntaxe sous Oracle :

```
CREATE [ OU REPLACE ] PROCEDURE NOM_PROCEDURE
[ (ARGUMENT [{IN ¦ OUT ¦ IN OUT} ] TYPE,
ARGUMENT [{IN ¦ OUT ¦ IN OUT} ] TYPE) ] {IS ¦ AS}
CORPS_PROCEDURE
```

Voici maintenant un exemple très simple de procédure stockée :

```
CREATE PROCEDURE NOUVEAU_PRODUIT
(ID_PROD IN VARCHAR2, DESC_PROD IN VARCHAR2, PRIX
IN NUMBER)
AS
BEGIN
  INSERT INTO PRODUITS_TBL
  VALUES (ID_PROD, DESC_PROD, PRIX);
  COMMIT;
END;
Procédure créée.
```

Cette procédure permet d'insérer de nouvelles lignes dans la table PRODUITS_TBL.

Vous trouverez ci-dessous la syntaxe correspondant à l'exécution d'une procédure stockée sous Microsoft SQL Server :

```
EXECUTE [ @ETAT_RETOURNE = ]
NOM_PROCEDURE
[[@NOM_PARAMETRE = ] VALUE ¦
[@NOM_PARAMETRE = ] @VARIABLE [ OUTPUT ]]
[WITH RECOMPILE]
```

Voici la syntaxe sous Oracle :

```
EXECUTE [@ETAT RETOURNE =] NOM PROCEDURE
[[@NOM PARAMETRE = ] VALUE ¦ [@NOM PARAMETRE = ]
@VARIABLE [ OUTPUT ]]]
[ WITH RECOMPILE ]
```

Exécutez maintenant la procédure créée :

```
EXECUTE NOUVEAU_PRODUIT ('9999','MAIS
INDIEN',14.90);
PL/SQL procedure successfully completed.
```

Fonctionnalités avancées du langage SQL

> Vous trouvez sans doute qu'il existe beaucoup de différences dans la syntaxe autorisée pour coder des procédures selon les implémentations SQL. Les commandes sont en général les mêmes, mais les constructs de programmation (variables, instructions conditionnelles, curseurs, boucles) peuvent varier fortement d'un produit à l'autre.

### Avantages des procédures et des fonctions stockées

Les procédure stockées possèdent un certain nombre d'avantages par rapport à l'exécution d'instructions isolées :

- Les instructions sont déjà stockées dans la base de données.
- Elles sont déjà analysées et se trouvent dans un format exécutable.
- Les procédures stockées supportent un mode de programmation par modules.
- Elles peuvent appeler d'autres procédures ou fonctions.
- Elles peuvent être appelées par d'autres types de programmes.
- Les temps de réponse sont souvent améliorés par l'emploi des procédures stockées.
- Elles sont d'utilisation plus aisée.

## Déclencheurs

Un *déclencheur* (*trigger*) est une procédure SQL compilée dans la base de données qui permet d'accomplir des actions en fonction d'autres actions pouvant se produire au sein de la base.

Il s'agit d'une sorte de procédure stockée qui s'exécute lorsqu'une action spécifique (DML, *Data Manipulation Language*) s'accomplit sur une table. Le déclencheur peut être exécuté avant ou après les instructions INSERT, DELETE, ou UPDATE. Vous pouvez aussi vous en servir pour vérifier l'intégrité des données avant de déclarer ces instructions. C'est également grâce aux déclencheurs que l'on peut annuler des transactions ou modifier les données d'une table et aller lire des données dans une table appartenant à une autre base de données.

Le plus souvent, les déclencheurs sont très intéressants du point de vue de leur utilisation. Cependant, ils sont souvent la cause de surcharge au niveau des entrées/sorties. Il est déconseillé de les employer si une procédure stockée ou un programme sont capables d'arriver au même résultat avec une surcharge moindre.

### L'instruction CREATE TRIGGER

Voici comment déclarer une instruction CREATE TRIGGER selon le standard ANSI :

```
CREATE TRIGGER NOM_TRIGGER
[[BEFORE ¦ AFTER] TRIGGER EVENT ON NOM TABLE]
[REFERENCER VALUES LISTE ALIAS]
[ACTION DECLENCHEE
TRIGGER EVENT ::=
INSERT ¦ UPDATE ¦ DELETE [OF TRIGGER LISTE COLONNE]
TRIGGER LISTE COLONNE ::= NOM COLONNE [, NOM
COLONNE]
VALUES LISTE ALIAS ::=
VALUES LISTE ALIAS ::=
OLD [ROW] [AS] OLD VALUES NOM CORRELATION ¦
NEW [ROW] [AS] NEW VALUES NOM CORRELATION ¦
OLD TABLE [AS] OLD VALUES ALIAS TABLE ¦
NEW TABLE [AS] NEW VALUES ALIAS TABLE
OLD VALUES ALIAS TABLE ::= IDENTIFIANT
NEW VALUES ALIAS TABLE ::= IDENTIFIANT
ACTION DECLENCHEE ::=
```

```
[FOR EACH [ROW ¦ STATEMENT] [WHEN CONDITION RECHERCHE]]
INSTRUCTION SQL DECLENCHEE
INSTRUCTION SQL DECLENCHEE ::=
INSTRUCTION SQL ¦ BEGIN ATOMIC [INSTRUCTION SQL;]
END
```

Voici la syntaxe spécifique à Microsoft SQL Server :

```
CREATE TRIGGER NOM_TRIGGER
ON NOM_TABLE
FOR { INSERT ¦ UPDATE ¦ DELETE [, ..]}
AS
INSTRUCTIONS_SQL
[ RETURN ]
```

Voici la syntaxe sous Oracle :

```
CREATE [ OR REPLACE ] TRIGGER NOM_TRIGGER
[ BEFORE ¦ AFTER]
[ DELETE ¦ INSERT ¦ UPDATE]
ON [ UTILISATEUR.NOM_TABLE ]
[ FOR EACH ROW ]
[ WHEN CONDITION ]
[ BLOC PL/SQL ]
```

Voici enfin un exemple de création de déclencheur :

```
CREATE TRIGGER EMP_PAIE_TRIG
AFTER UPDATE ON EMPLOYES_PAIE_TBL
FOR EACH ROW
BEGIN
  INSERT INTO EMPLOYES_PAIE_HISTORIQUE
  (ID_EMP, COEF_PAIE_PRECED, COEF_PAIE,
DERN_AUGMENT,
   TYPE_TRANSACTION)
  VALUES

(:NOUV.ID_EMP, :ANCIEN.COEF_PAIE, :NOUV.COEF_PAIE,
   :NOUV.DERN_AUGMENT, 'EVOLUTION SALAIRE');
END;
/
Trigger créé.
```

Cet exemple illustre la création d'un déclencheur nommé EMP _PAIE_TRIG. Celui-ci insère une ligne dans la table EMPLOYES _PAIE_HISTORIQUE afin de refléter les changements qui surviennent chaque fois que des données sont mises à jour dans la table EMPLOYES_PAIE.

> Le corps du déclencheur n'est pas modifiable. En cas de changement, il vous faudra soit le remplacer, soit le recréer. Certaines implémentations autorisent le remplacement d'un déclencheur par un autre (à condition que les deux déclencheurs concernés aient le même nom) dans le cadre de l'instruction CREATE TRIGGER.

### L'instruction DROP TRIGGER

On supprime un déclencheur à l'aide de l'instruction DROP TRIGGER. En voici la syntaxe :

```
DROP TRIGGER NOM_TRIGGER
```

## Bases de SQL dynamique

Le *Dynamic SQL* permet au programmeur ou à l'utilisateur de spécialiser une instruction SQL à l'exécution et de transmettre cette instruction à la base de données. Celle-ci retourne alors les données dans des variables de programme, qui dépendent de l'exécution du code SQL.

Pour comprendre le SQL dynamique, revoyons le SQL statique. Dans ce livre, nous vous en parlons depuis le début. Une *instruction SQL statique* est écrite et n'est pas censée changer. Bien qu'il soit possible de stocker des instructions statiques dans des fichiers exécutables ultérieurement ou dans des procédures stockées dans la base, le SQL statique n'apporte pas autant de souplesse que peut le faire le SQL dynamique.

En mode statique, le problème est que, même en proposant de nombreuses requêtes possibles à l'utilisateur, il est fort probable que ces requêtes prédéfinies ne satisferont pas les besoins en toutes occasions. Le SQL dynamique est souvent sollicité par les outils de requête *ad hoc* (au sein desquels c'est l'utilisateur qui construit les requêtes), ce qui fait qu'une instruction SQL peut être recréée à la volée par l'utilisateur afin de satisfaire à un besoin spécifique ou à une situation particulière. Une fois l'instruction personnalisée, elle est envoyée à la base de données. Après vérification des éventuelles erreurs de syntaxe et des privilèges nécessaires à son exécution, l'instruction est compilée dans la base dans laquelle l'instruction est traitée par le serveur. Il est possible de générer du SQL dynamique en faisant appel à une interface de niveau d'appel, que nous décrirons dans la prochaine section.

> **Bien que le SQL dynamique offre plus de souplesse en regard des besoins d'interrogation des utilisateurs finaux, ses performances ne sont pas comparables à celles des procédures stockées, dont le code aura déjà été analysé par l'optimiseur SQL.**

## Interface de niveau d'appel

Une *interface de niveau d'appel* permet d'incorporer du code SQL à un programme hôte, programmé par exemple en C ANSI. Les programmeurs d'applications sont en général familiarisés avec le concept d'interface de niveau d'appel. Il s'agit de l'une des méthodes qui permettent au programmeur SQL d'incorporer du code SQL à différents langages de programmation procédurale. Avec les interfaces de niveau d'appel (CLI, *call-level interface*), il suffit de transmettre le texte d'une instruction SQL à une variable selon les règles du langage de programmation hôte. Il est ainsi possible d'exécuter l'instruction SQL dans le programme hôte au travers de l'utilisation de la variable à laquelle vous avez transmis le code SQL.

EXEC SQL est une commande de programmation hôte relativement courante, qui permet d'appeler une instruction SQL à partir d'un programme.

### EXEC SQL

Voici quelques langages de programmation qui supportent les CLI :

- COBOL ;
- C ANSI ;
- Pascal ;
- Fortran ;
- Ada.

> Reportez-vous à la syntaxe du langage de programmation hôte avec lequel vous exploitez les options des interfaces de niveau d'appel.

## Générer du SQL avec du SQL

Générer du SQL avec du SQL représente un gain de temps considérable lors de l'écriture de code SQL. Supposons que vous ayez 100 utilisateurs de votre base de données. Vous avez créé un nouveau rôle, baptisé AUTEUR (un objet défini par l'utilisateur qui bénéficie des privilèges) ; celui-ci doit être attribué aux 100 utilisateurs. Plutôt que de créer manuellement 100 instructions GRANT, utilisez l'instruction SQL suivante qui va générer toutes ces instructions à votre place :

```sql
SELECT 'GRANT AUTEUR TO '|| USERNAME||';'
FROM SYS.DBA_USERS;
```

Cet exemple fait appel à la vue du catalogue système Oracle, qui contient les informations sur les utilisateurs.

Remarquez les guillemets simples qui entourent GRANT AUTEUR TO. Tout ce qui se trouve à l'intérieur de ces guillemets peut être littéral. Souvenez-vous que les valeurs littérales peuvent être sélectionnées dans des tables, tout comme dans des colonnes. USERNAME est l'intitulé de la colonne de la table du catalogue système SYS.DBA_USERS. Le double pipeline (les deux traits verticaux) servent à concaténer les colonnes. L'emploi d'un double pipeline suivi d'un ; (point-virgule) concatène le point-virgule et la fin du nom d'utilisateur afin de compléter l'instruction.

Voici comment se présente le résultat de cette instruction :

```
GRANT AUTEUR TO JDESMARTIN;
GRANT AUTEUR TO KSUGIER;
```

Ces résultats doivent être placés en file d'attente dans un fichier qui, à son tour, pourra être envoyé à la base de données. Celle-ci exécutera chaque instruction SQL du fichier, vous évitant ainsi un gros volume de saisie clavier et beaucoup de temps perdu. L'instruction GRANT AUTEUR TO USERNAME; est reprise pour chaque utilisateur de la base de données.

La prochaine fois que vous aurez à rédiger des instructions SQL répétitives, donnez libre cours à votre imagination et laissez SQL faire le travail à votre place.

# Code SQL : direct ou incorporé ?

On parle de SQL direct lorsque les instructions sont exécutées au travers d'un terminal interactif. Les résultats sont retournés directement au terminal émetteur de l'instruction. L'essentiel de ce livre était basé sur SQL direct. C'est ce que l'on désigne également par *invocation interactive* ou *directe*.

Le SQL incorporé (*embedded SQL*) est du code SQL utilisé au sein d'un autre programme, que celui-ci ait été élaboré en Pascal, Fortran, COBOL ou C. Le code SQL est réellement incorporé au langage de programmation hôte, comme nous venons de le décrire, *via* l'interface de niveau d'appel. Les instructions SQL incorporées dans un langage de programmation sont souvent précédées de EXEC SQL et se terminent par un point-virgule. Parmi les autres caractères de terminaison possibles, on trouve END-EXEC et la parenthèse fermante.

Voici un exemple de code SQL incorporé dans un langage hôte, tel que le langage C ANSI :

```
{commandes du programme hôte}
EXEC SQL {instruction SQL};
{suite des commandes du programme hôte}
```

# Chapitre 23

# SQL à usage professionnel, Internet et intranets

### Au sommaire de ce chapitre

- SQL et l'entreprise
- Accéder à une base de données distante
- Accéder à une base de données distante *via* une interface Web
- SQL et l'Internet
- SQL et les intranets

Au cours de ce chapitre, vous découvrirez comment SQL est utilisé dans une entreprise, dans les intranets et comment il s'est étendu à l'Internet.

# SQL et l'entreprise

Le Chapitre 22 traitait des fonctionnalités avancées du langage SQL. En prenant appui sur les chapitres précédents, nous avons mis en pratique le langage SQL que vous avez appris. Nous allons maintenant nous concentrer sur les concepts associés à l'extension du langage SQL à l'entreprise, ce qui implique ses applications et la mise à disposition des données à tous les collaborateurs de l'entreprise qui les utilisent dans l'exercice de leurs tâches quotidiennes. De nombreuses entreprises commerciales publient leurs données à l'attention d'autres entreprises, clients ou fournisseurs. Par exemple, des informations détaillées sur leurs produits sont publiées en direction des clients dans l'espoir d'augmenter les ventes. Les données concernant les besoins des employés sont également pris en compte. Elles concernent les journaux de pointage, le calendrier des congés, des formations, les politiques de l'entreprise, etc. Grâce au langage SQL et à l'Internet, il est possible de créer une base des données importante accessible aux clients et aux employés.

## L'arrière-plan

Le cœur de toute application se trouve à l'arrière-plan. C'est là que tout se passe et demeure transparent aux yeux de l'utilisateur final. L'*application d'arrière-plan* inclut le serveur de base de données, les sources de données, ainsi que le *middleware* (programmes intermédiaires) qui permet de relier une application au Web ou une base de données distante au réseau local.

Nous rappelons que les principaux serveurs de base de données du marché sont Oracle, Informix, Sybase, Microsoft SQL Server et Borland InterBase. Ils sont la première étape du portage de toutes les applications soit vers l'entreprise à travers un réseau local (LAN, *Local Area Network*), soit vers l'intranet de l'entreprise ou l'Internet. Le "*portage*" décrit le processus d'implémentation d'une application dans un environnement informatique accessible aux utilisateurs. La mise en place du serveur de la base de données doit s'effectuer sur place par un administrateur de base de données capable d'identifier les besoins de l'entreprise et les applications nécessaires.

Le middleware se compose d'un serveur Web et d'un outil capable d'établir les connexions entre le serveur Web et le serveur de base de données. L'objectif premier est de disposer sur le Web d'une application capable de communiquer avec la base de données de l'entreprise.

### Application frontale

L'*application frontale* est pour l'utilisateur final la zone avec laquelle il entre en interaction avec l'ensemble du système. Il peut s'agir d'un produit acheté dans le commerce ou d'une application développée en interne à l'aide d'outils de programmation. Ces derniers sont décrits dans les prochains paragraphes.

Avant l'arrivée en masse des nouveaux outils frontaux que l'on trouve aujourd'hui, les utilisateurs devaient être capables de programmer en C++, HTML ou l'un des nombreux autres langages de programmation destinés à développer des applications basées sur le Web. D'autres langages, tels que ANSI C, COBOL, FORTRAN et Pascal ont été utilisés pour développer des applications frontales dans les entreprises, qui étaient essentiellement des applications textuelles. Aujourd'hui, les applications frontales les plus récentes présentent des interfaces utilisateur graphiques fort élaborées.

Aujourd'hui, les outils sont conviviaux et orientés objet, grâce aux icônes, aux assistants et aux opérations de glisser-déplacer que l'on effectue à l'aide de la souris. C++ Builder et IntraBuilder de Borland, ainsi que Visual J++ et C++ de Microsoft, sont des outils très connus qui permettent de porter des applications sur le Web. PowerBuilder de Powersoft, Developer/2000 d'Oracle Corporation, Visual Basic de Microsoft et Delphi de Borland sont d'autres applications très répandues utilisées pour développer des applications coopératives en réseau local.

> Une application frontale simplifie l'utilisation de la base de données pour l'utilisateur final. La base de données sous-jacente, le code et les événements qui se produisent dans la base sont transparents. L'application frontale est développée pour éviter que l'utilisateur final ne se perde en conjectures, ce qui risque de se produire s'il doit agir de manière trop intuitive vis-à-vis du système. Grâce aux nouvelles technologies, les applications sont devenues plus faciles d'emploi ; les utilisateurs peuvent ainsi se concentrer sur les véritables aspects de leur travail et la productivité dans son ensemble s'en trouve accrue.

La Figure 23.1 illustre les composants d'arrière-plan et frontaux d'une application de base de données. L'arrière-plan réside sur le serveur hôte où se trouve la base de données. Les utilisateurs de l'arrière-plan sont les développeurs, programmeurs, administrateurs de base de données, administrateurs système et analystes système. L'application frontale se trouve sur l'ordinateur client, habituellement le PC de l'utilisateur final. Les utilisateurs finaux constituent la majorité du public du composant frontal d'une application, tels que les opérateurs de saisie et les comptables. L'utilisateur final accède à l'arrière-plan en se connectant au réseau, soit local (LAN), soit étendu (WAN, *Wide Area Network)*. Certains middleware, tels que les pilotes ODBC (*Open Data-Base Connectivity*) sont utilisés pour relier en réseau le frontal et l'arrière-plan.

# SQL à usage professionnel, Internet et intranets

## Accéder à une base de données distante

Il arrive parfois que la base de données à laquelle vous accédez soit une base de données locale à laquelle vous êtes directement connecté. Mais dans la plupart des cas, vous accédez à une *base de données distante*, qui, très logiquement, n'est pas locale. Elle est en effet située sur un serveur autre que celui auquel vous êtes habituellement connecté, ce qui signifie qu'il vous faut utiliser le réseau et un protocole de réseau de manière à entrer en communication avec la base de données.

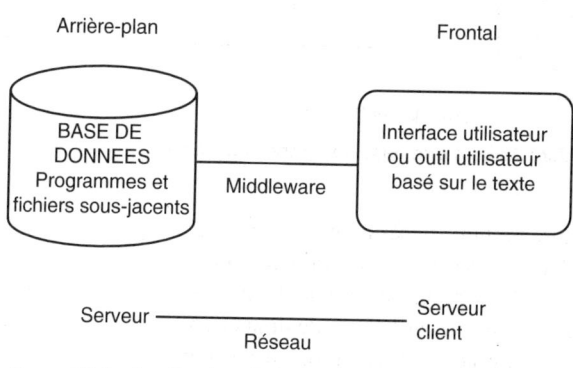

```
Arrière-plan                              Frontal

┌──────────────┐                    ┌──────────────────┐
│  BASE DE     │                    │Interface utilisateur│
│  DONNEES     │     Middleware     │ ou outil utilisateur│
│Programmes et │                    │  basé sur le texte │
│fichiers sous-jacents│              └──────────────────┘
└──────────────┘

Serveur ─────────────────────────── Serveur
                 Réseau              client
```

**Figure 23.1 : Application de base de données.**

Il existe plusieurs façons d'accéder à une base de données distante. D'un point de vue général, on accède à la base de données *via* le réseau ou une connexion Internet à l'aide d'un produit middleware (le standard middleware ODBC est traité dans la prochaine section). La Figure 23.2 illustre trois scénarios d'accès à une base de données distante.

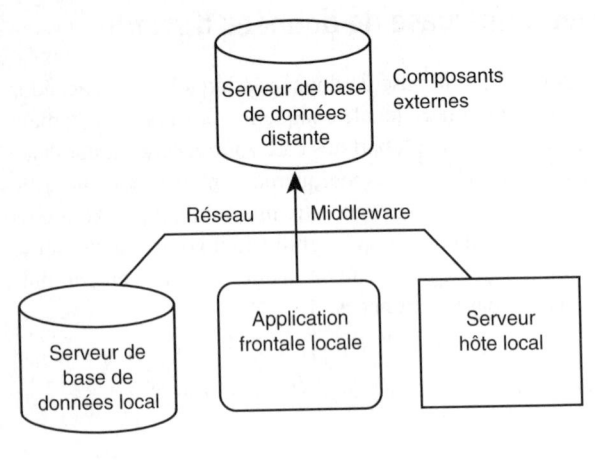

# SQL

**Figure 23.2 : Accès à une base de données distante.**

Cette figure montre l'accès à un serveur distant à partir d'un serveur de base de données, une application frontale et un serveur hôte locaux. Le serveur de base de données et le serveur hôte se confondent souvent, car la base de données réside normalement sur un serveur hôte local. Toutefois, il est souvent possible de se connecter à une base de données distante à partir d'un serveur local sans faire appel à une connexion locale active. Pour l'utilisateur final, l'application frontale est le moyen le plus répandu pour accéder à une base de données distante. Quelle que soit la méthode employée, les requêtes doivent être routées à travers le réseau.

## ODBC

Une interface ODBC permet de se connecter à des bases de données distantes grâce à un *pilote* (*driver*). L'application frontale utilise un *pilote ODBC* pour assurer l'interface avec une base de données d'arrière-plan. Un pilote de périphérique réseau est également nécessaire pour se connecter à une base de données distante. L'application fait appel aux fonctions ODBC et un gestionnaire de pilotes charge le pilote ODBC. Ce dernier traite l'appel, soumet les requêtes SQL et retourne les résultats issus de la base de données. ODBC est devenu un standard et est utilisé par plusieurs produits, tels que PowerBuilder de Sybase, FoxPro, Visual C++, Visual Basic, Delphi de Borland, Microsoft Access, et beaucoup d'autres.

Avec ODBC, les bases de données de tous les constructeurs de systèmes de gestion de bases de données relationnelle (SGBDR) sont livrées avec une API (*Application Programmatic Interface,* interface de programmation d'applications). On retrouve, entre autres produits, Open Call Interface (OCI) d'Oracle et SQLGateway et SQLRouter de Gateway.

## Produits de connectivité des constructeurs

En plus du pilote ODBC, de nombreux constructeurs possèdent leurs propres produits qui permettent à l'utilisateur de se connecter à une base de données distante. Chacun de ces produits répond spécifiquement à l'implémentation du constructeur et ne peut pas être porté sur d'autres serveurs de base de données.

Oracle possède un produit de connectivité à une base de données distante appelé Net8. Il est compatible avec les principaux protocoles de réseau tels que TCP/IP, OSI, SPX/IPX et bien d'autres. En outre, Net8 fonctionne sur la plupart des systèmes d'exploitation.

La société Sybase a développé un produit appelé Open Client/C Developers Kit, compatible avec d'autres produits appartenant à des constructeurs tels que Net8 d'Oracle.

# Accéder à une base de données distante *via* une interface Web

L'accès à une base de données distante *via* une interface Web ressemble fort aux accès par réseau local. La principale différence repose sur le fait que toutes les requêtes émises par l'utilisateur sont routées par un serveur Web (voir Figure 23.3).

Dans la Figure 23.3, vous pouvez observer que l'utilisateur final accède à la base de données *via* l'interface Web en faisant d'abord appel à un navigateur Web. Ce dernier permet de se connecter à une URL particulière ou à une adresse Internet IP, déterminée par l'emplacement du serveur Web. Le serveur Web authentifie l'accès utilisateur et envoie la demande de l'utilisateur, sans doute une requête, vers la base de données distante, qui vérifie à son tour l'authenticité de l'utilisateur. Le serveur de la base de données retourne ensuite les résultats au serveur Web, qui les affiche sur le navigateur Web de l'utilisateur. Il est possible de contrôler les accès non autorisés à l'aide d'un pare-feu (*firewall*).

Un *pare-feu* est un dispositif de sécurité qui permet de se prémunir contre les connexions non autorisées à un serveur. Il est possible de mettre en place plusieurs pare-feu pour contrôler l'accès à une base de données ou à un serveur.

> **Attention aux informations que vous diffuserez sur le Web. Assurez-vous que vous avez pris toutes les précautions nécessaires pour garantir la sécurité à tous les niveaux : serveur Web, serveur hôte et base de données distante. Les données confidentielles et/ou légales, telles que les numéros de sécurité sociale, devront toujours être protégées et ne jamais être diffusées sur le Web.**

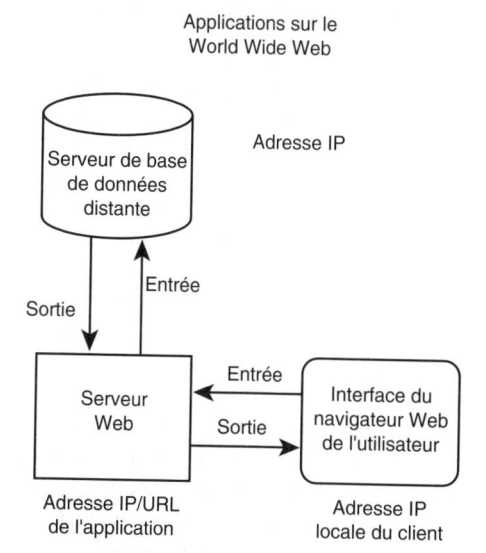

# SQL à usage professionnel, Internet et intranets

**Figure 23.3 :** Accès à une base de données distante *via* une interface Web.

## SQL et l'Internet

SQL peut faire partie ou être utilisé avec des langages de programmation tels que C ou COBOL. SQL peut également être incorporé aux langages de programmation Internet, tel que Java. Il est possible de convertir du texte HTML, qui est un autre langage Internet, en SQL afin d'interroger une base de données distante à partir d'un outil frontal Web. Le résultat est alors converti à son tour en HTML et s'affiche sur le navigateur Web de la personne qui a émis la requête. Les prochaines sections traitent de l'utilisation de SQL sur l'Internet.

### Rendre les données accessibles aux clients du monde entier

Avec l'avènement de l'Internet, les données sont devenues accessibles aux clients et aux fournisseurs du monde entier. Elles ne sont d'ordinaire disponibles qu'en lecture seule à partir d'un outil frontal.

Les données publiées à l'attention des clients contiennent des informations d'ordre général les concernant, des informations sur les produits, la facturation, les commandes en cours, les retours, etc. Les informations d'ordre privé, telles que les stratégies de l'entreprise et les informations concernant le personnel ne doivent pas être accessibles.

Sur l'internet, disposer d'un site Web est quasiment devenu une nécessité pour les entreprises qui souhaitent rester dans la course. Une page Web est un outil de communication très puissant. Les surfeurs peuvent découvrir tout ce qu'ils souhaitent sur l'entreprise : ses services, ses produits, etc., et ce à moindre coût.

### Publier des données en direction des employés et des clients privilégiés

Les employés et certains clients peuvent parfois accéder à des bases de données *via* l'Internet ou l'intranet de l'entreprise. La communication tire un grand avantage de l'exploitation des technologies de l'Internet. Par ce biais, les employés découvrent les politiques de l'entreprise, ses résultats financiers, ses programmes de formation, etc.

### Outils frontaux Web utilisant le langage SQL

Il existe plusieurs outils qui permettent d'accéder à une base de données. La plupart possèdent une interface qui dispense l'utilisateur de comprendre le langage SQL lors de l'émission d'une requête. Ces outils frontaux permettent aux utilisateurs de sélectionner des objets qui représentent des tables, de manipuler des données dans ces objets, de spécifier des critères, etc., par de simples pointer et cliquer à l'aide de leur souris. Pour répondre aux besoins de l'entreprise, ces outils sont souvent développés et personnalisés en conséquence.

## SQL et les intranets

A l'origine, SQL a été créé par IBM pour permettre la communication entre les base de données des ordinateurs mainframe et les ordinateurs clients des utilisateurs. Les utilisateurs étaient connectés à ces gros calculateurs *via* le réseau local. SQL a ensuite été adopté comme langage de communication standard entre les bases de données et les utilisateurs. Un intranet est en fait un Internet à échelle réduite. La seule différence réside dans le fait que l'*intranet* n'est conçu que pour un usage interne, tandis que l'Internet est accessible au grand public. L'interface utilisateur (client) d'un intranet est la même que celle d'un environnement client-serveur. Les requêtes SQL sont routées vers le serveur Web et converties (en langage HTML, par exemple) avant d'être dirigées vers la base de données pour y être évaluées.

> **Dans une base de données, la sécurité est beaucoup plus stable que sur l'Internet. Veillez à utiliser systématiquement les fonctionnalités de sécurité présentes sur votre serveur de base de données.**

# Chapitre 24

# Extensions du langage SQL standard

### Au sommaire de ce chapitre

- Implémentations diverses
- Exemples d'extensions
- Instructions SQL interactives

Ce chapitre traite des extensions du langage SQL ANSI standard. Bien que la plupart des implémentations se conforment à ce standard, de nombreux constructeurs l'ont étendu en proposant diverses améliorations.

## Implémentations diverses

Il existe une multitude d'implémentations de bases de données relationnelles, commercialisées par des constructeurs si nombreux qu'il est impossible de les citer tous. Nous aborderons toutefois quelques implémentations parmi les plus répandues. Il s'agit de Sybase, dBase, Microsoft SQL Server et Oracle. N'oublions pas de mentionner également Borland, IBM, Informix, Progress, CA-Ingres, entre autres.

### Différences entre implémentations

Bien que les implémentations que nous avons répertoriées soient des produits de base de données relationnelle, elles possèdent chacune leurs spécificités. Ces différences sont issues de la conception des produits et de la manière dont les données sont gérées par l'ordinateur de la base de données. Toutefois, ce livre se concentre en premier lieu sur les diverses formes du langage SQL. Toutes les implémentations utilisent SQL comme langage de communication avec la base de données, comme l'impose l'ANSI, mais beaucoup possèdent une extension à SQL qui leur est propre.

> **Certaines variantes du langage SQL standard ont été adoptées conjointement par plusieurs constructeurs pour des raisons de performance et de simplicité. Ceux-ci s'efforcent aussi d'apporter des améliorations qui leur confèrent un avantage concurrentiel et rendent leurs implémentations plus attrayantes vis-à-vis de leurs clients.**

Maintenant que vous connaissez le langage SQL, vous devez pouvoir vous adapter facilement aux différences qui existent entre constructeurs. En d'autres termes, si vous êtes capable d'écrire du SQL dans une implémentation Sybase, vous devez également être capable de le faire dans Oracle. En outre, le fait de connaître le langage SQL de plusieurs constructeurs sera toujours un point positif dans votre *curriculum vitae*.

Les prochaines sections comparent la syntaxe de l'instruction SELECT de quelques constructeurs au standard ANSI.

# Extensions du langage SQL standard

Voici le standard ANSI :

```
SELECT [DISTINCT ] [* ¦ COLONNE1 [, COLONNE2 ]

FROM TABLE1 [, TABLE2 ]
[ WHERE CONDITION_RECHERCHE ]
GROUP BY [ ALIAS_TABLE ¦ COLONNE1 [, COLONNE2 ]
[ HAVING CONDITION_RECHERCHE ]]
[{UNION ¦ INTERSECT ¦ EXCEPT}][ ALL ]
[ CORRESPONDING [ BY (COLONNE1 [, COLONNE2 ]) ]
REQU_SPEC ¦ SELECT * FROM TABLE ¦
CONSTRUCTEUR_TABLE ]
[ORDER BY LISTE_TRI ]
```

Voici la syntaxe sous SQLBase :

```
SELECT   [ ALL ¦ DISTINCT ] COLONNE1 [, COLONNE2 ]
FROM TABLE1 [, TABLE2 ]
[ WHERE CONDITION_RECHERCHE ]
[ GROUP BY COLONNE1 [, COLONNE2 ]
[ HAVING CONDITION_RECHERCHE ]]
[ UNION [ ALL ]]
[ ORDER BY LISTE_TRI ]
[ FOR UPDATE OF COLONNE1 [, COLONNE2 ]]
```

Voici la syntaxe sous Oracle :

```
SELECT [ ALL ¦ DISTINCT ] COLONNE1 [, COLONNE2 ]
FROM TABLE1 [, TABLE2 ]
[ WHERE CONDITION_RECHERCHE ]
[[ START WITH CONDITION_RECHERCHE ]
CONNECT BY CONDITION_RECHERCHE ]
[ GROUP BY COLONNE1 [, COLONNE2 ]
[ HAVING CONDITION_RECHERCHE ]]
[{UNION [ ALL ] ¦ INTERSECT ¦ MINUS} REQ_SPEC ]
[ ORDER BY COLONNE1 [, COLONNE2 ]]
[ NOWAIT ]
```

Voici la syntaxe sous Informix :

```
SELECT [ ALL   ¦ DISTINCT ¦ UNIQUE ] COLONNE1 [,
COLONNE2 ]
```

```
FROM TABLE1 [, TABLE2 ]
[ WHERE CONDITION_RECHERCHE ]
[ GROUP BY {COLONNE1 [, COLONNE2 ] ¦ INTEGER}
[ HAVING CONDITION_RECHERCHE ]]
[ UNION REQ_SPEC ]
[ ORDER BY COLONNE1 [, COLONNE2 ]
[ INTO TABLE TEMP [ WITH NO LOG ]]
```

En comparant ces exemples de syntaxe, vous pouvez constater que l'on y retrouve les éléments essentiels. Ces syntaxes comportent toutes une instruction SELECT et des clauses FROM, WHERE, GROUP BY, HAVING, UNION et ORDER BY. Conceptuellement, ces clauses fonctionnent de la même manière, mais certaines possèdent des options supplémentaires que l'on ne retrouve pas dans d'autres implémentations. Ces options sont appelées *optimisations*.

### Conformité avec le SQL ANSI

Les constructeurs s'efforcent de satisfaire à la norme SQL ANSI. Toutefois, aucune implémentation ne répond complètement à la norme. Certains constructeurs ont ajouté des commandes ou des fonctions dont beaucoup ont été adoptées par la suite par le SQL ANSI. Il existe de nombreuses raisons valables de se plier à la norme. Un avantage évident est que l'apprentissage est simplifié et que le code SQL utilisé peut être porté sur d'autres implémentations. Ce dernier facteur est à prendre en considération avant d'envisager la migration d'une base de données vers une autre implémentation. En effet, quelle entreprise souhaiterait consacrer des budgets énormes à la conversion vers un système non compatible avec la norme ? Elle ne le ferait probablement pas si cela devait impliquer de trop nombreuses modifications de l'application et si l'apprentissage de la nouvelle implémentation devait s'avérer trop complexe. Cependant, dans la plupart des cas, la conformité au SQL ANSI n'est pas un problème.

**Extensions du langage SQL**

Presque tous les constructeurs intègrent des extensions du langage SQL. Celles-ci sont spécifiques et ne sont pas, en général, portables d'une implémentation à l'autre. Toutefois, les extensions standards les plus répandues sont revues par l'ANSI et sont parfois implémentées en tant que nouveau standard.

PL/SQL, qui est un produit Oracle, et Transact SQL, qui est utilisé à la fois par Sybase et par Microsoft SQL Server, sont deux exemples d'extensions au standard SQL. Ces deux extensions sont traitées de manière plus détaillée dans les exemples de ce chapitre.

# Exemples d'extensions

Tant PL/SQL que Transact SQL sont considérés comme des langages de programmation de quatrième génération. Ils sont tous deux des langages procéduraux, contrairement à SQL. Nous décrirons aussi brièvement une autre implémentation appelée MySQL, qu'il est possible de télécharger sur Internet.

Voici les instructions du langage SQL, non procédurales par nature :

- INSERT
- UPDATE
- DELETE
- SELECT
- COMMIT
- ROLLBACK

Une extension SQL considérée comme procédurale comprend toutes les instructions précédentes, toutes les commandes et fonctions du standard SQL. En outre, elle inclura :

- des instructions de déclaration de variables ;
- des instructions de déclaration de curseurs ;
- des instructions conditionnelles ;
- des instructions de mise en boucle ;
- des instructions de gestion des erreurs ;
- des instructions d'incrémentation de variables ;
- des instructions de conversion de date ;
- des caractères génériques ;
- des déclencheurs ;
- des procédures stockées.

Ce type d'instruction permet au programmeur de mieux contrôler la manière dont les données sont gérées par le langage procédural.

> **Le standard SQL est un langage non procédural, ce qui signifie que vous devez émettre des instructions en direction du serveur de la base de données. Ce dernier décide comment exécuter l'instruction de manière optimale. Les langages procéduraux permettent au programmeur non seulement d'interroger les données à extraire ou à manipuler, mais aussi de préciser au serveur comment exécuter la requête.**

## Transact-SQL

Transact-SQL est un langage procédural, ce qui signifie que vous signifiez à la base de données comment et où chercher et manipuler l'information. SQL est non procédural ; c'est donc la base de données qui agit seule sur les données. Les principales fonctionnalités de Transact-SQL comprennent la déclaration de variables locales et globales, les curseurs, la gestion des erreurs, les déclencheurs, les procédures stockées, les boucles, les caractères génériques, les conversions de date et les états de synthèse.

Voici un exemple d'instruction Transact-SQL :

```
IF (SELECT AVG(PRIX) FROM PRODUITS_TBL) > 50
BEGIN
  PRINT "REDUIRE TOUS LES PRIX DE 10 POUR CENT"
END
ELSE
  PRINT "LES PRIX SONT CORRECTS"
END
```

Cette instruction Transact-SQL est très simple. Elle déclare que si le prix moyen de la table PRODUITS_TBL est supérieur à 50, le texte "REDUIRE TOUS LES PRIX DE 10 POUR CENT" sera imprimé. Si ce prix moyen est inférieur ou égal à 50, on imprimera alors "LES PRIX SONT CORRECTS".

Vous remarquerez l'emploi de l'instruction IF…ELSE pour évaluer les conditions des valeurs. La commande PRINT est également nouvelle. Bien sûr, ces fonctions sont dérisoires par rapport aux nombreuses fonctionnalités de Transact-SQL.

## PL/SQL

PL/SQL est une extension SQL d'Oracle. A l'instar de Transact-SQL, PL/SQL est un langage procédural. Il est formé de blocs logiques de code. Ces blocs se divisent en trois sections, dont deux sont optionnelles. La première est la section DECLARE ; elle est optionnelle. Elle contient des variables, des curseurs et des constantes. La seconde est la section PROCEDURE. Elle contient les commandes conditionnelles et les instructions SQL ; il s'agit de la partie obligatoire. C'est cette section qui contrôle le bloc. La troisième est la section EXCEPTION. Celle-ci indique la manière dont le programme doit gérer les erreurs et les exceptions définies par l'utilisateur. Elle est optionnelle. Les points forts de PL/SQL comprennent l'utilisation des variables, des constantes, des curseurs, des attributs, des boucles, la gestion des exceptions, l'affichage des résultats en cours d'exécution, le contrôle transactionnel, les procédures stockées, les déclencheurs et les packages.

Voici un exemple d'instruction PL/SQL :

```
DECLARE
  CURSOR CURSEUR_EMP IS SELECT ID_EMP, NOM,
PRENOM, CODE_POSTAL
                        FROM EMPLOYES_TBL;
  ENR_EMP CURSEUR_EMP%ROWTYPE;
BEGIN
  OPEN CURSEUR_EMP;
  LOOP
    FETCH CURSEUR_EMP INTO ENR_EMP;
    EXIT WHEN CURSEUR_EMP%NOTFOUND;
    IF (ENR_EMP.CODE_POSTAL IS NULL) THEN
      UPDATE EMPLOYES_TBL
      SET CODE_POSTAL = '00000'
      WHERE ID_EMP = ENR_EMP.ID_EMP;
      COMMIT;
    END IF;
  END LOOP;
  CLOSE CURSEUR_EMP;
END;
```

Deux des trois sections sont employées dans cet exemple : la section DECLARE et la section PROCEDURE. Premièrement, un curseur appelé CURSEUR_EMP est défini par la requête. Deuxièmement, une variable appelée ENR_EMP, dont les valeurs sont composées du même type de données que les colonnes du curseur (%ROWTYPE), est déclarée. La première étape de la section

# Extensions du langage SQL standard

PROCEDURE (après BEGIN) consiste à ouvrir le curseur. Ensuite utilisez la commande LOOP pour faire défiler chaque enregistrement du curseur, opération qui s'achève par END LOOP. La table EMPLOYES_TBL doit être mise à jour pour toutes les lignes du curseur si la valeur du champ CODE_POSTAL d'un employé est NULL. La mise à jour positionne alors le code postal à "00000". Les modifications sont validées et le curseur est enfin fermé.

## MySQL

MySQL est une implémentation de base de données client-serveur multiutilisateur et multithread. MySQL est composé d'un démon serveur, d'un programme pour l'ordinateur client, de plusieurs programmes clients et bibliothèques. Les principaux objectifs de MySQL sont la rapidité, la solidité et la facilité d'utilisation. A l'origine, MySQL a été conçu pour accéder plus rapidement aux très grandes bases de données.

Il est possible de télécharger MySQL en tapant l'adresse : **http://www.mysql.com**. Pour installer sa distribution binaire, vous devez disposer d'un utilitaire GNU (*GNU's Not Unix*, GNU n'est pas Unix) de décompression ainsi que d'un utilitaire TAR (*Tape Archive*) assez puissant pour décompacter la distribution. Le fichier binaire de la distribution s'appelle mysql-VERSION-OS.tar.gz où VERSION est le numéro d'identification de la version de MySQL et où OS correspond au nom du système d'exploitation.

Voici un exemple de requête à une base de données MySQL :

```
mysql> select current_date(),version();
+----------------+----------+
| current_date(  | version() |
+----------------+----------+
| 08-09-1999     | 3.22.23b |
+----------------+----------+

1 row in set (0.00 sec)
mysql>
```

# Instructions SQL interactives

Les instructions SQL interactives sont celles qui requièrent la définition d'une variable, d'un paramètre ou autre type d'information avant leur exécution complète. Supposons que votre instruction SQL soit interactive et qu'elle soit employée pour créer des utilisateurs dans une base de données. L'instruction peut vous inviter à préciser certaines informations telles que le numéro d'identification de l'utilisateur, son nom et son numéro de téléphone. Elle peut concerner un ou plusieurs utilisateurs et ne s'exécutera qu'une seule fois. Dans le cas contraire, chaque utilisateur devra être saisi individuellement à l'aide de l'instruction CREATE USER. L'instruction peut aussi vous inviter à définir des privilèges. Tous les constructeurs ne proposent pas d'instructions SQL interactives ; reportez-vous à votre implémentation. Vous trouverez dans les prochaines sections des exemples d'instructions interactives dans Oracle.

## Utilisation des paramètres

Les *paramètres* sont des variables écrites en langage SQL qui résident dans une application. Il est possible d'insérer des paramètres dans une instruction SQL en cours d'exécution, ce qui confère plus de flexibilité à l'utilisateur. La plupart des principales implémentations permettent d'utiliser ces paramètres. Les prochaines sections vous offrent des exemples d'insertion de paramètres dans Oracle et Sybase.

### Oracle

Dans Oracle, il est possible d'insérer des paramètres dans une instruction SQL, qu'elle soit statique ou non.

```
SELECT ID_EMP, NOM, PRENOM
FROM EMPLOYES_TBL
WHERE ID_EMP = '&ID_EMP'
```

Cette instruction SQL retourne les champs EMP_ID, NOM et PRENOM pour tout numéro d'identification EMP_ID saisi à l'invite.

```
SELECT *
FROM EMPLOYES_TBL
WHERE VILLE = '&VILLE'
AND CODE_POSTAL = '&CODE_POSTAL'
```

Cette instruction vous invite à saisir la ville et le code postal. La requête retourne tous les employés qui vivent dans la ville et ont le code postal que vous avez saisis.

### Sybase

Dans Sybase, les paramètres peuvent être insérés dans une procédure stockée.

```
CREATE PROC RECHERCHE_EMP
(@ID_EMP)
AS
SELECT NOM, PRENOM
FROM EMPLOYES_TBL
WHERE ID_EMP = @ID_EMP
```

Tapez la ligne suivante pour exécuter la procédure stockée et émettre un paramètre.

```
SP_RECHERCHE_EMP "443679012"
```

# Index

## A

**Abandonner privilèges** 312
**Accès**
  base de données distante 369
    *via* une interface Web 372
  utilisateurs (contrôle) 309
**Actualiser vue** 328
**ADD_MONTHS** 198
**ADMIN OPTION** 311
**Administrateur**
  de base de données 28, 291
  système *Voir* Analyste système
**Administrer**
  données 17
  utilisateurs 304
**Ajouter**
  colonnes à une table 49
  heures aux dates 198
**Alias**
  de colonne 114
  de table 213
**ALL** 101, 127
**ALTER TABLE** 48
**Analyste système** 292

**AND** 105
**ANSI (American National Standards Institute)** 7
  fonctions de caractères 168
**ANY** 127
**API (Application Programmatic Interface)** 371
**Application**
  d'arrière-plan 366
  frontale 367
  porter 366
**Arguments** 102
**Arrière-plan** 39
**ASC** 107
**ASCII** 183
**Attribuer privilèges** 309
  à des colonnes 312
**Attributs de colonnes** 48
**AUTHORIZATION** 297
**AVG** 149

## B

**Balayer tables** 280
**BASE TABLE** 222

**389**

**Bases de données 9**
  conception logique 62
  dénormaliser 71
  distantes 369
    accès 369
      *via* une interface Web 372
  modèle logique 62
  non normalisées 62
  outils 302
  relationnelles 9
    composition 11
    principaux constructeurs 12
  sécurité 304
  structures 16

**BETWEEN 122**
**BIT 31**
**BIT VARYING 31**
**BOOLEAN 35**

## C

Caractères
  ANSI 168
  d'espacement 29
  fonctions 169
  génériques 282

**CARTESIAN JOIN 224**
**CASCADE 52, 298, 312**
**CASCADED 327**
**Casse, sensibilité 75, 109**
**Catalogue système 336**
  contenu 338
  créer 338
  exemples
    d'interrogations 344
    de tables 341
  informations
    sur la conception de la base de données 340
    sur la sécurité 340
  interroger 344
  mettre à jour les objets 346
  statistiques de performances 340

**Chaînes**
  à longueur variable 30
  alphanumériques 35
  convertir en nombres 185
  de caractères 29
    convertir en date 205
    convertir une date 204
  littérales 34

**Champs 23, 43**
**CHAR 29**
**Chargements par lots 286**
**Classer les données 154**
**Clauses**
  FROM 78, 104
    agencer des tables 276
  GROUP BY 154, 161
  HAVING 164
  ORDER BY 106, 161
  STORAGE 46
  WHERE 78

**Clés**
  extérieures 55, 70
  joindre 220
  primaires 24, 53, 208

# Index

**CLI (Call-Level Interface) 361**
**Client 11**
**Collecter données 257**
**Collection d'objets 40**
**Colonnes 24, 43**
  alias 114
  attribuer des privilèges 312
  attributs 48
  index 263
  mettre à jour 83
  modifier 49
  qualifier 211
  représenter par des numéros 160

**Combiner**
  fonctions de caractères 188
  opérateurs arithmétiques 139

**Commandes**
  ALTER TABLE 48
  COMMIT 90
  CONNECT 14
  d'administration des données 17
  DCL (Data Control Language) 17
  de contrôle transactionnel 18
  DELETE 84
  DISCONNECT 15
  EXEC SQL 362
  EXIT 15
  GRANT 113
  RELEASE SAVEPOINT 96
  ROLLBACK 92
  ROLLBACK TO SAVEPOINT 95
  SAVEPOINT 94
  SET TRANSACTION 97
  UPDATE 81

**COMMIT 90**
**Comparer dates 199**
**Compte utilisateur 291**
  PUBLIC 313
**Compter les enregistrements d'une table 112**
**Concaténation 168**
  exemples 169
**Conception logique 62**
**Conditions**
  de jointure
    emplacement 209
    ordre 277
  de négation 131
  de sélection des données 104
  définition 79
  les moins restrictives 278
  les plus restrictives 278
**CONNECT 14, 300**
**Connectivité, produits 371**
**Contraintes**
  d'intégrité 53
  de vérification 57
  NOT NULL 57
  supprimer 59
  sur clé
    extérieure 55
    primaire 53
  uniques 54
**Contrôle transactionnel 18, 89**
  incidences sur les performances 97

**Contrôler**
  accès utilisateur 309
  données 17
**Conventions de désignation** 47, 69
**Convertir**
  chaînes de caractères
    en date 205
    en nombres 185
  dates 200
    en chaîne de caractères 204
  nombres en chaînes 187
**Copier table existante** 50
**COUNT** 112, 145
**CREATE INDEX** 262
**CREATE ROLE** 315
**CREATE SCHEMA** 296
**CREATE TABLE** 44, 50
**CREATE TRIGGER** 358
**CREATE TYPE** 36
**CREATE VIEW** 321
**Créer**
  catalogue système 338
  compte utilisateur 294
  groupes de données 156
  schéma 296
  synonymes 332
  table à partir d'une vue 329
  utilisateurs 294
    dans Microsoft SQL Server 296
    dans Oracle 294
    dans Sybase 296
  vue 321
    à partir d'une table 321
    à partir d'une vue 325
    à partir de plusieurs tables 324
**Curseurs** 350
  contenu 352
  désallouer 353
  fermer 353
  ouvrir 352

# D

**DATEADD** 198
**Dates**
  ajouter des heures 198
  comparer 199
  convertir 200
    des chaînes de caractères 205
    en chaîne de caractères 204
  en cours 195
  fonctions 200
  image 201
  système 195
**DATETIME** 33
  éléments 193
  types de données 192
**DBA (DataBase Administrator)** *Voir* Administrateur de base de données
**DBMS (DataBase Management System)** *Voir* SGBD
**DCL (Data Control Language)** 17
**DDL (Data Definition Language)** 16
**DEALLOCATE** 353

Déclencheurs 357
DECODE 179
DELETE 84
Dénormalisation 71
Dépendance de vue 325
Désactiver index 286
Désallouer curseur 353
DESC 108
Désignations, conventions 47, 69
DIFFERENT DE 132
DISCONNECT 15
DISTINCT 101
DML (Data Manipulation Language) 16, 74
Domaines 36
Données 28
  à longueur fixe 29
  à longueur variable 30
  classer 154
  collecter 257
  contrôler 17
  de synthèse 320
  insérer 76
    à partir d'une autre table 78
  manipuler 16
  mettre à jour 81
    plusieurs colonnes 83
  récupérer dans un curseur 352
  redondance 64
  regrouper 154, 155
  sélectionner 17
    dans la table d'un autre utilisateur 113
    dans plusieurs tables 207
  sensibilité à la casse 75
  supprimer 84
  trier 161
  types 28
  utilisateur 339
  utiliser les conditions 104
DOUBLE PRECISION 33
DQL (Data Query Language) 17, 100
DROP 52, 301
DROP CONSTRAINT 59
DROP ROLE 316
DROP SCHEMA 298
DROP TABLE 298
DROP TRIGGER 360
DROP VIEW 331

# E

Eléments DATETIME 193
Enregistrements, définition 23
EQUIJOIN 209
Espace
  de table 295
  temporaire 295
Etat de synthèse 154
Eviter
  balayages complets 281
  clause HAVING 285
  opérateur OR 284
EXCEPT 251
EXEC SQL 362
EXISTS 125
EXIT 15

**Extensions**
exemples 381
langage SQL 381

## F

**FALSE 104**
**Fermer curseur 353**
**FETCH 352**
**FLOAT 33**
**Fonctions 144**
ADD_MONTHS 198
ASCII 183
avantages 357
AVG 149
COUNT 112, 145
d'agrégation 144, 156
DATEADD 198
de caractères 169
  ANSI 168
  combinaison 188
de conversion 185
de date 195, 200
de regroupement 156
DECODE 179
INSTR 176
LENGTH 180
LOWER 174
LPAD 182
LTRIM 177
mathématiques 184
MAX 150
MIN 151
NVL 181
POSITION 176
REPLACE 172
RPAD 183
RTRIM 178
stockées 354
SUBSTR 174
SUM 148
TRANSLATE 168, 171
UPPER 173
**Formes normales 64, 65, 68**
**FROM 78, 104**
**FULL OUTER JOIN 216**
**Fuseaux horaires 196**

## G

**Générer SQL avec SQL 362**
**Gérer**
synonymes 332
utilisateurs 293
**GRANT 113, 295, 310**
**GRANT OPTION 311**
**GROUP BY 154, 161**
utiliser dans une requête composée 255
**Groupes**
de données (créer) 156
de privilèges 313

## H

**HAVING 164**
éviter 285
**Heures, ajouter aux dates 198**

# I

**Identifiant d'autorisation** 290
**Image de date** 201
**Implémentations**
  différences 13, 378
  MySQL 385
  SQL 9
**IN** 123, 284
**Incorporer une sous-requête dans une sous-requête** 237
**Index** 260
  composés 265
  désactiver 286
  fonctionnement 261
  implicites 266
  objectifs 266
  quand les éviter 267
  supprimer 269
  sur une colonne unique 263
  types 263
  uniques 264
**INITIAL** 47
**Initialiser session SQL** 14
**Insérer**
  données 76
    d'une autre table 78
  lignes dans une vue 328
  valeur NULL 80
**INSERT** 75
**INSTR** 176
**Instructions**
  CONNECT 300
  CREATE INDEX 262
  CREATE ROLE 315
  CREATE SCHEMA 296
  CREATE TABLE 44, 50
  CREATE TRIGGER 358, 360
  CREATE TYPE 36
  CREATE VIEW 321
  DEALLOCATE 353
  DROP 52, 301
  DROP ROLE 316
  DROP SCHEMA 298
  DROP TABLE 298
  DROP VIEW 331
  FETCH 352
  GRANT 295, 310
  INSERT 75
  REVOKE 302, 312
  SELECT 50, 100
  SET ROLE 316
  SQL
    mise en forme 273
    optimisation 272
  SQL interactives 386
**INTEGER** 31
**Intégrité référentielle** 53, 70
**Interface**
  de niveau d'appel 361
  ODBC (Open DataBase Connectivity) 370
  Web, accéder à une base de données distante 372
**Internet et SQL** 373
**Interroger catalogue système** 344
**INTERSECT** 250

**Intranet 375**
et SQL 375
**IS NOT NULL 135**
**IS NULL 121**
**ISO (International Standards Organization) 7**

## J

**Joindre**
sur plusieurs clés 220
vues 328

**Jointures**
CARTESIAN JOIN 224
croisées 224
d'égalité (EQUIJOIN) 209
de non égalité (NON-EQUI-JOIN) 214
emplacement d'une condition 209
externes (OUTER JOIN) 216
externes droites (RIGHT OUTER JOIN) 216
externes gauche-droite (FULL OUTER JOIN) 216
externes gauches (LEFT OUTER JOIN) 216
internes (INNER JOIN) 209
JOIN 224
naturelles (NATURAL JOIN) 211
réflexives (SELF JOIN) 218
types 208

## L

**Langages**
DQL (Data Query Language) 100
manipulation des données (DML) 74
PL/SQL 383
SQL ANSI standard 380
Transact-SQL 383

**LEFT OUTER JOIN 216**
**LENGTH 180**
**Lignes 44**
de données 23
en cours 350
insérer dans une vue 328
supprimer dans une vue 328

**LIKE 124, 282**
**LOCAL 327**
**LOWER 174**
**LPAD 182**
**LTRIM 177**

## M

**Manipuler des données 16**
**MAX 150**
**Mettre à jour les objets du catalogue système 346**
**Mettre en forme des instruction SQL 273**
**Middleware 366**
**MIN 151**
**MINUS 252**
**Modèle logique 62**

# Index

**Modifier**
 colonnes 49
 éléments d'une table 48
 utilisateurs 299
**Mot de passe 293**
**MySQL 385**

## N

**NATURAL JOIN 211**
**NEXT 47**
**Niveaux d'autorité 313**
**Nombres, convertir en chaînes 187**
**Normalisation 62**
 avantages 69
 inconvénients 71
**Norme SQL ANSI 380**
**NOT 131**
**NOT BETWEEN 133**
**NOT EXISTS 136**
**NOT IN 134**
**NOT LIKE 134**
**NOT NULL 49**
**NOT UNIQUE 137**
**NULL 25, 35, 80**
**NUMBER 31**
**NVL 181**

## O

**Objets 40**
 collection 40
 du catalogue système (mise à jour) 346
 index 40
 regroupements 40
 séquences 40
 synonymes 40
 vues 40
**Opérateurs 105, 115**
 ALL 127
 AND 105
 ANY 127
 arithmétiques
  combinaison 139
  d'addition 137
  de division 139
  de multiplication 138
  de soustraction 138
 BETWEEN 122
 conjonctifs
  AND 129
  OR 130
 d'égalité 116
 de comparaison 116, 120
 de non-égalité 117
 DIFFERENT DE 132
 ensemblistes 243
 EXCEPT 251
 EXISTS 125
 IN 123, 284
 inférieur à 118
 INTERSECT 250
 IS NOT NULL 135
 IS NULL 121
 LIKE 124, 282
 logiques 121
 MINUS 252

**Opérateurs** (*Suite*)
    NOT 131
    NOT BETWEEN 133
    NOT EXISTS 136
    NOT IN 134
    NOT LIKE 134
    NOT UNIQUE 137
    OR 105, 284
    OVERLAP 199
    requêtes composées 245
    supérieur à 118
    UNION 160, 245
    UNION ALL 248
    UNIQUE 127
**Opérations de tri** 285
**Optimiser**
    astuces 282
    code SQL 272
**Optimiseur de base de données 274**
**Options**
    ADMIN OPTION 311
    ALL 101
    ASC 107
    CASCADE 52, 298, 312
    CASCADED 327
    DESC 108
    DISTINCT 101
    DROP CONSTRAINT 59
    GRANT OPTION 311
    INITIAL 47
    LOCAL 327
    NEXT 47
    RESTRICT 52, 298, 312
    WITH CHECK OPTION 326

OR 105, 284
    éviter 284
**ORDER BY 106, 161**
    utiliser dans une requête composée 253
**Ordinateurs mainframe 11**
**Ordonner conditions de jointure 277**
**Ordre**
    ascendant 106
    de tri 106
    descendant 107
**OUTER JOIN 216**
**Outil**
    de base de données 302
    frontal 63
**Ouvrir curseur 352**
**OVERLAP 199**

# P

**Paramètres 386**
**Pare-feu 372**
**Parsing (analyse) 285**
**Performances, outils de surveillances 287**
**Peupler table 74**
**Pilote ODBC (Open DataBase Connectivity) 368**
**PL/SQL 383**
**Porter application 366**
**POSITION 176**
**Préséance mathématique 139**
**PRIVATE 332**

# Index

**Privilèges 306**
   abandonnés 312
   attribuer 309
      à des colonnes 312
   groupes 313
   révoquer 308
   sur les objets 307
   système 306

**Procédures stockées 285, 354**
   avantages 357

**Produit cartésien 224**

**Profils utilisateur 291**

**Propriétaire du schéma 40, 293**

**Pseudo-colonne 196**

**PUBLIC 332**

## Q

**Qualifier colonnes 211**

## R

**RDBMS (Relational DataBase Management System)** *Voir* SGBDR

**REAL 33**

**Règle de préséance 139**

**Regrouper données 154, 155**

**Relation parent/enfant 56**

**RELEASE SAVEPOINT 96**

**REPLACE 172**

**Représenter nom de colonne par des numéros 160**

**Requêtes 78, 100**
   ad hoc 361
   composées 245
   avec GROUP BY 255
   avec ORDER BY 253
   exemples simples 110
   simples 244

**Réseaux**
   LAN (Local Area Network) 11
   WAN (Wide Area Network) 11

**Responsable de la sécurité 292**

**RESTRICT 52, 298, 312**

**Résultats, trier 106**

**REVOKE 302, 312**

**Révoquer**
   accès utilisateur 301
   privilèges 308

**RIGHT OUTER JOIN 216**

**Rôles, définition 314**

**ROLLBACK 92**

**ROLLBACK TO SAVEPOINT 95**

**RPAD 183**

**RTRIM 178**

## S

**SAVEPOINT 94**

**Schéma 40, 293**
   créer 296
   propriétaire 40
   supprimer 298

**SECOND 34**

**Sécurité**
   base de données 304
   utiliser des vues 319

**SQL**

**SELECT 50, 100**
**Sélectionner**
données 17
dans la table d'un autre utilisateur 113
dans plusieurs tables 207
**SELF JOIN 218**
**Serveur 11**
**Sessions**
SQL 300
initialiser 14
utilisateur 300
**SET 83**
**SET ROLE 316**
**SET TRANSACTION 97**
**SGBD (Système de Gestion de Base de Données) 6**
**SGBDR (Système de Gestion de Base de Données Relationnelle) 6**
**SMALLINT 31**
**Sous-chaîne 168**
**Sous-programmes, définition 354**
**Sous-requêtes 229**
avec DELETE 236
avec INSERT 234
avec SELECT 232
avec UPDATE 235
corrélées 240
incorporer dans une sous-requête 237
**SQL (Structured Query Language) 6**
ANSI (conformité) 380
direct 364
dynamique 360
et l'Internet 373
et l'intranet 375
extensions 381
générer avec du SQL 362
incorporé 364
instructions interactives 386
statique 360
types de commandes 15
**SQL3, nouveau standard 7**
**Standards de désignation des tables 19**
**Stocker vues 320**
**STORAGE 46**
**SUBSTR 174**
**SUM 148**
**Supprimer**
contraintes 59
données 84
index 269
lignes dans une vue 328
schéma 298
synonyme 334
table 52
vue 331
**Surveiller les performances 287**
**Symbole * 51**
**Synonymes 113, 332**
créer 332
gérer 332
PRIVATE 332
PUBLIC 332
supprimer 334
**Système client/serveur 11**

# Index

## T

**Tables** 9, 40, 43
  ajout de colonnes 49
  alias 213
  balayage complet 280
  composition 23
  compter les enregistrements 112
  copier 50
  créer à partir d'une vue 329
  du catalogue système 341
  espace 295
  modifier des éléments 48
  ordre dans la clause FROM 276
  peupler 74
  principales 222, 277
  sélectionner des données 207
  standards de désignation 19
  supprimer 52
  temporaires 85

**Transaction** 88

**Transact-SQL** 383

**TRANSLATE** 168, 171

**Trier**
  données 161
  résultats 106

**TRUE** 104

**Types d'index** 263

**Types d'utilisateurs** 291

**Types de commandes SQL** 15

**Types de données** 28
  à longueur variable
    VARCHAR 30
    VARCHAR2 30
  CHAR 29
  DATETIME 192
  définies par l'utilisateur 36
  NULL 35
  variations entre implémentations 194

## U

**UNION** 160, 245
**UNION ALL** 248
**UNIQUE** 127
**UPDATE** 81
**UPPER** 173
**Utilisateurs** 290
  administrer 304
  besoins 63
  comptes 291
  contrôler l'accès 309
  créer 294
    dans Microsoft SQL Server 296
    dans Oracle 294
    dans Sybase 296
    un compte 294
  données 339
  gestion 293
  modifier 299
  place dans la base de données 292
  profils 291
  révoquer un accès 301
  session 300
  types de données définies 36

## V

**Valeurs**
  BOOLEAN 35
  de date et heure
    DATETIME 33
    SECOND 34
  décimales 31
    en virgule flottante 33
  en cours 350
  entières 32
  FALSE 104
  NULL 25
  numériques 31
    BIT 31
    BIT VARYING 31
    DECIMAL 32
    DOUBLE PRECISION 33
    FLOAT 33
    INTEGER 31
    NUMBER 31
    REAL 33
    SAMLLINT 31
**Valeurs TRUE 104**
**VARCHAR 30**
**VARCHAR2 30**
**Variations de données entre implémentations 194**

**Vues 317**
  actualiser 328
  conserver des données de synthèse 320
  créer 321
    à partir d'une table 321
    à partir d'une vue 325
    à partir de plusieurs tables 324
    table 329
  dépendance 325
  insérer des lignes 328
  joindre 328
  sécurité de la base de données 319
  stocker 320
  supprimer 331
  supprimer des lignes 328

## W

**WHERE 78**
**WITH CHECK OPTION 326**
**WORK 91**

## Z

**Zone temporaire d'annulation 90**

LOUIS-JEAN
avenue d'Embrun, 05003 GAP cedex
Tél. : 04 92 53 17 00
Dépôt légal : 744 – Novembre 2001
Imprimé en France